# COMPENDIO DI DIRITTO AMMINISTRATIVO

## LA GUIDA ESSENZIALE PER DOMINARE CONCORSI, ESAMI E CARRIERA

### LUCA FERRARO

### OMNIGUIDE

# BONUS

Ti ringraziamo sinceramente per aver acquistato il nostro Compendio di Diritto Amministrativo come risorsa per arricchire le tue conoscenze e competenze in materia.

Per dimostrarti la nostra gratitudine, abbiamo incluso un BONUS SPECIALE: una guida alle Domande d'Esame frequenti e pertinenti, pensata per aiutarti a prepararti con maggiore efficacia e sicurezza nel diritto amministrativo.

Per accedere al BONUS, ti invitamo a recarti all'ultima pagina.

# INDICE

# 4. RAPPORTI ORGANIZZATIVI E AUTORITÀ AMMINISTRATIVE INDIPENDENTI



# 5. GLI ATTI AMMINISTRATIVI



# 6. I PROVVEDIMENTI AMMINISTRATIVI



# 7. DISCIPLINA DEL PROCEDIMENTO AMMINISTRATIVO



# 8. IL SISTEMA DEI CONTROLLI



# 9. GIUSTIZIA AMMINISTRATIVA

## 10. LA RESPONSABILITÀ DELLA PUBBLICA AMMINISTRAZIONE



## 11. DIGITALIZZAZIONE DELLA PUBBLICA AMMINISTRAZIONE



## 12. IL DIRITTO URBANISTICO E DELL'AMBIENTE



## 13. IL DIRITTO DEI CONTRATTI PUBBLICI



## 14. ANTICORRUZIONE E TRASPARENZA



## 15. RIFORME DELLA PUBBLICA AMMINISTRAZIONE

# PREMESSA

Questo Compendio di Diritto Amministrativo è stato progettato per fornire un supporto completo a chi si prepara per concorsi pubblici, esami di abilitazione e studi universitari. Con un linguaggio semplice e immediato, rende accessibili i concetti fondamentali della disciplina.

Strutturato in modo logico e sistematico, copre tutti gli aspetti essenziali del diritto amministrativo. Ogni capitolo è stato pensato per essere chiaro ed esaustivo, con sezioni dedicate ai principi generali, alle fonti del diritto, agli atti amministrativi, ai procedimenti, alle responsabilità, ai controlli e alla giustizia amministrativa. La struttura dei capitoli facilita l'apprendimento e la comprensione dei principali temi.

L'obiettivo è fornire una comprensione approfondita dei concetti fondamentali, consentire l'applicazione delle norme nelle diverse situazioni pratiche, preparare efficacemente i candidati per concorsi ed esami, e mantenere aggiornati studenti e professionisti sulle recenti evoluzioni normative e giurisprudenziali.

Arricchito da approfondimenti tematici, esempi pratici, schede di sintesi e domande ricorrenti, il compendio permette un rapido ripasso e una verifica del livello di preparazione raggiunto. Gli aggiornamenti legislativi e normativi garantiscono l'accesso alle informazioni più attuali e rilevanti.

# I. DEFINIZIONE E AMBITO DEL DIRITTO AMMINISTRATIVO

Il diritto amministrativo rappresenta una delle branche fondamentali del diritto pubblico, occupandosi della regolamentazione dell'organizzazione e del funzionamento della pubblica amministrazione. Questa disciplina è caratterizzata dalla sua natura dinamica e adattativa, rispondendo alle esigenze di cambiamento della società e dei contesti economici e politici. Il diritto amministrativo è essenziale per garantire l'efficacia, l'efficienza e la trasparenza dell'azione amministrativa, mirando a tutelare gli interessi pubblici e i diritti dei cittadini.

Il concetto di diritto amministrativo si sviluppa attorno all'idea che l'amministrazione pubblica debba operare nel rispetto di leggi e principi generali, tra cui il principio di legalità, buon andamento, imparzialità e trasparenza. Questo ramo del diritto regola non solo l'attività degli enti pubblici, ma anche le relazioni tra questi e i cittadini, garantendo un equilibrio tra l'esercizio del potere pubblico e la tutela delle libertà individuali.

## 1. Definizione di Diritto Amministrativo

Il diritto amministrativo può essere definito come l'insieme delle norme giuridiche che disciplinano l'organizzazione, l'attività e i controlli della pubblica amministrazione, nonché i rapporti tra questa e i cittadini. Esso si caratterizza per la sua specialità rispetto al diritto civile e penale, poiché mira a regolare l'attività amministrativa in modo da assicurare il perseguimento degli interessi generali nel rispetto delle leggi.

### 1.1. Natura del Diritto Amministrativo

Il diritto amministrativo è considerato una branca del diritto pubblico per via del suo obiettivo principale: la regolamentazione dell'attività dello Stato e degli altri enti pubblici. Tuttavia, esso presenta anche aspetti peculiari che lo distinguono dalle altre branche del diritto pubblico. In particolare, il diritto amministrativo si concentra sulla funzione esecutiva dello Stato, ovvero sull'attuazione delle leggi e sull'erogazione dei servizi pubblici.

## 2. Ambito del Diritto Amministrativo

L'ambito del diritto amministrativo è estremamente vasto e diversificato, comprendendo una molteplicità di settori e attività. Tra i principali ambiti di applicazione si possono identificare:

### 2.1. Organizzazione della Pubblica Amministrazione

Uno degli aspetti fondamentali del diritto amministrativo riguarda l'organizzazione degli enti pubblici, incluse le amministrazioni centrali e periferiche, le regioni, i comuni e le altre entità locali. Questo include la regolamentazione delle strutture organizzative, dei poteri e delle competenze degli organi amministrativi.

### 2.2. Attività Amministrativa

Il diritto amministrativo disciplina le modalità con cui la pubblica amministrazione svolge le proprie funzioni, sia attraverso atti unilaterali come provvedimenti amministrativi, sia mediante contratti e convenzioni. L'attività amministrativa deve essere improntata ai principi di legalità, trasparenza, efficienza ed efficacia.

### 2.3. Procedimento Amministrativo

Il procedimento amministrativo è l'insieme delle fasi e degli atti che conducono alla formazione di un provvedimento amministrativo. La legge 241/1990 rappresenta la normativa cardine in materia, stabilendo i principi e le regole generali per la trasparenza, la partecipazione e la conclusione dei procedimenti amministrativi.

### 2.4. Controlli sulla Pubblica Amministrazione

Un'altra area cruciale del diritto amministrativo riguarda i controlli sull'attività amministrativa. Questi controlli possono essere interni, esercitati dalle stesse amministrazioni, o esterni, svolti da organi come la Corte dei Conti e altre autorità indipendenti. L'obiettivo è garantire che l'azione amministrativa sia conforme alla legge e ai principi di buona amministrazione.

### 2.5. Tutela Giurisdizionale

Il diritto amministrativo prevede strumenti di tutela giurisdizionale per i cittadini che ritengano lesi i propri diritti da atti o comportamenti della pubblica amministrazione. Il sistema di giustizia amministrativa, con il Tribunale Amministrativo Regionale (TAR) e il Consiglio di Stato, è preposto alla risoluzione delle controversie in questo ambito.

## 3. Principi Fondamentali del Diritto Amministrativo

Il diritto amministrativo si fonda su una serie di principi generali che guidano l'azione amministrativa e garantiscono la protezione degli interessi pubblici e privati. Tra i più rilevanti si annoverano:

### 3.1. Principio di Legalità

Il principio di legalità stabilisce che l'azione amministrativa deve essere conforme alle leggi. Ogni atto amministrativo deve trovare una base giuridica nelle norme vigenti, garantendo così la trasparenza e la prevedibilità dell'azione amministrativa.

### 3.2. Principio di Imparzialità e Buon Andamento

Il principio di imparzialità impone all'amministrazione di agire senza favoritismi, perseguendo l'interesse generale. Il principio di buon andamento richiede che l'azione amministrativa sia efficiente ed efficace, ottimizzando l'uso delle risorse pubbliche.

### 3.3. Principio di Trasparenza

Il principio di trasparenza prevede che l'attività amministrativa sia condotta in modo aperto e accessibile ai cittadini. Ciò include il diritto di accesso ai documenti amministrativi e la pubblicazione delle informazioni rilevanti sull'operato delle amministrazioni.

### 3.4. Principio di Sussidiarietà

Il principio di sussidiarietà implica che le funzioni amministrative debbano essere svolte dall'entità pubblica più vicina ai cittadini, salvo che esigenze di efficienza e funzionalità richiedano un livello superiore di amministrazione.

### 3.5. Principio di Sostenibilità Ambientale

Il principio di sostenibilità ambientale impone alle amministrazioni di operare in modo da garantire la tutela dell'ambiente e delle risorse naturali, bilanciando lo sviluppo economico con la salvaguardia dell'ecosistema.

# II. CONCETTO DI AMMINISTRAZIONE PUBBLICA

L'amministrazione pubblica rappresenta un pilastro fondamentale dell'organizzazione dello Stato e delle società moderne. Essa si occupa dell'attuazione delle politiche pubbliche, della gestione dei servizi essenziali e dell'applicazione delle leggi e dei regolamenti. La comprensione del concetto di amministrazione pubblica è cruciale per analizzare come le decisioni politiche si traducono in azioni concrete che influenzano la vita dei cittadini. Attraverso una struttura organizzativa complessa e diversificata, l'amministrazione pubblica svolge un ruolo chiave nella promozione del benessere collettivo e nella tutela degli interessi pubblici.

## 1. Definizione di Amministrazione Pubblica

L'amministrazione pubblica può essere definita come l'insieme delle istituzioni, organi e enti che esercitano funzioni amministrative per conto dello Stato e degli enti pubblici territoriali e non territoriali. Essa opera attraverso un complesso di attività finalizzate alla realizzazione di interessi pubblici, conformemente alle norme giuridiche vigenti.

### 1.1. Caratteristiche dell'Amministrazione Pubblica

Le principali caratteristiche dell'amministrazione pubblica includono:

• **L'attuazione delle leggi**: L'amministrazione è incaricata di eseguire e applicare le norme emanate dal legislatore.
• **Servizio alla collettività**: Il suo scopo principale è soddisfare gli interessi generali e fornire servizi pubblici essenziali.
• **Organizzazione complessa**: Comprende una varietà di enti con specifiche competenze e funzioni.
• **Normativa propria**: Opera secondo un insieme di norme specifiche che regolano

l'attività amministrativa, distinte dal diritto privato.

## 2. Funzioni dell'Amministrazione Pubblica

L'amministrazione pubblica svolge una molteplicità di funzioni fondamentali per il funzionamento dello Stato e la soddisfazione dei bisogni della collettività.

### 2.1. Funzione normativa

L'amministrazione pubblica partecipa alla produzione normativa mediante l'emanazione di regolamenti e atti amministrativi generali che specificano e integrano le leggi. Questa funzione, sebbene subordinata a quella legislativa, è essenziale per l'adeguamento delle norme alle esigenze concrete.

### 2.2. Funzione amministrativa

La funzione principale dell'amministrazione è quella amministrativa, che consiste nell'attuazione concreta delle leggi attraverso provvedimenti, gestione di servizi pubblici e regolamentazione delle attività private. Questa funzione si esplica attraverso atti amministrativi unilaterali e contratti pubblici.

### 2.3. Funzione di controllo

L'amministrazione esercita funzioni di controllo per assicurare che l'azione amministrativa sia conforme alle leggi e ai principi di buona amministrazione. Questi controlli possono essere interni, svolti dalle stesse amministrazioni, o esterni, esercitati da organismi indipendenti come la Corte dei Conti.

### 2.4. Funzione consultiva

Attraverso organi consultivi, l'amministrazione fornisce pareri giuridici e tecnici agli altri enti pubblici e alle amministrazioni, contribuendo a una gestione più informata e consapevole delle risorse e delle decisioni pubbliche.

### 2.5. Funzione giurisdizionale

In determinati ambiti, l'amministrazione pubblica esercita anche funzioni giurisdizionali, risolvendo controversie in materie specifiche attraverso organismi come le commissioni tributarie o le autorità amministrative indipendenti.

## 3. Organizzazione dell'Amministrazione Pubblica

L'organizzazione dell'amministrazione pubblica è articolata e varia a seconda del livello territoriale e delle competenze specifiche dei diversi enti.

### 3.1. Amministrazione centrale

Comprende i ministeri e altre agenzie e dipartimenti che operano a livello nazionale sotto la direzione del Governo. Questi enti sono responsabili di settori specifici come la difesa, l'economia, l'istruzione e la sanità.

### 3.2. Amministrazione regionale

Le regioni, dotate di autonomia legislativa e amministrativa, hanno competenze in vari settori quali la sanità, l'istruzione e la pianificazione territoriale. La loro autonomia è garantita dalla Costituzione e da leggi statali.

### 3.3. Amministrazione locale

L'amministrazione locale comprende comuni, province e città metropolitane, che gestiscono i servizi pubblici locali e hanno competenze proprie in materia di urbanistica, viabilità, servizi sociali e altri settori di interesse locale.

### 3.4. Enti pubblici non territoriali

Includono enti pubblici che non hanno una base territoriale specifica, come gli enti previdenziali, le università pubbliche, le autorità indipendenti e le aziende sanitarie locali. Questi enti svolgono funzioni amministrative specifiche e spesso hanno una regolamentazione propria.

### 4. Principi Regolatori dell'Amministrazione Pubblica

L'azione dell'amministrazione pubblica è guidata da una serie di principi fondamentali che garantiscono il rispetto dei diritti dei cittadini e l'efficacia dell'azione amministrativa.

### 4.1. Principio di Legalità

Il principio di legalità stabilisce che ogni azione amministrativa deve essere conforme alle leggi. Gli atti amministrativi devono trovare una base giuridica nelle norme vigenti, garantendo così la trasparenza e la prevedibilità dell'azione amministrativa.

### 4.2. Principio di Imparzialità

L'amministrazione deve agire senza favoritismi, perseguendo l'interesse generale e rispettando l'uguaglianza dei cittadini di fronte alla legge. Questo principio è fondamentale per garantire la giustizia amministrativa.

### 4.3. Principio di Buon Andamento

L'amministrazione pubblica deve operare in modo efficiente ed efficace, ottimizzando l'uso delle risorse pubbliche per il raggiungimento degli obiettivi prefissati. Questo principio implica la responsabilità degli amministratori pubblici nel garantire la qualità dei servizi offerti.

### 4.4. Principio di Trasparenza

Il principio di trasparenza richiede che l'attività amministrativa sia aperta e accessibile ai cittadini. I cittadini devono poter conoscere i procedimenti e le decisioni che li riguardano, promuovendo così la partecipazione e il controllo democratico sull'azione amministrativa.

## 4.5. Principio di Sussidiarietà

Questo principio stabilisce che le funzioni amministrative devono essere svolte al livello più vicino possibile ai cittadini, salvo che esigenze di efficienza e funzionalità richiedano un livello superiore di amministrazione. Ciò garantisce una gestione più vicina ai bisogni locali e una maggiore responsabilizzazione degli enti territoriali.

# III. FUNZIONI DELL'AMMINISTRAZIONE PUBBLICA

L'amministrazione pubblica è uno dei pilastri fondamentali della struttura statale, incaricata di attuare le politiche pubbliche, gestire i servizi essenziali e garantire l'osservanza delle leggi. Le funzioni che essa svolge sono varie e complesse, spaziando dalla produzione normativa alla gestione diretta dei servizi, fino alla regolazione e controllo delle attività economiche e sociali. La comprensione delle diverse funzioni dell'amministrazione pubblica è cruciale per cogliere il ruolo che essa riveste nella promozione del benessere collettivo e nella tutela degli interessi pubblici.

## 1. Funzione Normativa

### 1.1. Definizione e Contenuti

La funzione normativa dell'amministrazione pubblica consiste nella capacità di emanare atti normativi secondari, quali regolamenti, decreti e circolari, che specificano e integrano le leggi approvate dal Parlamento. Questa funzione è essenziale per l'attuazione delle leggi, permettendo di dettagliare e adattare le disposizioni legislative alle concrete esigenze della realtà amministrativa.

### 1.2. Tipologie di Atti Normativi

Gli atti normativi dell'amministrazione pubblica possono essere distinti in:

- **Regolamenti**: Atti a contenuto normativo generale, emanati da autorità amministrative per disciplinare materie non riservate alla legge.
- **Decreti**: Atti normativi specifici, che possono avere carattere esecutivo o interpretativo.
- **Circolari e Direttive**: Atti interni che orientano l'azione degli uffici amministrativi, senza valore normativo esterno ma con rilevanza organizzativa interna.

## 2. Funzione Amministrativa

### 2.1. Attuazione delle Leggi

La funzione amministrativa rappresenta il nucleo centrale dell'attività della pubblica amministrazione, consistendo nell'attuazione concreta delle leggi attraverso l'adozione di provvedimenti amministrativi, la gestione dei servizi pubblici e la regolamentazione delle attività dei privati. Questa funzione si esplica mediante una serie di atti unilaterali e contratti pubblici.

### 2.2. Gestione dei Servizi Pubblici

La gestione dei servizi pubblici è una componente essenziale della funzione amministrativa. I servizi pubblici includono una vasta gamma di attività destinate a soddisfare i bisogni collettivi, come sanità, istruzione, trasporti e sicurezza. La gestione efficace di questi servizi richiede un'organizzazione adeguata e una pianificazione accurata delle risorse.

### 2.3. Regolamentazione delle Attività Private

L'amministrazione pubblica esercita anche una funzione di regolamentazione delle attività private, attraverso la concessione di autorizzazioni, licenze e permessi. Questa regolamentazione è necessaria per assicurare che le attività economiche e sociali si svolgano nel rispetto delle leggi e dei principi di tutela dell'interesse pubblico.

## 3. Funzione di Controllo

### 3.1. Tipologie di Controlli

I controlli amministrativi sono strumenti fondamentali per garantire la legalità, l'efficacia e l'efficienza dell'azione amministrativa. Essi possono essere distinti in:

• **Controlli interni**: Svolti dall'amministrazione stessa per monitorare e verificare la correttezza delle proprie attività.
• **Controlli esterni**: Esercitati da organismi indipendenti come la Corte dei Conti e altre autorità di controllo.

### 3.2. Obiettivi dei Controlli

Gli obiettivi principali dei controlli amministrativi sono:

• **Verifica della conformità legale**: Assicurare che le azioni amministrative siano conformi alle leggi e ai regolamenti.
• **Valutazione dell'efficacia**: Misurare l'efficacia delle politiche e dei programmi amministrativi.
• **Garanzia di trasparenza**: Promuovere la trasparenza dell'azione amministrativa e prevenire la corruzione.

# 4. Funzione Consultiva

## 4.1. Organi Consultivi

La funzione consultiva dell'amministrazione pubblica si esplica attraverso l'attività di organi consultivi, quali consigli, comitati e commissioni, che forniscono pareri giuridici e tecnici agli altri enti pubblici e alle amministrazioni.

## 4.2. Importanza dei Pareri

I pareri degli organi consultivi, pur non essendo vincolanti, svolgono un ruolo cruciale nel processo decisionale, contribuendo a una maggiore consapevolezza e informazione nelle scelte amministrative.

# 5. Funzione Giurisdizionale

## 5.1. Ambiti di Applicazione

In alcune aree specifiche, l'amministrazione pubblica esercita funzioni giurisdizionali, risolvendo controversie e applicando sanzioni attraverso organismi specializzati, come le commissioni tributarie e le autorità amministrative indipendenti.

## 5.2. Garanzie di Imparzialità

Questi organi giurisdizionali amministrativi devono operare con imparzialità e indipendenza, garantendo una giustizia equa e rispettosa dei diritti dei cittadini.

# IV. NATURA E EVOLUZIONE DEL DIRITTO AMMINISTRATIVO

Il diritto amministrativo rappresenta una componente essenziale del diritto pubblico, regolando l'organizzazione, l'attività e i controlli della pubblica amministrazione, oltre ai rapporti tra questa e i cittadini. La sua natura riflette la complessità delle funzioni amministrative e l'evoluzione storica che ha caratterizzato la nascita e lo sviluppo delle istituzioni amministrative. Analizzare la natura e l'evoluzione del diritto amministrativo permette di comprendere i principi fondamentali che guidano l'azione amministrativa e le trasformazioni che questo settore giuridico ha subito nel corso del tempo.

## 1. Natura del Diritto Amministrativo

### 1.1. Definizione e Caratteristiche

Il diritto amministrativo è l'insieme delle norme giuridiche che disciplinano l'organizzazione, l'attività e i controlli della pubblica amministrazione, nonché i rapporti tra questa e i cittadini. Esso si distingue per la sua specialità rispetto al diritto privato, caratterizzandosi per l'obiettivo di perseguire l'interesse pubblico.

Le principali caratteristiche del diritto amministrativo includono:

• **Interesse pubblico**: La finalità principale del diritto amministrativo è la tutela e la promozione dell'interesse generale.

• **Principio di legalità**: Ogni azione amministrativa deve essere conforme alle leggi.

• **Discrezionalità amministrativa**: La pubblica amministrazione gode di un certo grado di discrezionalità nell'attuazione delle leggi, nel rispetto dei principi generali del diritto.

• **Procedimentalizzazione**: Le azioni amministrative seguono procedure formalmente stabilite per garantire trasparenza e partecipazione.

### 1.2. Fonti del Diritto Amministrativo

Le fonti del diritto amministrativo sono molteplici e comprendono:

- **Costituzione**: Stabilisce i principi fondamentali e i diritti che guidano l'azione amministrativa.
- **Leggi ordinarie e atti aventi forza di legge**: Norme emanate dal Parlamento o mediante decreti-legge e decreti legislativi.
- **Regolamenti**: Atti normativi secondari emessi da autorità amministrative.
- **Giurisprudenza**: Interpretazioni delle norme fornite dai giudici amministrativi.
- **Dottrina**: Contributi teorici degli studiosi del diritto.

## 2. Evoluzione Storica del Diritto Amministrativo

### 2.1. Origini e Sviluppo

Il diritto amministrativo moderno ha le sue radici nel diritto romano, ma la sua evoluzione come disciplina autonoma inizia con lo sviluppo degli Stati nazionali in Europa, a partire dal XVIII secolo. L'assolutismo monarchico e la successiva rivoluzione francese hanno posto le basi per la nascita di un'amministrazione pubblica centralizzata e regolata da norme specifiche.

### 2.2. Periodo Napoleonico

Il Codice Napoleonico del 1804 ha avuto un impatto significativo sull'evoluzione del diritto amministrativo, introducendo concetti di legalità e centralizzazione amministrativa che influenzano ancora oggi molte giurisdizioni.

### 2.3. Evoluzione nel XIX e XX Secolo

Nel XIX secolo, l'industrializzazione e l'espansione delle funzioni statali hanno portato a una crescente regolamentazione amministrativa. Il XX secolo ha visto ulteriori sviluppi, con l'affermazione dello Stato sociale e l'espansione delle competenze amministrative in ambiti come la sanità, l'istruzione e la sicurezza sociale.

### 2.4. Riforme Recenti

Negli ultimi decenni, il diritto amministrativo ha subito profonde trasformazioni sotto l'influenza del processo di integrazione europea, della globalizzazione e delle innovazioni tecnologiche. Le riforme amministrative hanno mirato a migliorare l'efficienza, la trasparenza e la partecipazione dei cittadini, con un crescente utilizzo della digitalizzazione nei procedimenti amministrativi.

## 3. Principi Fondamentali del Diritto Amministrativo

### 3.1. Principio di Legalità

Il principio di legalità è il pilastro del diritto amministrativo, imponendo che ogni azione dell'amministrazione pubblica debba avere una base giuridica nelle norme vigenti. Questo principio garantisce la prevedibilità e la trasparenza dell'azione amministrativa.

### 3.2. Principio di Buon Andamento e Imparzialità

L'amministrazione pubblica deve agire con efficienza, economicità ed efficacia, perseguendo l'interesse pubblico con imparzialità e senza favoritismi. Questi principi assicurano una gestione corretta e responsabile delle risorse pubbliche.

### 3.3. Principio di Trasparenza

Il principio di trasparenza richiede che l'attività amministrativa sia condotta in modo aperto e accessibile, consentendo ai cittadini di conoscere e controllare l'operato delle amministrazioni pubbliche.

### 3.4. Principio di Partecipazione

La partecipazione dei cittadini ai procedimenti amministrativi è un elemento fondamentale del diritto amministrativo, garantendo che le decisioni pubbliche siano il risultato di un processo inclusivo e democratico.

### 3.5. Principio di Sussidiarietà

Il principio di sussidiarietà implica che le funzioni amministrative debbano essere svolte al livello più vicino possibile ai cittadini, promuovendo l'autonomia locale e la responsabilizzazione degli enti territoriali.

# V. PROSPETTIVA OLTRE I CONFINI NAZIONALI

Il diritto amministrativo, pur avendo radici profondamente nazionali, si sviluppa in un contesto globale e si interseca con le normative internazionali ed europee. La crescente interdipendenza tra gli Stati, la globalizzazione economica e l'integrazione europea hanno portato a una trasformazione significativa del diritto amministrativo, che non può più essere considerato isolatamente rispetto alle dinamiche sovranazionali. Esaminare il diritto amministrativo oltre i confini nazionali significa comprendere come le norme internazionali, europee e le prassi comparative influenzano e modellano l'attività amministrativa dei singoli Stati.

## 1. Influenza del Diritto Internazionale

### 1.1. Fonti del Diritto Internazionale

Il diritto internazionale comprende un insieme di norme che regolano i rapporti tra gli Stati e tra questi e le organizzazioni internazionali. Le principali fonti del diritto internazionale includono:

- **Trattati e convenzioni internazionali**: Accordi formali tra Stati che stabiliscono diritti e obblighi reciproci.
- **Consuetudini internazionali**: Pratiche generali accettate come diritto.
- **Principi generali di diritto riconosciuti dalle nazioni civili.**
- **Decisioni giudiziarie e dottrina**: Interpretazioni fornite da corti internazionali e contributi teorici degli studiosi.

### 1.2. Applicazione del Diritto Internazionale nel Diritto Amministrativo

Gli Stati incorporano il diritto internazionale nei propri ordinamenti giuridici attraverso diversi meccanismi, tra cui la ratifica dei trattati e la loro implementazione mediante leggi nazionali. L'influenza del diritto internazionale sul diritto amministrativo si manifesta in vari settori, come i diritti umani, l'ambiente e il commercio.

### 1.3. Organizzazioni Internazionali

Le organizzazioni internazionali, come le Nazioni Unite, l'Organizzazione Mondiale del Commercio (OMC) e l'Organizzazione Internazionale del Lavoro (OIL), emanano norme e direttive che incidono sull'attività amministrativa degli Stati membri, promuovendo standard globali in vari ambiti.

## 2. Influenza del Diritto Europeo

### 2.1. Struttura dell'Unione Europea

L'Unione Europea (UE) è un'organizzazione sovranazionale che esercita una forte influenza sugli ordinamenti giuridici degli Stati membri. Le principali istituzioni dell'UE includono:

- **Commissione Europea**: Propone la legislazione e vigila sull'applicazione del diritto dell'UE.
- **Parlamento Europeo**: Co-legislatore insieme al Consiglio dell'UE.
- **Consiglio dell'Unione Europea**: Co-legislatore e rappresentante degli Stati membri.
- **Corte di Giustizia dell'Unione Europea (CGUE)**: Interpreta il diritto dell'UE e assicura la sua applicazione uniforme.

### 2.2. Fonti del Diritto dell'Unione Europea

Le fonti del diritto dell'UE si suddividono in:

- **Diritto primario**: Trattati istitutivi e loro modifiche.
- **Diritto derivato**: Regolamenti, direttive e decisioni.
- **Giurisprudenza della CGUE**: Interpretazioni vincolanti del diritto dell'UE.

### 2.3. Applicazione del Diritto dell'UE nel Diritto Amministrativo Nazionale

Il diritto dell'UE prevale sul diritto nazionale e gli Stati membri devono conformare le proprie leggi e prassi amministrative alle norme europee. Le direttive dell'UE, in particolare, richiedono trasposizioni nazionali che adattino le normative interne ai principi e agli obiettivi fissati a livello europeo.

## 3. Diritto Amministrativo Comparato

### 3.1. Scopo e Metodologia

Il diritto amministrativo comparato studia le differenze e le somiglianze tra i sistemi amministrativi di diversi Stati. Questo approccio permette di identificare best practices, soluzioni innovative e di valutare l'efficacia delle riforme amministrative.

## 3.2. Modelli Amministrativi

I principali modelli amministrativi nel mondo includono:

• **Modello francese**: Caratterizzato da una forte centralizzazione e da un sistema giurisdizionale amministrativo autonomo.
• **Modello anglosassone**: Basato sul common law, con un'enfasi sul controllo giurisdizionale attraverso tribunali ordinari.
• **Modello tedesco**: Combina elementi di centralizzazione e federalismo, con un robusto sistema di diritto amministrativo codificato.
• **Modello scandinavo**: Con una forte tradizione di trasparenza e accesso ai documenti pubblici.

## 3.3. Riforme Amministrative Globali

Le riforme amministrative sono spesso influenzate dalle esperienze internazionali e dalla cooperazione tra Stati. Le tendenze globali includono la digitalizzazione della pubblica amministrazione, la semplificazione delle procedure amministrative e il rafforzamento della trasparenza e dell'accountability.

# 1. LE FONTI DEL DIRITTO AMMINISTRATIVO

Le fonti del diritto amministrativo costituiscono la base normativa che disciplina l'organizzazione, l'attività e i controlli della pubblica amministrazione, oltre ai rapporti tra questa e i cittadini. Comprendere le fonti del diritto amministrativo è essenziale per comprendere come le norme giuridiche regolano e influenzano l'azione amministrativa. Queste fonti sono molteplici e si articolano in una gerarchia che va dalla Costituzione fino alla giurisprudenza e alla dottrina, comprendendo anche le influenze del diritto internazionale e europeo.

## 1. La Gerarchia delle Fonti

### 1.1. Costituzione

La Costituzione rappresenta la fonte primaria del diritto amministrativo. Essa stabilisce i principi fondamentali e i diritti che guidano l'azione amministrativa. Tra i principi costituzionali rilevanti per il diritto amministrativo si trovano:

- **Principio di legalità**: Ogni azione amministrativa deve avere una base giuridica.
- **Principio di imparzialità e buon andamento**: L'amministrazione deve operare con trasparenza, efficienza ed equità.
- **Principio di sussidiarietà**: Le funzioni amministrative devono essere svolte al livello più vicino ai cittadini.

### 1.2. Leggi Ordinarie e Atti aventi Forza di Legge

Le leggi ordinarie emanate dal Parlamento sono una fonte essenziale del diritto amministrativo. Inoltre, vi sono atti aventi forza di legge come:

- **Decreti-legge**: Provvedimenti adottati dal Governo in casi di necessità e urgenza, che devono essere convertiti in legge dal Parlamento entro 60 giorni.

• **Decreti legislativi**: Atti emanati dal Governo su delega del Parlamento per disciplinare materie specifiche.

## 1.3. Regolamenti

I regolamenti sono atti normativi secondari emanati dalle autorità amministrative (governative, regionali, comunali) per specificare e attuare le disposizioni legislative. Essi possono essere:

• **Regolamenti esecutivi**: Dettagliano le modalità di applicazione delle leggi.
• **Regolamenti indipendenti**: Regolano materie non riservate alla legge.
• **Regolamenti organizzativi**: Disciplinano l'organizzazione interna degli uffici pubblici.

## 1.4. Fonti Secondarie

Le fonti secondarie includono circolari, direttive e altri atti amministrativi interni che orientano l'azione degli uffici pubblici. Sebbene non abbiano valore normativo esterno, essi sono rilevanti per l'organizzazione interna e la gestione operativa della pubblica amministrazione.

## 1.5. Giurisprudenza

La giurisprudenza, ovvero le interpretazioni delle norme fornite dai giudici amministrativi (Tribunali Amministrativi Regionali e Consiglio di Stato), svolge un ruolo cruciale nel diritto amministrativo. Le sentenze della giurisprudenza amministrativa influenzano l'applicazione delle leggi e dei regolamenti, contribuendo alla formazione del diritto vivente.

## 1.6. Dottrina

La dottrina, costituita dagli studi e dalle analisi degli esperti del diritto amministrativo, contribuisce alla comprensione e allo sviluppo delle norme amministrative. Sebbene non abbia forza vincolante, la dottrina influisce sull'interpretazione delle leggi e sulle decisioni giurisprudenziali.

## 1.7. Aggiornamenti Recenti

Il diritto amministrativo è in continua evoluzione, influenzato da decreti legislativi e leggi di riforma che aggiornano la normativa esistente. Tali aggiornamenti possono riguardare la semplificazione delle procedure amministrative, l'introduzione di nuove tecnologie e la modernizzazione della pubblica amministrazione.

## 1.8. Le Fonti del Diritto Internazionale e il Diritto Europeo

Il diritto internazionale e il diritto dell'Unione Europea rappresentano fonti esterne che incidono profondamente sul diritto amministrativo nazionale. Tra le fonti internazionali rilevanti vi sono:

• **Trattati internazionali**: Accordi stipulati tra Stati che vincolano la pubblica amministrazione al rispetto delle norme internazionali.
• **Regolamenti e direttive dell'UE**: I regolamenti sono direttamente applicabili negli Stati membri, mentre le direttive richiedono atti di recepimento nazionali.

### 1.9. Relazioni tra Diritto Europeo e Diritto Nazionale

Il diritto dell'Unione Europea prevale sul diritto nazionale, obbligando gli Stati membri a conformare le proprie leggi alle disposizioni europee. La Corte di Giustizia dell'Unione Europea garantisce l'interpretazione uniforme del diritto dell'UE, mentre le amministrazioni nazionali devono applicare e rispettare le norme europee nelle loro attività.

### Esempi Pratici

**1. Applicazione di un Decreto Legislativo**: Un nuovo decreto legislativo introduce modifiche nella gestione dei rifiuti. Le amministrazioni locali devono adeguare i propri regolamenti e procedure alle nuove disposizioni legislative, garantendo la conformità normativa e migliorando la gestione ambientale.
**2. Recepimento di una Direttiva Europea**: L'Italia deve recepire una direttiva europea sulla protezione dei dati personali. Questo comporta l'adozione di una nuova legge nazionale che integri i principi della direttiva, influenzando direttamente le pratiche amministrative riguardanti la raccolta e il trattamento dei dati.
**3. Sentenza del Consiglio di Stato**: Il Consiglio di Stato emette una sentenza che annulla un provvedimento amministrativo per violazione del principio di imparzialità. Questa decisione giurisprudenziale diventa un punto di riferimento per future interpretazioni e applicazioni delle norme relative alla trasparenza e imparzialità dell'azione amministrativa.

# 1.1. COSTITUZIONE

La Costituzione rappresenta il pilastro fondamentale dell'ordinamento giuridico di uno Stato, stabilendo i principi e i valori che guidano l'organizzazione e il funzionamento delle istituzioni pubbliche. In Italia, la Costituzione del 1948 è la fonte primaria del diritto, regolando i rapporti tra cittadini e Stato e garantendo i diritti fondamentali. Nel contesto del diritto amministrativo, la Costituzione assume un ruolo cruciale, delineando i principi che devono guidare l'attività della pubblica amministrazione e fornendo il quadro normativo entro cui operano le autorità amministrative.

## 1. La Costituzione Italiana

### 1.1. Struttura e Contenuti

La Costituzione italiana contiene 139 articoli, organizzati in quattro sezioni principali:

• **Principi Fondamentali**: Articoli 1-12, che definiscono i valori fondamentali della Repubblica, come la sovranità popolare, la democrazia, la solidarietà e la tutela dei diritti inviolabili dell'uomo.
• **Parte Prima - Diritti e Doveri dei Cittadini**: Articoli 13-54, che garantiscono i diritti civili, politici, economici e sociali, e stabiliscono i doveri dei cittadini.
• **Parte Seconda - Ordinamento della Repubblica**: Articoli 55-139, che disciplinano l'organizzazione dello Stato, comprendendo il Parlamento, il Presidente della Repubblica, il Governo, la Magistratura e le Regioni.
• **Disposizioni Transitorie e Finali**: Norme transitorie che hanno accompagnato il passaggio dal vecchio ordinamento al nuovo.

### 1.2. Principi Fondamentali e Diritto Amministrativo

I Principi Fondamentali della Costituzione influenzano profondamente il diritto amministrativo. Tra questi, i più rilevanti sono:

- **Principio di legalità (Art. 1)**: Ogni attività amministrativa deve essere conforme alla legge.
- **Principio di uguaglianza (Art. 3)**: L'amministrazione deve agire in modo imparziale, senza discriminazioni.
- **Principio di buon andamento e imparzialità (Art. 97)**: La pubblica amministrazione deve operare con efficienza, trasparenza ed equità.

## 2. Principio di Legalità

### 2.1. Definizione e Applicazione

Il principio di legalità, sancito dall'Articolo 1 della Costituzione, impone che ogni atto della pubblica amministrazione debba trovare fondamento in una norma di legge. Questo principio garantisce che l'azione amministrativa sia prevedibile e conforme alle norme giuridiche, proteggendo i cittadini dall'arbitrarietà del potere pubblico.

### 2.2. Implicazioni per l'Attività Amministrativa

L'osservanza del principio di legalità comporta che:

- Le autorità amministrative possano esercitare solo i poteri che la legge ha loro attribuito.
- Gli atti amministrativi privi di base legale siano nulli.
- La legalità dell'azione amministrativa possa essere sempre sindacata dai giudici.

## 3. Principio di Uguaglianza

### 3.1. Articolo 3 della Costituzione

L'Articolo 3 afferma il principio di uguaglianza, stabilendo che tutti i cittadini godono della stessa dignità sociale e sono uguali di fronte alla legge, indipendentemente da sesso, razza, lingua, religione, opinioni politiche, condizioni personali e sociali. Questo principio richiede che l'amministrazione pubblica operi in modo non discriminatorio e garantisca parità di trattamento a tutti.

### 3.2. Uguaglianza Sostanziale

Oltre a garantire l'uguaglianza formale davanti alla legge, l'Articolo 3 sostiene l'uguaglianza sostanziale, obbligando la Repubblica a eliminare gli ostacoli economici e sociali che di fatto limitano la libertà e l'uguaglianza dei cittadini, ostacolando il pieno sviluppo della persona umana.

## 4. Principio di Buon Andamento e Imparzialità

### 4.1. Articolo 97 della Costituzione

L'Articolo 97 stabilisce che i pubblici uffici devono essere organizzati in modo da assicurare il buon andamento e l'imparzialità dell'amministrazione. Questo principio richiede che l'azione amministrativa sia efficiente, efficace ed equa, garantendo la trasparenza e la correttezza nei procedimenti amministrativi.

## 4.2. Implicazioni per la Gestione Amministrativa

Per rispettare il principio di buon andamento e imparzialità, le amministrazioni devono:

- Adottare procedure trasparenti e partecipative.
- Evitare conflitti di interesse e favoritismi.
- Utilizzare le risorse pubbliche in modo ottimale e responsabile.

## 5. Protezione dei Diritti Fondamentali

### 5.1. Diritti Civili e Politici

La Costituzione garantisce una serie di diritti civili e politici che devono essere rispettati anche dall'amministrazione pubblica. Tra questi, il diritto alla libertà personale, il diritto alla libertà di espressione, il diritto di associazione e il diritto di partecipazione alla vita politica.

### 5.2. Diritti Economici e Sociali

Accanto ai diritti civili e politici, la Costituzione tutela anche diritti economici e sociali, come il diritto al lavoro, alla salute, all'istruzione e alla previdenza sociale. L'amministrazione pubblica è chiamata a garantire questi diritti attraverso l'erogazione di servizi pubblici e l'adozione di politiche sociali.

# 1.2. LEGGI ORDINARIE E ATTI AVENTI FORZA DI LEGGE

Nel sistema giuridico italiano, le leggi ordinarie e gli atti aventi forza di legge rappresentano strumenti fondamentali per la regolamentazione delle materie di interesse pubblico e per il funzionamento della pubblica amministrazione. Queste fonti normative, subordinate alla Costituzione, dettano le regole che governano una vasta gamma di settori e attività, influenzando direttamente la vita quotidiana dei cittadini e l'operato delle istituzioni. Analizzare la natura, il processo di formazione e l'ambito di applicazione delle leggi ordinarie e degli atti aventi forza di legge è essenziale per comprendere il quadro normativo in cui si muove l'amministrazione pubblica.

## 1. Leggi Ordinarie

### 1.1. Definizione e Natura

Le leggi ordinarie sono atti normativi adottati dal Parlamento secondo la procedura ordinaria prevista dalla Costituzione. Esse hanno una portata generale e astratta, disciplinando vari aspetti della vita sociale, economica e politica del Paese.

### 1.2. Processo di Formazione

Il processo di formazione delle leggi ordinarie si articola in diverse fasi:

• **Iniziativa Legislativa**: La proposta di legge può essere presentata dal Governo, dai singoli parlamentari, dalle Regioni, dal CNEL (Consiglio Nazionale dell'Economia e del Lavoro) e dal popolo mediante una petizione firmata da almeno 50.000 elettori.
• **Esame e Discussione**: La proposta di legge viene esaminata dalle commissioni parlamentari competenti e discussa in aula.

• **Approvazione**: La legge deve essere approvata da entrambe le camere del Parlamento (Camera dei Deputati e Senato della Repubblica) nello stesso testo.
• **Promulgazione e Pubblicazione**: La legge approvata viene emessa dal Presidente della Repubblica e pubblicata nella Gazzetta Ufficiale. Entra in vigore dopo 15 giorni dalla pubblicazione, salvo diversa disposizione.

### 1.3. Ambito di Applicazione

Le leggi ordinarie coprono una vasta gamma di materie, tra cui:

• **Diritti e doveri dei cittadini**: Norme relative ai diritti civili, politici, economici e sociali.
• **Ordinamento dello Stato e delle autonomie locali**: Regolamentazione dell'organizzazione dello Stato e delle sue articolazioni territoriali.
• **Economia e finanze**: Norme che disciplinano il sistema economico e finanziario, comprese le politiche fiscali e di bilancio.

## 2. Atti Aventi Forza di Legge

### 2.1. Definizione e Tipologie

Gli atti aventi forza di legge sono atti normativi emanati dal Governo, che, in determinate circostanze, hanno la stessa efficacia delle leggi ordinarie. Le principali tipologie di atti aventi forza di legge sono:

• **Decreti-legge**: Provvedimenti adottati dal Governo in casi straordinari di necessità e urgenza.
• **Decreti legislativi**: Atti emanati dal Governo su delega del Parlamento per disciplinare materie specifiche.

### 2.2. Decreti-legge

I decreti-legge sono adottati dal Governo in situazioni di urgenza che richiedono un intervento normativo immediato. Il processo di adozione e conversione dei decreti-legge prevede:

• **Adozione**: Il Governo adotta il decreto-legge, che entra immediatamente in vigore.
• **Presentazione al Parlamento**: Il decreto-legge deve essere presentato alle Camere per la conversione in legge entro 60 giorni.
• **Conversione**: Il Parlamento esamina e vota la conversione del decreto-legge in legge. Se non convertito entro 60 giorni, il decreto perde efficacia sin dall'inizio.

### 2.3. Decreti Legislativi

I decreti legislativi sono emanati dal Governo in base a una legge di delegazione del Parlamento, che stabilisce i principi e i criteri direttivi che il Governo deve seguire. Il processo di adozione dei decreti legislativi comprende:

• **Legge di delegazione**: Il Parlamento approva una legge che delega il Governo a emanare decreti legislativi su specifiche materie.
• **Adozione del decreto legislativo**: Il Governo adotta il decreto legislativo conformemente alla delega ricevuta.
• **Controllo Parlamentare**: In alcuni casi, il Parlamento può esaminare i decreti legislativi adottati dal Governo per verificarne la conformità alla legge di delegazione.

## 2.4. Ambito di Applicazione

Gli atti aventi forza di legge sono utilizzati per disciplinare materie di particolare importanza e urgenza, come:

• **Emergenze nazionali**: Situazioni che richiedono interventi normativi immediati, come calamità naturali o crisi economiche.
• **Riforme strutturali**: Modifiche significative all'ordinamento giuridico ed economico del Paese.

# 1.3. REGOLAMENTI

I regolamenti rappresentano una delle principali fonti secondarie del diritto amministrativo, svolgendo un ruolo cruciale nella specificazione e attuazione delle leggi ordinarie. Essi sono atti normativi emanati da autorità amministrative che, nel rispetto delle leggi e della Costituzione, disciplinano dettagli operativi, procedure e comportamenti necessari per la corretta gestione delle funzioni pubbliche. Comprendere la natura, il processo di adozione e l'ambito di applicazione dei regolamenti è essenziale per cogliere come le amministrazioni pubbliche operino nel contesto normativo italiano.

## 1. Definizione e Natura dei Regolamenti

### 1.1. Definizione

I regolamenti sono atti normativi generali e astratti emanati da autorità amministrative competenti per disciplinare l'organizzazione e il funzionamento della pubblica amministrazione. Essi specificano le modalità di attuazione delle leggi, colmando eventuali lacune e fornendo dettagli operativi.

### 1.2. Natura Giuridica

Dal punto di vista giuridico, i regolamenti si collocano in una posizione subordinata rispetto alle leggi e alla Costituzione. Essi non possono contraddire né modificare le disposizioni legislative, ma devono limitarsi a specificarle e attuarle nel rispetto dei principi fondamentali del diritto.

## 2. Tipologie di Regolamenti

### 2.1. Regolamenti Esecutivi

I regolamenti esecutivi sono emanati per specificare e attuare le disposizioni contenute nelle leggi. Essi forniscono dettagli operativi e indicazioni pratiche per l'applicazione delle norme legislative, garantendo la loro effettività.

## 2.2. Regolamenti Indipendenti

I regolamenti indipendenti disciplinano materie non riservate alla legge, laddove non esistano specifiche disposizioni legislative. Essi hanno lo scopo di regolare aspetti organizzativi e procedurali che non richiedono una normativa primaria.

## 2.3. Regolamenti di Delegificazione

I regolamenti di delegificazione sono emanati sulla base di una legge che delega al regolamento la disciplina di una determinata materia, semplificando il processo normativo e rendendolo più flessibile. Tali regolamenti devono rispettare i limiti e i criteri stabiliti dalla legge delega.

## 2.4. Regolamenti Organizzativi

I regolamenti organizzativi disciplinano l'organizzazione interna degli uffici pubblici e le modalità di svolgimento delle attività amministrative. Essi riguardano aspetti quali la struttura degli enti, la distribuzione delle competenze e le procedure interne.

## 3. Procedimento di Adozione dei Regolamenti

### 3.1. Iniziativa e Redazione

Il procedimento di adozione dei regolamenti inizia con l'iniziativa dell'autorità amministrativa competente, che elabora una bozza del regolamento. La redazione deve tener conto delle disposizioni legislative e dei principi costituzionali, nonché delle esigenze pratiche e organizzative dell'amministrazione.

### 3.2. Consultazione e Partecipazione

Prima dell'adozione definitiva, il regolamento può essere sottoposto a consultazione pubblica o interna, coinvolgendo i soggetti interessati e gli organi consultivi. Questo processo mira a raccogliere osservazioni e suggerimenti per migliorare la qualità normativa e garantire la trasparenza.

### 3.3. Adozione e Pubblicazione

Il regolamento viene formalmente adottato dall'autorità competente e pubblicato nella Gazzetta Ufficiale o nel Bollettino Ufficiale dell'ente. La pubblicazione è necessaria per garantire la conoscibilità e l'efficacia del regolamento, che entra in vigore dopo un periodo di vacatio legis, solitamente 15 giorni dalla pubblicazione, salvo diversa disposizione.

### 3.4. Controllo di Legittimità

Dopo l'adozione, i regolamenti possono essere sottoposti a controllo di legittimità da parte di organi giurisdizionali, come i Tribunali Amministrativi Regionali (TAR) e il Consiglio di Stato. Questi organi possono annullare i regolamenti se li ritengono contrari alla legge o alla Costituzione.

## 4. Ambito di Applicazione e Limiti

### 4.1. Ambito di Applicazione

I regolamenti trovano applicazione in una vasta gamma di settori, inclusi:

• **Organizzazione amministrativa**: Strutturazione degli enti pubblici, distribuzione delle competenze e funzionamento degli uffici.
• **Procedimenti amministrativi**: Modalità di svolgimento dei procedimenti, criteri di partecipazione e trasparenza.
• **Esecuzione delle leggi**: Attuazione pratica delle disposizioni legislative in vari ambiti, come l'ambiente, l'urbanistica, la sanità e l'istruzione.

### 4.2. Limiti

I regolamenti devono rispettare i seguenti limiti:

• **Subordinazione alle leggi**: Non possono contraddire o modificare le norme legislative.
• **Rispetto dei principi costituzionali**: Devono conformarsi ai principi fondamentali della Costituzione.
• **Competenza dell'autorità emanante**: Devono essere adottati dall'autorità amministrativa competente per materia.

# 1.4. FONTI SECONDARIE

Le fonti secondarie del diritto amministrativo svolgono un ruolo cruciale nel sistema normativo italiano, integrando e specificando le disposizioni delle fonti primarie come la Costituzione, le leggi ordinarie e i regolamenti. Esse comprendono una varietà di atti normativi, quali circolari, direttive, ordinanze e provvedimenti amministrativi, che forniscono indicazioni dettagliate su come le norme devono essere applicate dalle autorità amministrative. La comprensione delle fonti secondarie è essenziale per un'analisi completa del diritto amministrativo, poiché esse determinano in gran parte la prassi amministrativa e l'operatività quotidiana della pubblica amministrazione.

### 1. Definizione e Natura delle Fonti Secondarie

### 1.1. Definizione

Le fonti secondarie del diritto amministrativo sono atti normativi emanati da autorità amministrative competenti, che hanno la funzione di attuare, integrare e specificare le disposizioni delle fonti primarie. Questi atti, pur non avendo la stessa forza delle leggi e dei regolamenti, sono vincolanti per la pubblica amministrazione e costituiscono un riferimento normativo per l'esercizio delle funzioni amministrative.

### 1.2. Natura Giuridica

Dal punto di vista giuridico, le fonti secondarie si collocano in una posizione subordinata rispetto alle fonti primarie. Esse non possono contraddire né modificare le norme legislative o regolamentari, ma devono essere conformi ad esse, assicurando coerenza e continuità nell'applicazione del diritto.

### 2. Tipologie di Fonti Secondarie

## 2.1. Circolari

Le circolari sono atti interni emanati dalle autorità amministrative per fornire istruzioni operative agli uffici subordinati. Esse interpretano le norme legislative e regolamentari, chiarendo modalità applicative e procedure da seguire. Le circolari non hanno forza di legge, ma sono vincolanti per i dipendenti pubblici cui sono indirizzate.

## 2.2. Direttive

Le direttive sono atti amministrativi che stabiliscono obiettivi da raggiungere e criteri generali per l'azione amministrativa. Esse sono vincolanti per gli uffici pubblici e devono essere rispettate nella gestione delle attività amministrative. Le direttive orientano l'attività amministrativa in modo coerente con le finalità e i principi stabiliti dalle fonti primarie.

## 2.3. Ordinanze

Le ordinanze sono provvedimenti amministrativi che dispongono misure specifiche e concrete per affrontare situazioni contingenti o emergenziali. Esse possono essere emanate da diverse autorità amministrative, come i sindaci, i presidenti delle regioni e i ministri. Le ordinanze devono rispettare i limiti di legge e possono avere effetti limitati nel tempo e nello spazio.

## 2.4. Provvedimenti Amministrativi

I provvedimenti amministrativi sono atti unilaterali adottati dalla pubblica amministrazione per regolare situazioni particolari e specifiche. Essi comprendono autorizzazioni, concessioni, permessi e sanzioni, che incidono direttamente sui diritti e gli interessi dei destinatari. I provvedimenti amministrativi devono essere motivati e possono essere impugnati davanti ai tribunali amministrativi.

## 2.5. Linee Guida

Le linee guida sono atti che forniscono orientamenti e raccomandazioni per l'azione amministrativa, senza avere un carattere vincolante. Esse sono utilizzate per uniformare le prassi amministrative e promuovere comportamenti coerenti con i principi generali del diritto. Le linee guida aiutano a garantire l'omogeneità delle decisioni amministrative in contesti complessi e diversificati.

### 3. Procedimento di Adozione delle Fonti Secondarie

## 3.1. Iniziativa e Redazione

Il procedimento di adozione delle fonti secondarie inizia con l'iniziativa dell'autorità amministrativa competente, che elabora una bozza dell'atto. La redazione deve tenere conto delle disposizioni legislative e regolamentari, nonché delle esigenze pratiche e organizzative dell'amministrazione. La chiarezza e la precisione del testo normativo sono essenziali per garantirne l'efficacia e la corretta applicazione.

### 3.2. Consultazione e Partecipazione

Prima dell'adozione definitiva, le fonti secondarie possono essere sottoposte a consultazione pubblica o interna, coinvolgendo i soggetti interessati e gli organi consultivi. Questo processo mira a raccogliere osservazioni e suggerimenti per migliorare la qualità normativa e garantire la trasparenza. La partecipazione dei cittadini e delle associazioni rappresentative può contribuire a rendere le norme più rispondenti alle esigenze reali.

### 3.3. Adozione e Pubblicazione

Le fonti secondarie vengono formalmente adottate dall'autorità competente e pubblicate nei modi previsti dalla normativa vigente. La pubblicazione è necessaria per garantire la conoscibilità e l'efficacia degli atti, che entrano in vigore dopo un periodo di vacatio legis, salvo diversa disposizione. La trasparenza e l'accessibilità delle fonti normative sono fondamentali per assicurare il rispetto dei diritti dei cittadini e la correttezza dell'azione amministrativa.

### 3.4. Controllo di Legittimità

Dopo l'adozione, le fonti secondarie possono essere sottoposte a controllo di legittimità da parte di organi giurisdizionali, come i Tribunali Amministrativi Regionali (TAR) e il Consiglio di Stato. Questi organi possono annullare gli atti se li ritengono contrari alla legge o alla Costituzione. Il controllo giurisdizionale è un importante strumento di garanzia della legalità e della correttezza dell'azione amministrativa.

## 4. Ambito di Applicazione e Limiti

### 4.1. Ambito di Applicazione

Le fonti secondarie trovano applicazione in una vasta gamma di settori, inclusi:

• **Organizzazione amministrativa**: Strutturazione degli enti pubblici, distribuzione delle competenze e funzionamento degli uffici.
• **Procedimenti amministrativi**: Modalità di svolgimento dei procedimenti, criteri di partecipazione e trasparenza.
• **Esecuzione delle leggi**: Attuazione pratica delle disposizioni legislative in vari ambiti, come l'ambiente, l'urbanistica, la sanità e l'istruzione.

### 4.2. Limiti

Le fonti secondarie devono rispettare i seguenti limiti:

• **Subordinazione alle leggi e ai regolamenti**: Non possono contraddire o modificare le norme legislative o regolamentari.

• **Rispetto dei principi costituzionali**: Devono conformarsi ai principi fondamentali della Costituzione.

• **Competenza dell'autorità emanante**: Devono essere adottate dall'autorità amministrativa competente per materia.

# 1.5. GIURISPRUDENZA

La giurisprudenza rappresenta una delle fonti principali del diritto amministrativo, costituendo l'insieme delle decisioni emanate dai giudici amministrativi, come i Tribunali Amministrativi Regionali (TAR) e il Consiglio di Stato. Attraverso le sue interpretazioni e applicazioni delle norme, la giurisprudenza svolge un ruolo fondamentale nell'orientare l'attività della pubblica amministrazione e nel garantire il rispetto dei diritti dei cittadini. Esaminare la giurisprudenza significa comprendere come le norme giuridiche vengono concretamente applicate e interpretate nei vari contesti amministrativi.

## 1. Definizione e Natura della Giurisprudenza

### 1.1. Definizione

La giurisprudenza si riferisce all'insieme delle sentenze e decisioni emesse dai giudici amministrativi nell'esercizio delle loro funzioni. Essa rappresenta un'importante fonte interpretativa del diritto, contribuendo alla chiarificazione e allo sviluppo delle norme giuridiche attraverso l'analisi di casi concreti.

### 1.2. Natura Giuridica

Dal punto di vista giuridico, la giurisprudenza non ha la stessa forza vincolante delle leggi o dei regolamenti, ma esercita un'influenza significativa sull'applicazione del diritto. Le decisioni dei giudici, specialmente quelle del Consiglio di Stato, hanno un forte valore persuasivo e sono spesso utilizzate come precedenti nelle controversie amministrative.

## 2. Ruolo della Giurisprudenza nel Diritto Amministrativo

### 2.1. Interpretazione delle Norme

La giurisprudenza svolge un ruolo cruciale nell'interpretazione delle norme giuridiche, chiarendo il significato e la portata delle disposizioni legislative e regolamentari. Attraverso le sue decisioni, la giurisprudenza fornisce indicazioni su come le norme devono essere applicate nei vari contesti amministrativi.

## 2.2. Risoluzione delle Controversie

I giudici amministrativi sono chiamati a risolvere le controversie tra cittadini e pubbliche amministrazioni. La giurisprudenza, pertanto, contribuisce a garantire il rispetto dei diritti dei cittadini e a correggere eventuali abusi o errori nell'azione amministrativa.

## 2.3. Evoluzione del Diritto Amministrativo

La giurisprudenza è dinamica e adattiva, rispondendo ai cambiamenti sociali, economici e normativi. Attraverso le sue interpretazioni, la giurisprudenza può influenzare l'evoluzione del diritto amministrativo, promuovendo l'adeguamento delle norme ai nuovi bisogni della società.

### 3. Principali Organi della Giurisprudenza Amministrativa

## 3.1. Tribunali Amministrativi Regionali (TAR)

I TAR sono i tribunali di primo grado nelle controversie amministrative. Essi sono competenti a decidere sui ricorsi presentati dai cittadini contro gli atti e i provvedimenti della pubblica amministrazione. Le decisioni dei TAR possono essere impugnate davanti al Consiglio di Stato.

## 3.2. Consiglio di Stato

Il Consiglio di Stato è il massimo organo della giustizia amministrativa. Esso svolge funzioni giurisdizionali, pronunciandosi sui ricorsi in appello contro le decisioni dei TAR, e funzioni consultive, fornendo pareri al Governo su questioni giuridiche e amministrative di particolare rilevanza.

### 4. Effetti della Giurisprudenza sulle Pubbliche Amministrazioni

## 4.1. Vincolatività delle Sentenze

Sebbene le sentenze della giurisprudenza non abbiano forza di legge, esse sono vincolanti per le parti in causa e devono essere eseguite dalle pubbliche amministrazioni. Le decisioni del Consiglio di Stato, in particolare, hanno un forte valore interpretativo e orientano l'attività amministrativa.

## 4.2. Precedenti Giudiziari

I precedenti giudiziari, specialmente quelli del Consiglio di Stato, sono spesso utilizzati come riferimento per risolvere controversie simili. Le pubbliche amministrazioni devono tenere conto della giurisprudenza consolidata per evitare contenziosi e garantire l'osservanza dei principi di legalità e correttezza.

### 4.3. Impatto Normativo

La giurisprudenza può influenzare l'emanazione di nuove norme o la modifica di quelle esistenti. Le interpretazioni dei giudici possono evidenziare lacune normative o problemi applicativi, spingendo il legislatore a intervenire per migliorare il quadro normativo.

Esempi Pratici

**1. Annullamento di un Provvedimento Amministrativo**: Un cittadino presenta ricorso al TAR contro un'ordinanza comunale ritenuta illegittima. Il TAR accoglie il ricorso, annullando l'ordinanza per violazione del principio di imparzialità. Questa decisione vincola il comune a rivedere la procedura adottata e conformarsi ai principi giurisprudenziali stabiliti.

**2. Sentenza del Consiglio di Stato su Appalto Pubblico**: Un'impresa impugna davanti al Consiglio di Stato l'esclusione da una gara d'appalto, ritenendo che il bando violi i principi di trasparenza e parità di trattamento. Il Consiglio di Stato accoglie il ricorso, stabilendo che il bando deve essere riformulato secondo i criteri indicati nella sentenza.

**3. Parere Consultivo del Consiglio di Stato**: Il Governo chiede un parere al Consiglio di Stato su una proposta di legge in materia di semplificazione amministrativa. Il parere, pur non vincolante, fornisce indicazioni preziose per la formulazione del testo normativo, garantendo che esso sia conforme ai principi del diritto amministrativo.

# 1.6. DOTTRINA

La dottrina rappresenta un'importante fonte del diritto amministrativo, costituendo l'insieme degli studi e delle interpretazioni elaborate dagli studiosi del diritto. Attraverso l'analisi critica e sistematica delle norme giuridiche, la dottrina contribuisce alla comprensione e allo sviluppo del diritto amministrativo, influenzando sia la giurisprudenza che la legislazione. Esaminare il ruolo della dottrina significa comprendere come le teorie giuridiche e le riflessioni accademiche plasmino e orientino l'applicazione delle norme nel contesto amministrativo.

## 1. Definizione e Natura della Dottrina

### 1.1. Definizione

La dottrina consiste nell'insieme delle opinioni e delle interpretazioni fornite dagli studiosi del diritto attraverso trattati, manuali, articoli, commenti e altre opere scientifiche. Essa analizza, interpreta e critica le norme giuridiche, offrendo chiavi di lettura e soluzioni per i problemi interpretativi e applicativi del diritto amministrativo.

### 1.2. Natura Giuridica

Dal punto di vista giuridico, la dottrina non ha forza vincolante, ma esercita un'influenza significativa sullo sviluppo del diritto. Le interpretazioni dottrinali, pur non essendo obbligatorie, sono spesso citate nei giudizi e contribuiscono a formare il convincimento dei giudici, nonché a orientare l'attività legislativa e amministrativa.

## 2. Ruolo della Dottrina nel Diritto Amministrativo

### 2.1. Interpretazione delle Norme

La dottrina svolge un ruolo cruciale nell'interpretazione delle norme giuridiche, chiarendo il significato e la portata delle disposizioni legislative e regolamentari. Gli studiosi analizzano i testi normativi, esaminano i precedenti giurisprudenziali e propongono interpretazioni che possono influenzare la prassi amministrativa e giudiziaria.

## 2.2. Sviluppo del Diritto

Attraverso le sue analisi e critiche, la dottrina contribuisce allo sviluppo del diritto amministrativo, proponendo soluzioni innovative e teorie giuridiche che possono essere recepite dalla giurisprudenza e dal legislatore. La riflessione dottrinale stimola il dibattito giuridico e favorisce l'evoluzione del quadro normativo.

## 2.3. Formazione e Educazione

La dottrina ha un ruolo fondamentale nella formazione dei giuristi e dei funzionari pubblici, fornendo le basi teoriche e pratiche necessarie per comprendere e applicare il diritto amministrativo. Attraverso manuali, trattati e corsi universitari, gli studiosi del diritto trasmettono conoscenze e competenze indispensabili per operare nel settore pubblico.

## 3. Principali Ambiti di Influenza della Dottrina

## 3.1. Legislazione

La dottrina influisce sulla legislazione attraverso le proposte di riforma e le analisi critiche delle leggi esistenti. Gli studiosi del diritto partecipano spesso ai processi di consultazione legislativa, fornendo pareri e suggerimenti che possono essere recepiti nei testi normativi.

## 3.2. Giurisprudenza

Le interpretazioni dottrinali sono frequentemente utilizzate dai giudici per supportare le loro decisioni. La giurisprudenza si avvale delle analisi dottrinali per risolvere questioni complesse e per giustificare le proprie interpretazioni delle norme giuridiche.

## 3.3. Attività Amministrativa

La dottrina orienta anche l'attività amministrativa, offrendo linee guida e criteri interpretativi che possono essere adottati dalle pubbliche amministrazioni. Le autorità amministrative consultano spesso le opere dottrinali per affrontare problemi interpretativi e applicativi delle norme.

## 4. Importanza della Dottrina nel Contesto Attuale

## 4.1. Innovazione e Modernizzazione

Nel contesto attuale, caratterizzato da rapide trasformazioni sociali e tecnologiche, la dottrina assume un ruolo ancora più rilevante, proponendo soluzioni innovative e promuovendo la modernizzazione del diritto amministrativo. Gli studiosi del diritto analizzano le nuove sfide e offrono interpretazioni che tengono conto delle evoluzioni in atto.

## 4.2. Internazionalizzazione

La globalizzazione e l'integrazione europea hanno ampliato il campo di influenza della dottrina, che deve confrontarsi con un panorama normativo sempre più complesso e interconnesso. La dottrina svolge un ruolo fondamentale nell'analizzare le interazioni tra il diritto nazionale, il diritto europeo e il diritto internazionale.

# 1.7. AGGIORNAMENTI RECENTI (INCLUSI DECRETI LEGISLATIVI E LEGGI DI RIFORMA)

Gli aggiornamenti legislativi e le riforme normative rappresentano un aspetto cruciale del diritto amministrativo, poiché riflettono l'evoluzione delle politiche pubbliche e le risposte legislative alle nuove sfide sociali, economiche e tecnologiche. Il periodo recente ha visto l'adozione di numerosi decreti legislativi e leggi di riforma che mirano a modernizzare e rendere più efficiente l'amministrazione pubblica, promuovendo la digitalizzazione, la trasparenza e la sostenibilità. Esaminare questi aggiornamenti consente di comprendere le direzioni di sviluppo del diritto amministrativo e il loro impatto sull'attività delle pubbliche amministrazioni.

## 1. Riforme Strutturali e Amministrative

### 1.1. Riforma della Pubblica Amministrazione

Una delle riforme più significative degli ultimi anni riguarda la modernizzazione della pubblica amministrazione. Con l'obiettivo di migliorare l'efficienza e la trasparenza, sono state introdotte nuove norme che disciplinano l'organizzazione interna degli uffici pubblici, la gestione delle risorse umane e l'implementazione di tecnologie digitali. La legge di riferimento è la Legge 7 agosto 2015, n. 124, che ha segnato un punto di svolta nella riorganizzazione della pubblica amministrazione.

### 1.2. Digitalizzazione della Pubblica Amministrazione

La digitalizzazione rappresenta un pilastro fondamentale per l'innovazione della pubblica amministrazione. Il Codice dell'Amministrazione Digitale (CAD), aggiornato con il Decreto Legislativo 13 dicembre 2017, n. 217, ha introdotto norme dettagliate per la transizione digitale delle amministrazioni pubbliche, promuovendo l'uso di strumenti digitali per la gestione dei servizi e la comunicazione con i cittadini.

## 2. Normative Ambientali e Sostenibilità

### 2.1. Transizione Ecologica

La transizione ecologica è al centro delle recenti riforme normative. Il Decreto Legge 6 novembre 2021, n. 152, convertito con modificazioni dalla Legge 29 dicembre 2021, n. 233, ha introdotto misure per la transizione energetica e la riduzione delle emissioni di $CO_2$, incentivando l'uso di fonti energetiche rinnovabili e promuovendo l'efficienza energetica negli edifici pubblici e privati.

### 2.2. Legislazione Ambientale

La legislazione ambientale è stata rafforzata con l'adozione di nuove normative che mirano a tutelare l'ambiente e la biodiversità. Tra queste, il Decreto Legislativo 3 aprile 2006, n. 152, noto come "Codice dell'Ambiente", è stato aggiornato per includere misure più stringenti in materia di gestione dei rifiuti, tutela delle risorse idriche e controllo dell'inquinamento.

## 3. Normative Economiche e Sociali

### 3.1. Riforma del Codice degli Appalti

Il settore degli appalti pubblici ha visto importanti aggiornamenti con l'entrata in vigore del nuovo Codice dei Contratti Pubblici, disciplinato dal Decreto Legislativo 18 aprile 2016, n. 50, e successivamente modificato. La riforma ha introdotto principi di trasparenza, concorrenza e sostenibilità, semplificando le procedure di gara e promuovendo l'integrità e l'efficienza negli appalti pubblici.

### 3.2. Misure per la Crescita Economica

Il Governo ha adottato diverse misure per stimolare la crescita economica e sostenere le imprese. Il Decreto Legge 30 aprile 2019, n. 34, noto come "Decreto Crescita", ha introdotto incentivi fiscali, agevolazioni per le start-up e misure per la semplificazione amministrativa, con l'obiettivo di rendere l'Italia un ambiente più favorevole agli investimenti e all'innovazione.

## 4. Tutela dei Diritti e Trasparenza

### 4.1. Normative Anticorruzione

La lotta alla corruzione è stata rafforzata con l'adozione della Legge 6 novembre 2012, n. 190, e dei successivi aggiornamenti, che hanno introdotto misure preventive e repressive per contrastare la corruzione nella pubblica amministrazione. L'Autorità Nazionale Anticorruzione (ANAC) svolge un ruolo chiave nel monitoraggio e nella promozione della trasparenza e dell'integrità nei settori pubblici.

### 4.2. Protezione dei Dati Personali

Il Regolamento (UE) 2016/679, noto come GDPR, e il Decreto Legislativo 10 agosto 2018, n. 101, hanno rafforzato la protezione dei dati personali, imponendo alle amministrazioni pubbliche nuove regole per il trattamento e la gestione dei dati. Queste normative garantiscono il diritto alla privacy e la sicurezza delle informazioni personali, promuovendo una gestione trasparente e responsabile dei dati.

**Esempi Pratici**

**1. Implementazione del CAD in un Comune**: Un comune italiano adotta nuove piattaforme digitali per la gestione dei servizi pubblici online, in conformità con il Codice dell'Amministrazione Digitale. Questo permette ai cittadini di accedere facilmente ai servizi, presentare documenti e richiedere certificati attraverso portali web e applicazioni mobili.

**2. Appalto Pubblico Sostenibile**: Un ente pubblico indice una gara d'appalto per la costruzione di un edificio scolastico. Seguendo i principi del nuovo Codice degli Appalti, il bando include criteri di sostenibilità ambientale, richiedendo l'uso di materiali eco-compatibili e tecniche di costruzione a basso impatto ambientale.

**3. Piano di Transizione Ecologica di una Regione**: Una regione italiana sviluppa un piano di transizione ecologica per ridurre le emissioni di $CO_2$. Il piano, supportato dalle misure del Decreto Legge 152/2021, prevede l'installazione di pannelli solari negli edifici pubblici, incentivi per l'acquisto di veicoli elettrici e la promozione di progetti di riforestazione.

# 1.8. LE FONTI DEL DIRITTO INTERNAZIONALE E IL DIRITTO EUROPEO

Il diritto amministrativo non può essere compreso appieno senza considerare l'influenza esercitata dal diritto internazionale e dal diritto europeo. Queste fonti giuridiche esterne contribuiscono in modo significativo alla formazione e all'evoluzione delle norme amministrative nazionali, introducendo principi e obblighi che gli Stati membri devono rispettare. L'interazione tra il diritto interno, il diritto internazionale e il diritto europeo rappresenta una dimensione essenziale per comprendere il contesto normativo entro cui operano le pubbliche amministrazioni.

## 1. Le Fonti del Diritto Internazionale

### 1.1. Trattati e Convenzioni Internazionali

I trattati e le convenzioni internazionali sono accordi formali stipulati tra Stati o tra Stati e organizzazioni internazionali. Essi vincolano le parti contraenti e possono riguardare una vasta gamma di materie, inclusi i diritti umani, l'ambiente, il commercio e la cooperazione amministrativa. Alcuni esempi rilevanti includono:

- **Convenzione Europea dei Diritti dell'Uomo (CEDU):** Protegge i diritti fondamentali e le libertà individuali dei cittadini degli Stati membri del Consiglio d'Europa.
- **Convenzione di Vienna sul Diritto dei Trattati:** Regola la stipula, l'interpretazione e l'applicazione dei trattati internazionali.

### 1.2. Consuetudini Internazionali

Le consuetudini internazionali sono pratiche generali accettate come diritto e riconosciute dagli Stati. Esse derivano da un comportamento costante e uniforme degli Stati, accompagnato dalla convinzione che tale comportamento sia obbligatorio (opinio juris). Le consuetudini internazionali possono integrare le disposizioni dei trattati e delle convenzioni.

### 1.3. Principi Generali di Diritto

I principi generali di diritto riconosciuti dalle nazioni civili rappresentano un'altra fonte del diritto internazionale. Essi comprendono norme di carattere fondamentale che sono comunemente accettate e applicate negli ordinamenti giuridici nazionali, come il principio di buona fede, il principio di equità e il principio di non discriminazione.

## 2. Il Diritto dell'Unione Europea

### 2.1. Fonti Primarie del Diritto dell'UE

Le fonti primarie del diritto dell'Unione Europea sono costituite dai trattati istitutivi e dalle loro successive modifiche. I trattati fondamentali includono:

* **Trattato di Roma (1957)**: Ha istituito la Comunità Economica Europea (CEE).
* **Trattato di Maastricht (1992)**: Ha trasformato la CEE nell'Unione Europea (UE) e ha introdotto l'Unione Economica e Monetaria.
* **Trattato di Lisbona (2009)**: Ha riformato la struttura istituzionale dell'UE, ampliando le competenze del Parlamento Europeo e del Consiglio.

### 2.2. Fonti Derivate del Diritto dell'UE

Le fonti derivate del diritto dell'UE comprendono regolamenti, direttive, decisioni, raccomandazioni e pareri emanati dalle istituzioni europee:

* **Regolamenti**: Atti normativi di portata generale che sono direttamente applicabili in tutti gli Stati membri.
* **Direttive**: Atti normativi che vincolano gli Stati membri quanto al risultato da raggiungere, lasciando alle autorità nazionali la scelta della forma e delle modalità per attuarle.
* **Decisioni**: Atti vincolanti per i destinatari specifici, che possono essere Stati membri, imprese o individui.
* **Raccomandazioni e pareri**: Atti non vincolanti che offrono orientamenti sulle politiche e le pratiche da adottare.

### 2.3. Giurisprudenza della Corte di Giustizia dell'Unione Europea

La Corte di Giustizia dell'Unione Europea (CGUE) svolge un ruolo cruciale nell'interpretazione e nell'applicazione del diritto dell'UE. Le sue sentenze hanno forza vincolante e contribuiscono a garantire l'uniformità del diritto europeo nei diversi Stati membri. La CGUE può essere adita dai tribunali nazionali attraverso il rinvio pregiudiziale, che consente di ottenere chiarimenti sull'interpretazione del diritto dell'UE.

## 3. Relazioni tra Diritto Internazionale, Diritto Europeo e Diritto Nazionale

### 3.1. Primazia del Diritto Europeo

Uno dei principi fondamentali del diritto dell'UE è il principio di primazia, secondo cui il diritto europeo prevale sul diritto nazionale in caso di conflitto. Questo principio garantisce l'applicazione uniforme del diritto dell'UE in tutti gli Stati membri e impedisce che norme nazionali contrarie possano ostacolarne l'efficacia.

### 3.2. Adattamento del Diritto Nazionale

Gli Stati membri sono tenuti ad adattare il proprio ordinamento giuridico per conformarsi alle disposizioni del diritto internazionale e del diritto dell'UE. Questo processo di adattamento può avvenire attraverso l'adozione di leggi di recepimento, regolamenti attuativi e modifiche legislative. L'obiettivo è garantire che le norme internazionali ed europee siano efficacemente integrate nel diritto nazionale.

### 3.3. Ruolo dei Tribunali Nazionali

I tribunali nazionali svolgono un ruolo chiave nell'applicazione del diritto internazionale e del diritto europeo. Essi devono interpretare e applicare le norme conformemente agli obblighi internazionali e europei, assicurando il rispetto dei diritti e delle libertà garantite. In caso di dubbio sull'interpretazione del diritto dell'UE, i tribunali nazionali possono rivolgersi alla CGUE tramite il rinvio pregiudiziale.

# 1.9. RELAZIONI TRA DIRITTO EUROPEO E DIRITTO NAZIONALE

L'integrazione europea ha profondamente trasformato il panorama giuridico degli Stati membri, stabilendo una stretta interrelazione tra il diritto dell'Unione Europea (UE) e il diritto nazionale. Questo rapporto complesso e dinamico influenza non solo l'adozione e l'interpretazione delle norme giuridiche, ma anche il funzionamento delle istituzioni e l'esercizio dei diritti dei cittadini. Analizzare le relazioni tra diritto europeo e diritto nazionale è essenziale per comprendere come le norme europee si integrino negli ordinamenti interni, garantendo uniformità, efficacia e rispetto dei principi fondamentali dell'Unione.

## 1. Principio di Primazia del Diritto Europeo

### 1.1. Definizione e Fondamenti

Il principio di primazia stabilisce che il diritto dell'UE prevale su quello nazionale in caso di conflitto. Questo principio, affermato per la prima volta dalla Corte di Giustizia dell'Unione Europea (CGUE) nella sentenza Costa contro ENEL (1964), garantisce che le norme europee siano applicate in modo uniforme e prevalgano su eventuali disposizioni nazionali contrastanti.

### 1.2. Implicazioni per gli Stati Membri

Gli Stati membri devono conformarsi al diritto dell'UE, adattando il proprio ordinamento giuridico per garantire che le norme europee siano efficaci. In caso di conflitto, le autorità nazionali, incluse le amministrazioni pubbliche e i tribunali, devono disapplicare le norme interne contrastanti con il diritto europeo, assicurando la piena efficacia delle disposizioni comunitarie.

## 2. Adattamento del Diritto Nazionale

## 2.1. Recepimento delle Direttive

Le direttive dell'UE vincolano gli Stati membri quanto al risultato da raggiungere, lasciando loro la scelta delle forme e dei mezzi per attuarle. Il recepimento delle direttive avviene attraverso l'adozione di leggi o regolamenti nazionali che integrano le disposizioni europee nell'ordinamento interno. Gli Stati membri devono rispettare i termini fissati per il recepimento e garantire che le normative nazionali siano conformi agli obiettivi stabiliti dalle direttive.

## 2.2. Applicazione Diretta dei Regolamenti

I regolamenti dell'UE hanno portata generale e sono direttamente applicabili in tutti gli Stati membri senza necessità di recepimento. Essi prevalgono sulle norme nazionali incompatibili e devono essere applicati in modo uniforme, garantendo l'efficacia immediata delle disposizioni europee nei vari ordinamenti giuridici.

## 3. Ruolo dei Tribunali Nazionali

### 3.1. Interpretazione Conforme

I tribunali nazionali sono tenuti a interpretare il diritto nazionale in modo conforme al diritto europeo. Questo principio, noto come interpretazione conforme, impone ai giudici di leggere e applicare le norme interne in armonia con le disposizioni e gli obiettivi del diritto dell'UE, evitando interpretazioni che potrebbero comprometterne l'efficacia.

### 3.2. Rinvio Pregiudiziale

Il rinvio pregiudiziale è un meccanismo che consente ai tribunali nazionali di rivolgersi alla CGUE per ottenere chiarimenti sull'interpretazione o la validità del diritto europeo. Questo strumento garantisce un'applicazione uniforme delle norme comunitarie e permette di risolvere questioni giuridiche complesse che emergono nei contesti nazionali.

### 3.3. Disapplicazione del Diritto Nazionale

In caso di conflitto tra norme nazionali e diritto dell'UE, i tribunali nazionali devono disapplicare le disposizioni interne incompatibili, dando piena efficacia alle norme europee. Questo principio è stato affermato dalla CGUE nella sentenza Simmenthal (1978), che ha chiarito l'obbligo dei giudici nazionali di garantire la supremazia del diritto comunitario.

## 4. Effetti della Giurisprudenza Europea sul Diritto Nazionale

### 4.1. Sentenze della Corte di Giustizia dell'Unione Europea

Le sentenze della CGUE hanno un impatto significativo sugli ordinamenti nazionali, influenzando l'interpretazione e l'applicazione del diritto interno. Le decisioni della Corte contribuiscono a chiarire il significato delle norme europee e a garantire una loro applicazione uniforme in tutti gli Stati membri.

### 4.2. Principio dell'Effetto Diretto

Il principio dell'effetto diretto stabilisce che alcune disposizioni del diritto dell'UE, come quelle contenute nei trattati e nei regolamenti, conferiscono diritti e obblighi direttamente applicabili ai cittadini e alle imprese negli Stati membri. Questo principio consente agli individui di invocare direttamente le norme europee davanti ai tribunali nazionali.

## 5. Relazioni Tra Diritto Europeo e Diritto Nazionale

### 5.1. Armonizzazione e Coordinamento

Le norme europee spesso richiedono un'armonizzazione delle legislazioni nazionali, promuovendo la coerenza e la compatibilità tra gli ordinamenti degli Stati membri. Questo processo di armonizzazione contribuisce a creare un quadro normativo uniforme, facilitando la libera circolazione di persone, beni, servizi e capitali all'interno dell'UE.

### 5.2. Dialogo tra Giurisprudenze

Il dialogo tra la CGUE e i tribunali nazionali è fondamentale per garantire l'uniformità del diritto europeo. Attraverso il rinvio pregiudiziale e l'interpretazione conforme, i giudici nazionali collaborano con la Corte di Giustizia per assicurare una corretta applicazione delle norme comunitarie, contribuendo allo sviluppo di una giurisprudenza coerente e integrata.

### 5.3. Adattamento Legislativo

Gli Stati membri devono adattare costantemente le proprie leggi per conformarsi agli sviluppi del diritto europeo. Questo adattamento richiede un monitoraggio continuo delle normative europee e un'adeguata pianificazione legislativa per garantire che le disposizioni interne siano sempre allineate con gli obblighi comunitari.

### Esempi Pratici

**1. Recepimento di una Direttiva sulla Privacy**: L'Italia recepisce la direttiva europea sulla protezione dei dati personali attraverso il Decreto Legislativo 196/2003, noto come Codice in materia di protezione dei dati personali. Questo decreto stabilisce norme dettagliate per il trattamento dei dati personali, in linea con gli obiettivi della direttiva europea.

**2. Applicazione Diretta di un Regolamento sulla Concorrenza**: Un'impresa italiana è accusata di pratiche anticoncorrenziali in violazione del Regolamento (UE) 1/2003. Le autorità nazionali devono applicare direttamente le disposizioni del regolamento, garantendo che le pratiche anticoncorrenziali siano sanzionate in conformità con il diritto dell'UE.

**3. Rinvio Pregiudiziale sulla Parità di Trattamento**: Un tribunale italiano si rivolge alla CGUE per chiarimenti sull'interpretazione della direttiva europea sulla parità di trattamento tra uomini e donne in materia di occupazione. La CGUE fornisce un'interpretazione che il tribunale nazionale utilizza per decidere il caso, garantendo il rispetto dei principi europei di non discriminazione.

# 2. PRINCIPI COSTITUZIONALI DELL'AMMINISTRAZIONE PUBBLICA

I principi costituzionali rappresentano il fondamento dell'organizzazione e del funzionamento della pubblica amministrazione in Italia. Essi delineano i criteri guida che l'azione amministrativa deve seguire per essere legittima, efficiente e rispettosa dei diritti dei cittadini. Questi principi sono radicati nella Costituzione italiana e riflettono valori fondamentali come la legalità, l'imparzialità, la trasparenza e la partecipazione. Analizzare i principi costituzionali dell'amministrazione pubblica è essenziale per comprendere il quadro normativo entro cui operano le autorità amministrative e per garantire che l'azione pubblica sia coerente con i valori democratici e costituzionali.

## 1. Principio di Legalità

### 1.1. Definizione e Fondamenti

Il principio di legalità, sancito dall'Articolo 97 della Costituzione, impone che l'azione amministrativa sia subordinata alla legge. Questo principio garantisce che le autorità amministrative possano esercitare solo i poteri espressamente attribuiti dalla normativa vigente, prevenendo abusi di potere e assicurando che l'amministrazione agisca in conformità con le norme giuridiche.

### 1.2. Applicazione del Principio

Nell'applicazione del principio di legalità, le autorità amministrative devono:

- Seguire rigorosamente le procedure stabilite dalla legge.
- Adottare atti amministrativi che abbiano una base giuridica chiara e precisa.
- Assicurare che ogni provvedimento sia conforme alle disposizioni normative applicabili.

## 2. Principio di Buon Andamento e Imparzialità

### 2.1. Articolo 97 della Costituzione

L'Articolo 97 della Costituzione stabilisce che i pubblici uffici devono essere organizzati in modo da assicurare il buon andamento e l'imparzialità dell'amministrazione. Questo principio richiede che l'azione amministrativa sia efficiente, efficace ed equa, garantendo la trasparenza e la correttezza nei procedimenti amministrativi.

### 2.2. Buon Andamento

Il principio di buon andamento implica che l'amministrazione deve:

• Operare in modo efficiente, utilizzando le risorse pubbliche in modo ottimale.
• Adottare procedure che consentano il raggiungimento degli obiettivi prefissati nel minor tempo possibile.
• Valutare costantemente l'efficacia delle proprie azioni e apportare miglioramenti quando necessario.

### 2.3. Imparzialità

Il principio di imparzialità impone che l'amministrazione agisca senza favoritismi, discriminazioni o conflitti di interesse. Le decisioni amministrative devono essere basate su criteri oggettivi e trasparenti, garantendo l'uguaglianza di trattamento per tutti i cittadini.

## 3. Principio di Trasparenza e Accesso agli Atti

### 3.1. Definizione e Normativa

Il principio di trasparenza, sancito dall'Articolo 1 della Legge 241/1990, richiede che l'attività amministrativa sia condotta in modo aperto e visibile ai cittadini. Questo principio è strettamente legato al diritto di accesso agli atti amministrativi, che consente ai cittadini di conoscere e verificare le decisioni e le procedure adottate dalle autorità pubbliche.

### 3.2. Applicazione della Trasparenza

Per garantire la trasparenza, l'amministrazione deve:

• Pubblicare informazioni rilevanti sulle proprie attività, decisioni e risorse utilizzate.
• Assicurare che i documenti amministrativi siano accessibili ai cittadini, salvo i casi di riservatezza previsti dalla legge.
• Promuovere la partecipazione dei cittadini ai procedimenti amministrativi, facilitando il dialogo e la collaborazione tra amministrazione e pubblico.

## 4. Principio di Sussidiarietà

## 4.1. Definizione e Origini

Il principio di sussidiarietà, previsto dall'Articolo 118 della Costituzione, stabilisce che le funzioni amministrative devono essere svolte dall'autorità territorialmente e funzionalmente più vicina ai cittadini. Questo principio mira a favorire la decentralizzazione e a garantire che le decisioni siano prese al livello più appropriato, promuovendo l'efficacia e la partecipazione locale.

## 4.2. Applicazione della Sussidiarietà

Nell'applicazione del principio di sussidiarietà, le autorità centrali devono:

• Delegare funzioni e competenze alle autorità locali quando queste sono in grado di svolgerle in modo più efficace.
• Supportare le autorità locali con risorse e competenze necessarie per l'esercizio delle loro funzioni.
• Assicurare un coordinamento efficace tra i diversi livelli di governo per evitare duplicazioni e inefficienze.

## 5. Principio di Sostenibilità Ambientale

### 5.1. Definizione e Importanza

Il principio di sostenibilità ambientale, pur non essendo esplicitamente menzionato nella Costituzione, deriva dai principi costituzionali di tutela dell'ambiente e del paesaggio, sanciti dall'Articolo 9. Questo principio richiede che l'attività amministrativa sia orientata alla protezione e alla conservazione delle risorse naturali, garantendo uno sviluppo sostenibile che soddisfi le esigenze delle generazioni presenti senza compromettere quelle future.

### 5.2. Applicazione della Sostenibilità

Per garantire la sostenibilità ambientale, l'amministrazione deve:

• Adottare politiche e misure che promuovano l'uso efficiente delle risorse naturali.
• Valutare l'impatto ambientale delle proprie decisioni e attività, riducendo al minimo gli effetti negativi.
• Promuovere pratiche e tecnologie sostenibili che contribuiscano alla conservazione dell'ambiente.

### Esempi Pratici

**1. Trasparenza e Accesso agli Atti**: Un cittadino richiede l'accesso ai documenti relativi a un progetto di riqualificazione urbana. L'amministrazione, in conformità con il principio di trasparenza, fornisce tutti i documenti richiesti, permettendo al cittadino di verificare la correttezza delle procedure adottate e la gestione delle risorse pubbliche.
**2. Imparzialità nelle Assunzioni Pubbliche**: Un ente pubblico indice un concorso per l'assunzione di nuovi dipendenti. Seguendo il principio di imparzialità, il

processo di selezione è basato su criteri oggettivi e trasparenti, garantendo pari opportunità a tutti i candidati e prevenendo favoritismi o discriminazioni.

**3. Sostenibilità Ambientale in Progetti Pubblici**: Un'amministrazione locale avvia un progetto per la costruzione di un parco pubblico. Durante la pianificazione e l'implementazione del progetto, vengono adottate misure per minimizzare l'impatto ambientale, come l'utilizzo di materiali eco-sostenibili e la conservazione delle aree verdi esistenti.

# 2.1. PRINCIPIO DI LEGALITÀ

Il principio di legalità è uno dei cardini del diritto amministrativo e rappresenta un principio fondamentale del diritto pubblico italiano. Esso garantisce che l'azione della pubblica amministrazione sia conforme alle norme giuridiche, prevenendo l'arbitrarietà e gli abusi di potere. La sua applicazione assicura che l'attività amministrativa sia svolta nel rispetto delle leggi e dei regolamenti, proteggendo i diritti dei cittadini e promuovendo la trasparenza e la responsabilità delle autorità pubbliche. Comprendere il principio di legalità è essenziale per chiunque operi nel campo del diritto amministrativo, poiché esso stabilisce i limiti entro i quali la pubblica amministrazione può agire.

## 1. Definizione e Fondamenti

### 1.1. Definizione

Il principio di legalità può essere definito come l'obbligo per la pubblica amministrazione di agire esclusivamente sulla base e nei limiti delle norme giuridiche vigenti. Questo principio impone che ogni atto amministrativo abbia una base legale chiara e precisa, prevenendo l'adozione di decisioni arbitrarie o prive di fondamento normativo.

### 1.2. Fondamenti Costituzionali

Il principio di legalità trova il suo fondamento nella Costituzione italiana, in particolare:

• **Articolo 97**: Stabilisce che i pubblici uffici devono essere organizzati secondo le disposizioni di legge, garantendo così il buon funzionamento e l'imparzialità dell'amministrazione.

• **Articolo 113**: Garantisce la tutela giurisdizionale contro gli atti della pubblica amministrazione, basata sulla conformità degli atti alla legge.

## 2. Applicazione del Principio di Legalità

### 2.1. Legalità Formale e Sostanziale

Il principio di legalità si articola in due dimensioni:

• **Legalità formale**: Riguarda l'obbligo di conformarsi alle norme giuridiche formali, ossia le leggi e i regolamenti. Ogni atto amministrativo deve trovare il suo fondamento in una norma giuridica preesistente.
• **Legalità sostanziale**: Implica che l'azione amministrativa sia non solo conforme alle norme formali, ma anche orientata al perseguimento degli interessi pubblici e al rispetto dei principi di buon andamento e imparzialità.

### 2.2. Riserva di Legge

La riserva di legge è un corollario del principio di legalità che stabilisce che determinate materie devono essere regolate esclusivamente dalla legge. Questo principio garantisce che le decisioni fondamentali siano prese dal legislatore, che rappresenta la volontà popolare, e non dalle autorità amministrative. Esempi di materie soggette a riserva di legge includono:

• L'organizzazione e il funzionamento della pubblica amministrazione.
• La limitazione delle libertà individuali.
• La tutela dei diritti fondamentali.

### 2.3. Gerarchia delle Fonti

Il principio di legalità implica il rispetto della gerarchia delle fonti del diritto. Le autorità amministrative devono conformarsi non solo alle leggi, ma anche ai regolamenti e agli atti amministrativi subordinati. La gerarchia delle fonti assicura che le norme inferiori siano conformi a quelle superiori, evitando conflitti normativi e garantendo la coerenza dell'ordinamento giuridico.

## 3. Controllo di Legalità

### 3.1. Controllo Giurisdizionale

Il controllo giurisdizionale degli atti amministrativi è uno strumento essenziale per garantire il rispetto del principio di legalità. I cittadini possono impugnare gli atti amministrativi dinanzi ai tribunali amministrativi (TAR) e al Consiglio di Stato, chiedendo l'annullamento degli atti illegittimi. Il controllo giurisdizionale verifica la conformità degli atti alle norme giuridiche, assicurando la tutela dei diritti e degli interessi legittimi.

### 3.2. Controllo Amministrativo

Oltre al controllo giurisdizionale, esistono meccanismi di controllo amministrativo che permettono di verificare la legittimità degli atti all'interno della stessa amministrazione. Questi controlli possono essere preventivi o successivi e sono svolti da organi di controllo interno, come gli uffici di revisione e le autorità di vigilanza.

## 4. Effetti del Principio di Legalità sull'Azione Amministrativa

### 4.1. Trasparenza e Responsabilità

Il rispetto del principio di legalità promuove la trasparenza e la responsabilità dell'azione amministrativa. Le autorità pubbliche devono motivare le proprie decisioni e rendere conto del loro operato, garantendo che l'attività amministrativa sia comprensibile e verificabile dai cittadini.

### 4.2. Tutela dei Diritti dei Cittadini

Il principio di legalità protegge i diritti dei cittadini, assicurando che l'amministrazione agisca nei limiti stabiliti dalla legge e che le decisioni siano adottate nel rispetto delle procedure previste. Questo principio offre ai cittadini strumenti di difesa contro gli abusi di potere e le decisioni arbitrarie.

### 4.3. Efficienza e Buon Andamento

Il rispetto del principio di legalità contribuisce all'efficienza e al buon andamento dell'amministrazione. La conformità alle norme giuridiche garantisce che le risorse pubbliche siano utilizzate in modo appropriato e che l'azione amministrativa sia orientata al perseguimento degli interessi pubblici.

### Esempi Pratici

**1. Annullamento di un Provvedimento Illegittimo**: Un cittadino impugna un'ordinanza comunale che impone restrizioni alla circolazione stradale senza una base legale adeguata. Il TAR accoglie il ricorso e annulla l'ordinanza, ritenendo che essa violi il principio di legalità.

**2. Riserva di Legge in Materia di Libertà Personale**: Il legislatore adotta una legge che stabilisce le condizioni per la detenzione preventiva. La riserva di legge garantisce che questa materia, essenziale per la tutela delle libertà individuali, sia regolata direttamente dalla legge e non da atti amministrativi.

**3. Controllo di Legalità Interno**: Un ente pubblico istituisce un ufficio di revisione interna per verificare la conformità degli atti amministrativi alle norme vigenti. Questo controllo preventivo permette di individuare e correggere eventuali irregolarità prima che gli atti siano adottati definitivamente.

# 2.2. PRINCIPIO DI BUON ANDAMENTO E IMPARZIALITÀ

Il principio di buon andamento e imparzialità è uno dei pilastri fondamentali del diritto amministrativo italiano. Sancito dall'Articolo 97 della Costituzione, esso impone che i pubblici uffici siano organizzati in modo da garantire un'amministrazione efficiente, trasparente ed equa. Questo principio è volto a tutelare gli interessi pubblici e a promuovere una gestione corretta e responsabile delle risorse pubbliche. Comprendere le implicazioni e le applicazioni del principio di buon andamento e imparzialità è essenziale per analizzare come le amministrazioni pubbliche devono operare per adempiere alle loro funzioni in maniera conforme ai valori costituzionali.

## 1. Definizione e Fondamenti Costituzionali

### 1.1. Definizione

Il principio di buon andamento e imparzialità implica che l'attività amministrativa debba essere caratterizzata da efficienza, economicità, trasparenza, e da un'assenza di favoritismi o discriminazioni. Questo principio richiede che l'amministrazione persegua il bene comune attraverso un uso razionale delle risorse pubbliche e che operi in modo equo, garantendo uguale trattamento a tutti i cittadini.

### 1.2. Fondamenti Costituzionali

Il principio di buon andamento e imparzialità trova il suo fondamento nell'Articolo 97 della Costituzione italiana, che stabilisce:

• **Buon andamento**: Le pubbliche amministrazioni devono essere organizzate e operate in modo da assicurare l'efficienza e la correttezza nell'espletamento dei servizi pubblici.

• **Imparzialità**: L'amministrazione deve agire senza favoritismi, garantendo che le decisioni siano prese sulla base di criteri oggettivi e trasparenti, evitando qualsiasi forma di discriminazione.

## 2. Applicazione del Principio di Buon Andamento

### 2.1. Efficienza e Economicità

Il principio di buon andamento richiede che l'amministrazione operi in modo efficiente ed economico, utilizzando al meglio le risorse disponibili per raggiungere gli obiettivi prefissati. Questo comporta:

• **Pianificazione e gestione delle risorse**: Le amministrazioni devono pianificare le proprie attività in modo da ottimizzare l'uso delle risorse umane, finanziarie e materiali.
• **Valutazione della performance**: È necessario valutare periodicamente l'efficacia delle azioni amministrative per individuare e correggere eventuali inefficienze.

### 2.2. Trasparenza e Accessibilità

La trasparenza è un elemento chiave del buon andamento. Le amministrazioni devono garantire che le informazioni relative alla loro attività siano facilmente accessibili ai cittadini, permettendo loro di comprendere e controllare l'operato pubblico. Questo si realizza attraverso:

• **Pubblicazione di dati e documenti**: Gli enti pubblici devono rendere disponibili online documenti e dati significativi sulle loro attività.
• **Facilitazione dell'accesso agli atti**: I cittadini devono poter accedere facilmente agli atti amministrativi, salvo i casi di riservatezza previsti dalla legge.

## 3. Applicazione del Principio di Imparzialità

### 3.1. Criteri Oggettivi nelle Decisioni

L'imparzialità implica che le decisioni amministrative siano basate su criteri oggettivi e non su considerazioni personali o di parte. Per garantire questo, è necessario:

• **Procedure trasparenti e pubbliche**: Le modalità di selezione, promozione e valutazione devono essere chiare e basate su criteri predefiniti.
• **Motivazione degli atti amministrativi**: Ogni decisione deve essere adeguatamente motivata, esplicitando le ragioni che hanno portato alla scelta, per permettere il controllo della legittimità dell'azione amministrativa.

### 3.2. Prevenzione dei Conflitti di Interesse

Per assicurare l'imparzialità, è fondamentale prevenire e gestire i conflitti di interesse. Questo comporta:

• **Regole etiche e deontologiche**: Le amministrazioni devono adottare codici di comportamento che definiscano chiaramente le regole per evitare conflitti di interesse.

• **Meccanismi di controllo e sanzione**: Devono essere istituiti meccanismi efficaci per identificare e sanzionare i comportamenti che violano il principio di imparzialità.

### 4. Strumenti e Meccanismi di Attuazione

### 4.1. Controllo Interno ed Esterno

Per garantire il rispetto dei principi di buon andamento e imparzialità, sono previsti diversi strumenti di controllo:

• **Controllo interno**: Svolto da organismi interni all'amministrazione, come uffici di revisione e ispettorati, per verificare la conformità delle attività alle norme e ai principi di efficienza e trasparenza.

• **Controllo esterno**: Esercitato da enti indipendenti, come la Corte dei Conti, che valutano la gestione finanziaria e l'efficacia delle politiche pubbliche.

### 4.2. Partecipazione dei Cittadini

La partecipazione attiva dei cittadini è essenziale per il monitoraggio dell'azione amministrativa. Strumenti come le consultazioni pubbliche, i forum di partecipazione e le petizioni permettono ai cittadini di influenzare le decisioni amministrative e di assicurare che queste siano conformi ai principi costituzionali.

### Esempi Pratici

1. **Procedure di Assunzione Trasparenti**: Un ente pubblico indice un concorso per l'assunzione di nuovi dipendenti. La selezione avviene attraverso prove oggettive e trasparenti, e i risultati sono pubblicati online, garantendo l'imparzialità del processo.

2. **Accesso ai Documenti Amministrativi**: Un cittadino richiede l'accesso ai documenti relativi a una gara d'appalto. L'amministrazione, in conformità con il principio di trasparenza, fornisce prontamente tutti i documenti richiesti, permettendo al cittadino di verificare la correttezza delle procedure adottate.

3. **Valutazione della Performance**: Un comune introduce un sistema di valutazione delle performance per i suoi dipendenti, basato su criteri di efficienza e qualità del servizio. Questo sistema permette di individuare e premiare i migliori funzionari, migliorando il buon andamento dell'amministrazione.

# 2.3. PRINCIPIO DI TRASPARENZA E ACCESSO AGLI ATTI

Il principio di trasparenza e accesso agli atti è uno dei pilastri fondamentali del diritto amministrativo italiano. Esso mira a garantire che l'attività amministrativa sia svolta in modo aperto e visibile ai cittadini, promuovendo la fiducia pubblica nelle istituzioni e favorendo il controllo democratico sull'operato della pubblica amministrazione. La trasparenza e l'accesso agli atti sono strumenti essenziali per prevenire la corruzione, migliorare l'efficienza amministrativa e tutelare i diritti dei cittadini. Analizzare questo principio significa comprendere come le amministrazioni pubbliche debbano operare per assicurare un'informazione completa e accessibile su tutte le loro attività e decisioni.

## 1. Definizione e Fondamenti Normativi

### 1.1. Definizione

Il principio di trasparenza impone alle amministrazioni pubbliche di operare in modo tale che le informazioni relative alla loro attività siano accessibili e comprensibili per tutti i cittadini. L'accesso agli atti, strettamente collegato alla trasparenza, è il diritto riconosciuto ai cittadini di prendere visione e ottenere copia dei documenti amministrativi, permettendo loro di verificare la correttezza e la legittimità dell'azione amministrativa.

### 1.2. Fondamenti Normativi

Il principio di trasparenza e accesso agli atti trova il suo fondamento in diverse disposizioni normative:

• **Articolo 97 della Costituzione Italiana**: Stabilisce che gli uffici pubblici devono essere organizzati in conformità alle leggi, garantendo così un funzionamento efficiente e imparziale dell'amministrazione.

• **Legge 7 agosto 1990, n. 241**: Introduce il diritto di accesso ai documenti amministrativi e stabilisce le modalità per l'esercizio di tale diritto.
• **Decreto Legislativo 14 marzo 2013, n. 33**: Disciplina gli obblighi di pubblicità, trasparenza e diffusione delle informazioni da parte delle pubbliche amministrazioni.

## 2. Obblighi di Trasparenza

### 2.1. Pubblicazione di Documenti e Informazioni

Le amministrazioni pubbliche sono tenute a pubblicare sul proprio sito istituzionale una serie di documenti e informazioni rilevanti, tra cui:

• **Atti e provvedimenti amministrativi**: Delibere, decreti, ordinanze e tutti gli atti che producono effetti giuridici esterni.
• **Dati relativi ai procedimenti amministrativi**: Informazioni sulle modalità di svolgimento dei procedimenti e sui responsabili dei procedimenti stessi.
• **Dati economico-finanziari**: Bilanci, conti economici, compensi e retribuzioni dei dirigenti pubblici.

### 2.2. Trasparenza nei Contratti Pubblici

Una particolare attenzione è riservata alla trasparenza nelle procedure di affidamento e esecuzione dei contratti pubblici, con l'obbligo di pubblicare:

• **Bandi di gara e avvisi**: Tutte le informazioni relative alle gare d'appalto, comprese le modalità di partecipazione e i criteri di selezione.
• **Contratti stipulati**: Testi integrali dei contratti, comprensivi di eventuali varianti e proroghe.
• **Stato di avanzamento lavori (SAL)**: Informazioni sull'esecuzione dei lavori, forniture e servizi affidati.

## 3. Diritto di Accesso agli Atti

### 3.1. Soggetti Legittimati

Il diritto di accesso agli atti amministrativi può essere esercitato da tutti i soggetti interessati, ossia coloro che hanno un interesse diretto, concreto e attuale alla conoscenza dei documenti richiesti, per la tutela di situazioni giuridicamente rilevanti.

### 3.2. Modalità di Esercizio

Per esercitare il diritto di accesso, i cittadini devono presentare una richiesta motivata all'amministrazione competente, specificando i documenti di cui chiedono visione o copia. L'amministrazione ha l'obbligo di rispondere entro 30 giorni, accogliendo la richiesta o motivando l'eventuale diniego.

### 3.3. Limiti al Diritto di Accesso

Il diritto di accesso può essere limitato in presenza di esigenze di riservatezza tutelate dalla legge, quali:

• **Segreto di Stato e segreto d'ufficio**: Documenti che contengono informazioni classificate per motivi di sicurezza nazionale.
• **Tutela della privacy**: Documenti che contengono dati personali sensibili o giudiziari, la cui divulgazione potrebbe ledere la riservatezza degli interessati.

## 4. Strumenti di Attuazione e Controllo

### 4.1. Responsabile della Trasparenza

Ogni amministrazione deve designare un Responsabile della Trasparenza, incaricato di garantire l'adempimento degli obblighi di pubblicazione e di gestire le richieste di accesso agli atti. Il Responsabile della Trasparenza ha il compito di:

• Verificare la correttezza e la completezza delle informazioni pubblicate.
• Promuovere iniziative per favorire la trasparenza e la cultura dell'accessibilità.

### 4.2. Sanzioni per Mancata Trasparenza

La normativa prevede sanzioni per le amministrazioni che non rispettano gli obblighi di trasparenza. Tali sanzioni possono includere:

• **Sanzioni amministrative**: Multe pecuniarie a carico dei dirigenti responsabili.
• **Interventi correttivi**: Ordini di pubblicazione o di adeguamento delle informazioni da parte delle autorità di controllo.

### Esempi Pratici

**1. Richiesta di Accesso agli Atti di una Gara d'Appalto**: Un'impresa che ha partecipato a una gara d'appalto pubblica richiede l'accesso agli atti relativi alla procedura di gara per verificare la correttezza delle valutazioni e delle aggiudicazioni. L'amministrazione, in ottemperanza alla legge sulla trasparenza, fornisce tutti i documenti richiesti.

**2. Pubblicazione dei Bilanci Comunali**: Un comune pubblica sul proprio sito web i bilanci annuali e i rendiconti finanziari, permettendo ai cittadini di conoscere come vengono gestite le risorse pubbliche e come vengono effettuate le spese.

**3. Verifica della Conformità dei Contratti Pubblici**: Un'associazione di cittadini chiede di visionare i contratti stipulati per la costruzione di una nuova infrastruttura. L'amministrazione mette a disposizione i contratti e gli stati di avanzamento lavori, garantendo la trasparenza del processo.

# 2.4. PRINCIPIO DI SUSSIDIARIETÀ

Il principio di sussidiarietà è uno dei fondamenti del diritto amministrativo italiano, nonché un principio cardine dell'organizzazione territoriale dello Stato. Esso si fonda sull'idea che le decisioni pubbliche dovrebbero essere prese il più vicino possibile ai cittadini, coinvolgendo i livelli di governo più prossimi alla popolazione. Questo principio promuove la decentralizzazione delle funzioni amministrative, affidandole agli enti territoriali più vicini ai destinatari delle decisioni, in modo da garantire una maggiore efficacia, efficienza e partecipazione democratica. Il principio di sussidiarietà è sancito sia a livello costituzionale che europeo, e la sua applicazione è fondamentale per comprendere l'articolazione e il funzionamento delle amministrazioni pubbliche in Italia.

## 1. Definizione e Fondamenti Costituzionali

### 1.1. Definizione

Il principio di sussidiarietà prevede che le funzioni amministrative siano attribuite agli enti territoriali più vicini ai cittadini, a meno che tali enti non siano in grado di svolgerle in modo adeguato. Esso implica un criterio di riparto delle competenze che privilegia l'intervento delle autorità locali, intervenendo i livelli superiori solo in caso di necessità.

### 1.2. Fondamenti Costituzionali

Il principio di sussidiarietà è principalmente basato sull'Articolo 118 della Costituzione italiana, il quale dispone che le funzioni amministrative spettano ai comuni, a meno che non sia necessario attribuirle a province, città metropolitane, regioni o allo Stato per garantirne un esercizio unitario, seguendo i principi di sussidiarietà, differenziazione e adeguatezza.

## 2. Principio di Sussidiarietà nel Diritto dell'Unione Europea

### 2.1. Trattati Europei

A livello europeo, il principio di sussidiarietà è sancito dall'Articolo 5 del Trattato sull'Unione Europea (TUE), che stabilisce che l'Unione interviene, nei settori che non sono di sua esclusiva competenza, solo se e in quanto gli obiettivi dell'azione prevista non possono essere sufficientemente realizzati dagli Stati membri, ma possono essere meglio conseguiti a livello di Unione.

### 2.2. Protocollo sulla Sussidiarietà

Il Protocollo n. 2 sulla sussidiarietà e la proporzionalità, allegato al Trattato di Lisbona, fornisce ulteriori dettagli sull'applicazione del principio di sussidiarietà nell'UE, richiedendo che le istituzioni europee giustifichino adeguatamente le loro iniziative legislative rispetto a questo principio e che i parlamenti nazionali monitorino il rispetto della sussidiarietà.

## 3. Applicazione del Principio di Sussidiarietà in Italia

### 3.1. Riparto delle Competenze

Il principio di sussidiarietà si traduce in un criterio di riparto delle competenze tra i diversi livelli di governo:

• **Comuni**: Sono il primo livello di governo e svolgono funzioni amministrative in molteplici settori, quali l'urbanistica, i servizi sociali, la gestione dei rifiuti e l'istruzione primaria.
• **Province e Città Metropolitane**: Hanno competenze specifiche in ambiti come la viabilità, l'edilizia scolastica e la tutela dell'ambiente a livello provinciale.
• **Regioni**: Gestiscono settori di importanza rilevante come la sanità, i trasporti, lo sviluppo economico e la formazione professionale.
• **Stato**: Interviene in materie di interesse nazionale o che richiedono un esercizio unitario, come la difesa, la sicurezza, la giustizia e la politica estera.

### 3.2. Differenziazione e Adeguatezza

Oltre alla sussidiarietà, la Costituzione italiana prevede i principi di differenziazione e adeguatezza, che completano il quadro:

• **Differenziazione**: Consente l'attribuzione di funzioni diverse a enti diversi in base alle specificità territoriali, sociali ed economiche.
• **Adeguatezza**: Implica che le funzioni amministrative siano attribuite al livello di governo più adeguato in termini di capacità amministrativa ed efficienza.

## 4. Effetti del Principio di Sussidiarietà

### 4.1. Decentramento Amministrativo

Il principio di sussidiarietà promuove il decentramento amministrativo, trasferendo funzioni e competenze dagli enti centrali agli enti locali. Questo processo mira a rendere l'amministrazione più vicina ai cittadini, migliorando la qualità dei servizi pubblici e favorendo una maggiore partecipazione democratica.

### 4.2. Partecipazione dei Cittadini

La sussidiarietà favorisce la partecipazione attiva dei cittadini nella gestione degli affari pubblici locali. Attraverso strumenti di partecipazione diretta, come i referendum locali e le consultazioni pubbliche, i cittadini possono influenzare le decisioni che li riguardano più da vicino.

### 4.3. Efficienza e Responsabilità

Decentrando le funzioni amministrative, il principio di sussidiarietà migliora l'efficienza e la responsabilità della pubblica amministrazione. Gli enti locali, essendo più vicini ai problemi e alle esigenze dei cittadini, possono rispondere in modo più tempestivo e adeguato alle richieste della comunità.

**Esempi Pratici**

**1. Gestione dei Rifiuti Urbani**: In un comune, la gestione dei rifiuti urbani è affidata all'ente locale, che organizza la raccolta differenziata e il riciclaggio. Questo approccio permette di rispondere meglio alle esigenze specifiche della comunità, promuovendo pratiche sostenibili e coinvolgendo attivamente i cittadini.
**2. Servizi Sociali Regionali**: Una regione italiana assume la gestione dei servizi sociali, offrendo programmi di assistenza specifici per le famiglie, gli anziani e le persone con disabilità. Questo livello di gestione consente di adattare i servizi alle peculiarità del territorio, migliorando l'efficacia delle politiche sociali.
**3. Pianificazione Urbanistica Comunale**: La pianificazione urbanistica viene decentrata ai comuni, che hanno la competenza di redigere i piani regolatori generali. Questo consente di sviluppare progetti urbanistici che tengano conto delle caratteristiche specifiche del territorio e delle esigenze della popolazione locale.

# 2.5. PRINCIPIO DI SOSTENIBILITÀ AMBIENTALE

Il principio di sostenibilità ambientale rappresenta un valore fondamentale del diritto amministrativo moderno, che riflette la crescente consapevolezza dell'importanza di proteggere l'ambiente e le risorse naturali per le generazioni future. Esso richiede che le politiche e le azioni delle pubbliche amministrazioni siano orientate a promuovere uno sviluppo sostenibile, equilibrando le esigenze economiche, sociali e ambientali. La sostenibilità ambientale si inserisce in un contesto normativo articolato, che include disposizioni internazionali, europee e nazionali, e richiede un approccio integrato e trasversale alle questioni ambientali. Analizzare questo principio significa comprendere come le amministrazioni pubbliche debbano operare per garantire un utilizzo responsabile delle risorse naturali e la tutela dell'ambiente.

## 1. Definizione e Fondamenti Normativi

### 1.1. Definizione

Il principio di sostenibilità ambientale impone che le attività umane, comprese quelle delle pubbliche amministrazioni, siano condotte in modo da preservare le risorse naturali, proteggere gli ecosistemi e garantire la qualità dell'ambiente. Questo principio mira a soddisfare i bisogni del presente senza compromettere la capacità delle future generazioni di soddisfare i propri bisogni.

### 1.2. Fondamenti Normativi

Il principio di sostenibilità ambientale trova il suo fondamento in diverse fonti normative:

• **Livello internazionale**: La Dichiarazione di Rio sull'Ambiente e lo Sviluppo (1992) e l'Agenda 2030 delle Nazioni Unite per lo Sviluppo Sostenibile.

• **Livello europeo**: Il Trattato sul Funzionamento dell'Unione Europea (TFUE) e la Strategia Europa 2020, che promuovono la protezione dell'ambiente come obiettivo prioritario.
• **Livello nazionale**: L'Articolo 9 della Costituzione italiana, che tutela il paesaggio e il patrimonio storico e artistico della Nazione, e il Decreto Legislativo 3 aprile 2006, n. 152 (Codice dell'Ambiente).

## 2. Applicazione del Principio di Sostenibilità Ambientale

### 2.1. Pianificazione e Valutazione Ambientale

Le amministrazioni pubbliche devono integrare il principio di sostenibilità ambientale nella pianificazione e nella valutazione delle proprie attività:

• **Pianificazione ambientale**: I piani urbanistici, i piani di gestione delle risorse naturali e i programmi di sviluppo devono prevedere misure per la protezione dell'ambiente e la promozione della sostenibilità.
• **Valutazione di impatto ambientale (VIA)**: È uno strumento essenziale per valutare gli effetti ambientali di progetti e interventi prima della loro realizzazione, garantendo che le decisioni tengano conto degli impatti ecologici.

### 2.2. Gestione delle Risorse Naturali

La gestione sostenibile delle risorse naturali è un altro aspetto cruciale:

• **Acqua e aria**: Le amministrazioni devono adottare misure per la protezione delle risorse idriche e per il controllo della qualità dell'aria, riducendo l'inquinamento e promuovendo l'uso efficiente delle risorse.
• **Territorio e biodiversità**: È necessario proteggere il suolo, prevenire la deforestazione e tutelare gli habitat naturali per preservare la biodiversità.

### 2.3. Politiche di Mitigazione e Adattamento ai Cambiamenti Climatici

Le politiche di sostenibilità ambientale devono includere strategie per mitigare e adattarsi ai cambiamenti climatici:

• **Mitigazione**: Riduzione delle emissioni di gas serra attraverso l'uso di energie rinnovabili, l'efficienza energetica e la promozione di tecnologie pulite.
• **Adattamento**: Misure per aumentare la resilienza dei territori e delle comunità agli effetti dei cambiamenti climatici, come l'innalzamento del livello del mare e l'intensificazione degli eventi meteorologici estremi.

## 3. Strumenti Normativi e Operativi

### 3.1. Normativa di Settore

La normativa di settore fornisce il quadro giuridico per l'attuazione del principio di sostenibilità ambientale:

• **Codice dell'Ambiente (D.Lgs. 152/2006)**: Disciplina la gestione dei rifiuti, la tutela delle acque, la protezione dell'aria e del suolo, e la valutazione di impatto ambientale.
• **Legge 68/2015**: Introduce nuove disposizioni in materia di reati ambientali, rafforzando la tutela penale dell'ambiente.

### 3.2. Strumenti Economici e Incentivi

Gli strumenti economici e gli incentivi giocano un ruolo fondamentale nel promuovere la sostenibilità ambientale:

• **Tasse ambientali**: Imposte su attività che generano inquinamento, come la carbon tax, per incentivare comportamenti più sostenibili.
• **Incentivi finanziari**: Sussidi e agevolazioni fiscali per sostenere progetti di energie rinnovabili, efficienza energetica e tecnologie a basso impatto ambientale.

### 3.3. Partecipazione e Educazione Ambientale

La partecipazione dei cittadini e l'educazione ambientale sono essenziali per la realizzazione di politiche sostenibili:

• **Consultazione pubblica**: Coinvolgimento della comunità nelle decisioni ambientali attraverso consultazioni, forum e processi partecipativi.
• **Educazione ambientale**: Programmi di sensibilizzazione e formazione per promuovere comportamenti sostenibili e una maggiore consapevolezza ambientale.

### Esempi Pratici

**1. Progetto di Energia Rinnovabile**: Un comune adotta un piano per l'installazione di impianti solari fotovoltaici sugli edifici pubblici. Questo progetto riduce le emissioni di $CO_2$ e promuove l'uso di energie rinnovabili, dimostrando un impegno concreto per la sostenibilità ambientale.
**2. Valutazione di Impatto Ambientale per una Nuova Strada**: Prima di approvare la costruzione di una nuova strada, l'amministrazione locale esegue una VIA per valutare gli effetti sull'ambiente, tra cui la perdita di habitat naturali e l'aumento dell'inquinamento atmosferico. Sulla base dei risultati, vengono adottate misure mitigative per ridurre gli impatti negativi.
**3. Incentivi per la Mobilità Sostenibile**: Una regione introduce incentivi finanziari per l'acquisto di veicoli elettrici e per la costruzione di piste ciclabili. Questi incentivi mirano a ridurre l'inquinamento atmosferico e a promuovere forme di trasporto sostenibili, migliorando la qualità della vita urbana.

# 3. GLI ENTI PUBBLICI

Gli enti pubblici costituiscono la struttura portante dell'organizzazione amministrativa dello Stato. Essi operano in settori fondamentali della vita pubblica e sono incaricati di perseguire l'interesse generale attraverso l'erogazione di servizi, la regolazione di attività e la gestione di risorse. Gli enti pubblici si distinguono in diverse categorie in base alla loro natura, competenza e ambito territoriale. Analizzare la struttura e le funzioni degli enti pubblici permette di comprendere il funzionamento dell'amministrazione pubblica italiana e le modalità con cui essa risponde alle esigenze della collettività.

## 1. Classificazione degli Enti Pubblici

### 1.1. Stato

Lo Stato rappresenta l'ente pubblico per eccellenza, con una competenza generale su tutto il territorio nazionale. Esso è responsabile di funzioni fondamentali quali la difesa, la giustizia, la sicurezza e la politica estera. L'organizzazione dello Stato è articolata in diversi ministeri e uffici centrali, ognuno dei quali si occupa di specifici settori dell'amministrazione pubblica.

### 1.2. Regioni

Le regioni sono enti territoriali con autonomia legislativa, amministrativa e finanziaria, istituiti per rispondere alle esigenze specifiche delle diverse aree del Paese. La loro principale funzione è legiferare e amministrare in ambiti quali la sanità, l'istruzione, i trasporti e lo sviluppo economico. Le regioni dispongono di un consiglio regionale, che esercita il potere legislativo, e di una giunta regionale, che esercita il potere esecutivo.

### 1.3. Province e Città Metropolitane

Le province e le città metropolitane sono enti territoriali intermedi tra i comuni e le regioni. Le province si occupano principalmente di funzioni di coordinamento e supporto ai comuni, nonché di compiti specifici in materia di viabilità, edilizia scolastica e tutela dell'ambiente. Le città metropolitane, invece, sono enti di più recente istituzione, dotati di maggiori competenze in ambito urbano e di pianificazione strategica per le aree metropolitane.

### 1.4. Comuni

I comuni sono l'ente pubblico territoriale più prossimo ai cittadini e svolgono un ruolo fondamentale nell'erogazione dei servizi di base. Essi sono responsabili di settori come l'urbanistica, i servizi sociali, la gestione dei rifiuti e l'istruzione primaria. I comuni sono dotati di un consiglio comunale, che esercita il potere deliberativo, e di una giunta comunale, che esercita il potere esecutivo.

### 1.5. Enti Pubblici Non Territoriali

Gli enti pubblici non territoriali sono enti che, pur non avendo una base territoriale, svolgono funzioni di interesse generale. Essi possono essere di varia natura e competenza, come gli enti previdenziali, gli enti di ricerca e le aziende sanitarie locali (ASL). Questi enti sono generalmente dotati di autonomia organizzativa e gestionale e operano sotto la vigilanza dello Stato o delle regioni.

## 2. Struttura e Funzioni degli Enti Pubblici

### 2.1. Stato

L'organizzazione dello Stato è articolata in ministeri e uffici centrali, ciascuno dei quali si occupa di specifiche funzioni amministrative. I ministeri sono responsabili dell'attuazione delle politiche governative e dell'amministrazione dei settori di competenza. Gli uffici centrali, come la Presidenza del Consiglio dei Ministri, coordinano e supportano l'attività dei ministeri.

### 2.2. Regioni

Le regioni esercitano funzioni legislative e amministrative in una serie di materie attribuite loro dalla Costituzione e dalle leggi statali. Esse dispongono di risorse finanziarie proprie e possono istituire tributi regionali. Le principali funzioni delle regioni riguardano la sanità, l'istruzione, i trasporti e lo sviluppo economico.

### 2.3. Province e Città Metropolitane

Le province e le città metropolitane esercitano funzioni di coordinamento e supporto ai comuni, oltre a competenze specifiche in materia di viabilità, edilizia scolastica e tutela dell'ambiente. Le città metropolitane, in particolare, sono responsabili della pianificazione strategica delle aree metropolitane e della gestione dei servizi di area vasta.

## 2.4. Comuni

I comuni svolgono funzioni amministrative in settori fondamentali per la vita quotidiana dei cittadini. Essi sono responsabili dell'urbanistica, della gestione dei rifiuti, dei servizi sociali e dell'istruzione primaria. I comuni possono istituire tributi locali e dispongono di risorse finanziarie proprie.

## 2.5. Enti Pubblici Non Territoriali

Gli enti pubblici non territoriali svolgono funzioni di interesse generale in vari settori. Gli enti previdenziali, come l'INPS, gestiscono il sistema pensionistico e le prestazioni assistenziali. Le aziende sanitarie locali (ASL) sono responsabili dell'erogazione dei servizi sanitari. Gli enti di ricerca, come il CNR, promuovono e coordinano l'attività di ricerca scientifica.

### 3. Relazioni tra Enti Pubblici

## 3.1. Relazioni Interorganiche

Le relazioni interorganiche tra gli enti pubblici sono essenziali per garantire il coordinamento e la coerenza dell'azione amministrativa. Gli enti territoriali collaborano tra loro e con lo Stato per l'attuazione delle politiche pubbliche e la gestione dei servizi. La cooperazione interorganica può avvenire attraverso accordi, convenzioni e forme associative.

## 3.2. Esercizio Privato di Pubbliche Funzioni

In alcuni casi, le pubbliche amministrazioni possono affidare l'esercizio di funzioni pubbliche a soggetti privati. Questo avviene attraverso contratti di concessione, affidamenti diretti o altre forme di partenariato pubblico-privato. L'esercizio privato di pubbliche funzioni deve avvenire nel rispetto dei principi di trasparenza, imparzialità ed economicità.

## 3.3. La Competenza e il Funzionario di Fatto

La competenza degli enti pubblici è determinata dalle leggi e dai regolamenti che ne disciplinano l'organizzazione e le funzioni. In alcuni casi, può verificarsi la figura del funzionario di fatto, ossia una persona che, pur non avendo formalmente la qualifica, esercita di fatto funzioni pubbliche. Il riconoscimento del funzionario di fatto avviene in situazioni di urgenza o necessità, per garantire la continuità dell'azione amministrativa.

# 3.1. STATO

Lo Stato è l'entità sovrana che rappresenta l'unità politica e giuridica di un popolo su un determinato territorio. Esso è il soggetto principale del diritto pubblico e il fulcro dell'organizzazione amministrativa. L'azione dello Stato si manifesta attraverso l'esercizio del potere legislativo, esecutivo e giudiziario, con l'obiettivo di garantire l'ordine pubblico, la sicurezza, la giustizia e il benessere collettivo. Comprendere la struttura e le funzioni dello Stato è essenziale per analizzare come esso organizza e gestisce le proprie attività amministrative, nel rispetto dei principi costituzionali e normativi.

## 1. Definizione e Struttura dello Stato

### 1.1. Definizione di Stato

Lo Stato si può definire come un'istituzione politica e giuridica sovrana che governa un territorio specifico e la popolazione che vi abita. Esso si distingue per tre elementi essenziali:

- **Popolo**: L'insieme dei cittadini che appartengono allo Stato.
- **Territorio**: Lo spazio geografico su cui lo Stato esercita la sua sovranità.
- **Sovranità**: Il potere supremo dello Stato di governare se stesso, senza essere subordinato ad altre autorità.

### 1.2. Struttura dello Stato

La struttura dello Stato italiano è organizzata secondo il principio della separazione dei poteri, suddivisa in tre principali rami:

- **Potere Legislativo**: Il compito di emanare le leggi è affidato al Parlamento, composto da due camere: la Camera dei Deputati e il Senato della Repubblica.

- **Potere Esecutivo**: Il Governo, composto dal Presidente del Consiglio dei Ministri e dai Ministri, ha il compito di attuare le leggi e amministrare lo Stato.
- **Potere Giudiziario**: Affidato alla Magistratura, che ha il compito di interpretare e applicare le leggi, garantendo la giustizia. La Magistratura è indipendente dagli altri poteri dello Stato.

## 2. Funzioni dello Stato

### 2.1. Funzione Legislativa

La funzione legislativa è esercitata dal Parlamento, che ha il compito di:

- **Emanare leggi**: Il Parlamento discute e approva le leggi che regolano la vita dello Stato e dei cittadini.
- **Revisione costituzionale**: Il Parlamento può modificare la Costituzione con procedure particolari.
- **Controllo sull'operato del Governo**: Il Parlamento esercita il controllo politico sul Governo, approvando o respingendo la fiducia e valutando l'attività governativa.

### 2.2. Funzione Esecutiva

La funzione esecutiva è esercitata dal Governo, che ha il compito di:

- **Attuare le leggi**: Il Governo adotta i provvedimenti necessari per l'esecuzione delle leggi approvate dal Parlamento.
- **Amministrare lo Stato**: Il Governo gestisce le risorse pubbliche e i servizi dello Stato, assicurando l'ordine pubblico e la sicurezza.
- **Elaborare politiche pubbliche**: Il Governo sviluppa e attua politiche in vari settori, come l'economia, la sanità, l'istruzione e l'ambiente.

### 2.3. Funzione Giudiziaria

La funzione giudiziaria è esercitata dalla Magistratura, che ha il compito di:

- **Interpretare le leggi**: I giudici interpretano le leggi per risolvere le controversie legali.
- **Assicurare la giustizia**: La Magistratura garantisce che le leggi siano applicate in modo equo e giusto, tutelando i diritti dei cittadini.
- **Controllo di legittimità**: I tribunali possono annullare gli atti amministrativi illegittimi e garantire la conformità delle leggi alla Costituzione.

## 3. Organizzazione Amministrativa dello Stato

### 3.1. Ministeri

I Ministeri sono le principali strutture amministrative attraverso le quali il Governo esercita le sue funzioni esecutive. Ogni Ministero è responsabile di un settore specifico dell'amministrazione pubblica, come l'economia, la giustizia, la difesa, la sanità, l'istruzione e gli affari esteri.

## 3.2. Agenzie e Enti Pubblici

Lo Stato si avvale anche di agenzie e enti pubblici per la gestione di funzioni specifiche. Questi enti, pur essendo dotati di autonomia organizzativa e gestionale, operano sotto la vigilanza del Governo. Esempi includono l'Agenzia delle Entrate, l'INPS (Istituto Nazionale della Previdenza Sociale) e l'ISTAT (Istituto Nazionale di Statistica).

## 3.3. Autorità Amministrative Indipendenti

Le autorità amministrative indipendenti sono enti che esercitano funzioni di regolazione e controllo in settori specifici, come l'Autorità Garante della Concorrenza e del Mercato (AGCM), l'Autorità per le Garanzie nelle Comunicazioni (AGCOM) e l'Autorità Nazionale Anticorruzione (ANAC). Questi enti godono di indipendenza dal Governo per garantire l'imparzialità e l'efficacia della loro azione.

## 4. Relazioni tra lo Stato e gli Enti Territoriali

### 4.1. Decentramento Amministrativo

Il decentramento amministrativo è il processo attraverso il quale lo Stato trasferisce competenze e funzioni agli enti territoriali (regioni, province, comuni) per avvicinare l'amministrazione ai cittadini e migliorare l'efficienza dei servizi pubblici. Questo processo è sancito dalla Costituzione e regolato da leggi statali.

### 4.2. Sussidiarietà

Il principio di sussidiarietà stabilisce che le funzioni amministrative devono essere svolte dall'ente territoriale più vicino ai cittadini, a meno che non sia necessario un intervento a livello superiore per ragioni di efficienza o coordinamento. Questo principio promuove la partecipazione attiva dei cittadini e la responsabilità degli enti locali.

### 4.3. Coordinamento e Cooperazione

Lo Stato e gli enti territoriali devono collaborare e coordinarsi per garantire un'azione amministrativa coerente ed efficace. Questo avviene attraverso conferenze, comitati interministeriali e accordi di programma, che permettono di affrontare in modo integrato e concertato le questioni di interesse comune.

### Esempi Pratici

1. **Riforma della Pubblica Amministrazione**: Lo Stato italiano adotta una riforma della pubblica amministrazione per migliorare l'efficienza dei servizi pubblici e ridurre la burocrazia. La riforma prevede la digitalizzazione dei processi ammini-

strativi, la semplificazione delle procedure e la formazione continua del personale pubblico.

**2. Piano Nazionale di Ripresa e Resilienza (PNRR):** In risposta alla crisi economica causata dalla pandemia di COVID-19, lo Stato italiano elabora il PNRR, un piano strategico che prevede investimenti in infrastrutture, transizione ecologica, innovazione digitale e riforme strutturali. Il PNRR è finanziato con fondi europei e mira a rilanciare l'economia e promuovere uno sviluppo sostenibile.

**3. Autorità Anticorruzione:** L'Autorità Nazionale Anticorruzione (ANAC) svolge un ruolo cruciale nella prevenzione e contrasto della corruzione nella pubblica amministrazione. L'ANAC emana linee guida, monitora l'attuazione delle norme anticorruzione e interviene in caso di irregolarità, contribuendo a garantire la trasparenza e l'integrità delle istituzioni pubbliche.

# 3.2. REGIONI

Le regioni rappresentano un livello intermedio di governo tra lo Stato e i comuni e sono dotate di autonomia legislativa, amministrativa e finanziaria. Istituite con la Costituzione del 1948, le regioni italiane hanno assunto un ruolo sempre più centrale nell'ordinamento amministrativo del Paese, soprattutto a seguito delle riforme costituzionali che ne hanno ampliato le competenze. Esse operano in vari settori, dalla sanità all'istruzione, dai trasporti all'ambiente, contribuendo in modo significativo alla gestione del territorio e alla promozione dello sviluppo economico e sociale. Comprendere la struttura, le funzioni e le competenze delle regioni è fondamentale per analizzare l'organizzazione e il funzionamento del sistema amministrativo italiano.

### 1. Struttura delle Regioni

#### 1.1. Organi Regionali

Le regioni sono dotate di organi propri, che ne garantiscono l'autonomia e l'indipendenza nell'esercizio delle loro funzioni. Gli organi principali delle regioni sono:

• **Consiglio Regionale**: È l'organo legislativo della regione, composto da consiglieri eletti direttamente dai cittadini. Il Consiglio regionale esercita il potere legislativo regionale, approva il bilancio e controlla l'attività della Giunta regionale.
• **Giunta Regionale**: È l'organo esecutivo della regione, composta dal Presidente della Regione e dagli assessori. La Giunta regionale attua le leggi regionali, gestisce le risorse regionali e coordina le politiche e le attività amministrative della regione.
• **Presidente della Regione**: È il rappresentante legale della regione e il capo della Giunta regionale. Eletto direttamente dai cittadini, il Presidente della Regione dirige l'attività della Giunta, promulga le leggi regionali e rappresenta la regione nei rapporti con lo Stato e le altre istituzioni.

## 1.2. Statuti Regionali

Ogni regione è dotata di uno statuto, che ne definisce l'organizzazione, le funzioni e le modalità di esercizio dell'autonomia. Gli statuti regionali, approvati dal Consiglio regionale con una legge statutaria, devono essere conformi alla Costituzione e alle leggi statali, ma possono prevedere specificità organizzative e procedurali che riflettono le peculiarità di ciascuna regione.

## 2. Competenze delle Regioni

### 2.1. Autonomia Legislativa

Le regioni esercitano una rilevante autonomia legislativa, disciplinando con proprie leggi materie di interesse regionale. Le competenze legislative delle regioni si distinguono in:

- **Competenze esclusive**: Materie nelle quali le regioni hanno piena autonomia legislativa, come l'organizzazione regionale, il turismo, l'agricoltura, l'artigianato e il commercio.
- **Competenze concorrenti**: Materie nelle quali le regioni legiferano nel rispetto dei principi fondamentali stabiliti dalle leggi dello Stato, come la tutela della salute, l'istruzione, l'energia, l'ambiente e i trasporti.
- **Competenze residuali**: Materie non espressamente attribuite alla competenza esclusiva dello Stato dalla Costituzione, che restano di competenza regionale.

### 2.2. Autonomia Amministrativa

Le regioni esercitano funzioni amministrative proprie e delegate dallo Stato. Esse gestiscono direttamente vari servizi pubblici e coordinano l'attività degli enti locali presenti nel loro territorio. Le principali funzioni amministrative delle regioni riguardano:

- **Sanità**: Le regioni organizzano e gestiscono il sistema sanitario regionale, garantendo l'accesso ai servizi sanitari e la tutela della salute dei cittadini.
- **Istruzione**: Le regioni hanno competenze in materia di istruzione, in particolare per quanto riguarda la formazione professionale e l'istruzione tecnica superiore.
- **Trasporti**: Le regioni pianificano e gestiscono il trasporto pubblico locale e regionale, favorendo la mobilità sostenibile e integrata.
- **Ambiente**: Le regioni adottano politiche per la tutela dell'ambiente e del territorio, promuovendo la sostenibilità e la protezione delle risorse naturali.

### 2.3. Autonomia Finanziaria

Le regioni dispongono di autonomia finanziaria, che consente loro di gestire le risorse economiche necessarie per l'esercizio delle proprie funzioni. Esse possono istituire tributi regionali, partecipare ai tributi erariali e ricevere trasferimenti finanziari dallo Stato. Le risorse finanziarie delle regioni sono destinate a finanziare i servizi pubblici regionali, gli investimenti infrastrutturali e le politiche di sviluppo economico e sociale.

# 3. Relazioni tra le Regioni e lo Stato

## 3.1. Coordinamento e Collaborazione

Le regioni e lo Stato devono collaborare e coordinarsi per garantire un'azione amministrativa coerente ed efficace. Questo avviene attraverso conferenze, comitati interministeriali e accordi di programma. La Conferenza Stato-Regioni è un importante strumento di concertazione, che permette di affrontare in modo integrato e concertato le questioni di interesse comune.

## 3.2. Controllo di Legittimità

Lo Stato esercita un controllo di legittimità sugli atti regionali, per garantire che le leggi regionali siano conformi alla Costituzione e alle leggi statali. Il controllo di legittimità è esercitato dalla Corte Costituzionale, che può annullare le leggi regionali che violano i principi costituzionali o invadono le competenze statali.

## 3.3. Sussidiarietà

Il principio di sussidiarietà stabilisce che le funzioni amministrative devono essere svolte dall'ente territoriale più vicino ai cittadini, a meno che non sia necessario un intervento a livello superiore per ragioni di efficienza o coordinamento. Questo principio promuove la partecipazione attiva dei cittadini e la responsabilità degli enti locali.

### Esempi Pratici

**1. Piano Sanitario Regionale**: Una regione adotta un piano sanitario regionale per migliorare l'accesso ai servizi sanitari e ridurre le disparità territoriali nella tutela della salute. Il piano prevede la costruzione di nuovi ospedali, l'implementazione di programmi di prevenzione e l'incremento delle risorse destinate alla ricerca medica.
**2. Programma di Formazione Professionale**: Una regione sviluppa un programma di formazione professionale per favorire l'occupazione giovanile e l'aggiornamento delle competenze lavorative. Il programma include corsi di formazione, stage aziendali e incentivi per le imprese che assumono giovani formati.
**3. Piano di Mobilità Sostenibile**: Una regione elabora un piano di mobilità sostenibile per ridurre l'inquinamento atmosferico e migliorare la qualità della vita nelle aree urbane. Il piano prevede la realizzazione di nuove piste ciclabili, il potenziamento del trasporto pubblico e l'introduzione di incentivi per l'uso di veicoli elettrici.

# 3.3. PROVINCE

Le province rappresentano un livello intermedio di governo locale tra le regioni e i comuni, giocando un ruolo essenziale nell'organizzazione amministrativa dell'Italia. La loro funzione principale è quella di coordinare e supportare l'azione dei comuni, oltre a gestire servizi di area vasta che richiedono una visione sovracomunale. Le province hanno subito significativi cambiamenti negli ultimi anni, con riforme che hanno ridefinito le loro competenze e la loro struttura. Comprendere la natura, le funzioni e l'organizzazione delle province è fondamentale per analizzare come esse contribuiscono al funzionamento complessivo dell'amministrazione pubblica italiana.

## 1. Struttura delle Province

### 1.1. Organi Provinciali

Le province sono dotate di organi propri, che ne garantiscono il funzionamento e l'autonomia nell'esercizio delle loro competenze. Gli organi principali delle province sono:

• **Consiglio Provinciale**: È l'organo di indirizzo e controllo della provincia, composto da consiglieri eletti dai sindaci e dai consiglieri comunali dei comuni della provincia. Il Consiglio provinciale approva il bilancio, i piani e i programmi della provincia.
• **Presidente della Provincia**: È il rappresentante legale della provincia e il capo dell'amministrazione provinciale. Il Presidente della Provincia è eletto dai sindaci e dai consiglieri comunali dei comuni della provincia. Egli convoca e presiede il Consiglio provinciale e la Conferenza dei Sindaci, coordina l'attività dell'amministrazione provinciale e rappresenta la provincia nei rapporti con le altre istituzioni.
• **Assemblea dei Sindaci**: Composta da tutti i sindaci dei comuni della provincia, ha funzioni consultive e di proposta su specifiche materie di competenza provin-

ciale. L'Assemblea dei Sindaci esprime pareri obbligatori sui bilanci e sui piani strategici della provincia.

## 1.2. Riforme e Modifiche

Le province italiane hanno subito profonde riforme negli ultimi anni, culminate con la Legge Delrio (Legge 56/2014), che ha ridefinito le competenze e l'organizzazione delle province, trasformandole in enti di secondo livello, con organi eletti indirettamente dai rappresentanti comunali. La riforma ha inoltre introdotto le città metropolitane, che hanno sostituito alcune province nelle aree urbane più vaste e complesse.

## 2. Competenze delle Province

### 2.1. Competenze Amministrative

Le province esercitano competenze amministrative in vari settori, principalmente orientate al coordinamento e alla gestione di servizi di area vasta:

• **Viabilità e Trasporti**: Le province sono responsabili della manutenzione e della gestione delle strade provinciali e del coordinamento dei servizi di trasporto pubblico locale.
• **Edilizia Scolastica**: Le province gestiscono l'edilizia scolastica delle scuole secondarie superiori, garantendo la manutenzione degli edifici e la sicurezza degli studenti.
• **Ambiente e Territorio**: Le province svolgono funzioni di tutela dell'ambiente e di pianificazione territoriale, coordinando le politiche ambientali a livello provinciale e collaborando con i comuni per la gestione delle risorse naturali.

### 2.2. Coordinamento e Supporto ai Comuni

Uno dei ruoli principali delle province è il coordinamento e il supporto ai comuni presenti nel territorio provinciale. Questo include:

• **Pianificazione Strategica**: Le province elaborano piani strategici di sviluppo che coinvolgono i comuni, promuovendo progetti di area vasta che richiedono una visione integrata e concertata.
• **Assistenza Tecnica e Amministrativa**: Le province forniscono assistenza tecnica e amministrativa ai comuni, supportando le loro attività in settori come la pianificazione urbanistica, la gestione delle risorse e l'attuazione di progetti complessi.
• **Servizi Associati**: Le province promuovono la gestione associata di servizi tra comuni, favorendo l'efficienza e la riduzione dei costi attraverso la condivisione di risorse e competenze.

## 3. Relazioni tra Province e Altri Enti Territoriali

### 3.1. Rapporti con le Regioni

Le province collaborano strettamente con le regioni, che esercitano funzioni di indirizzo e coordinamento delle politiche provinciali. Le regioni possono delegare alle province specifiche competenze amministrative, garantendo una gestione più vicina ai cittadini e alle esigenze locali.

### 3.2. Coordinamento con i Comuni

Le province hanno un ruolo cruciale nel coordinare l'azione dei comuni, promuovendo la cooperazione intercomunale e l'integrazione delle politiche locali. Questo avviene attraverso strumenti di concertazione e programmazione congiunta, come le conferenze dei sindaci e i tavoli tecnici.

### 3.3. Città Metropolitane

In alcune aree urbane, le province sono state sostituite dalle città metropolitane, che esercitano funzioni simili ma con una maggiore enfasi sulla pianificazione strategica e lo sviluppo urbano. Le città metropolitane hanno una struttura organizzativa simile alle province, ma con competenze estese in ambiti come la mobilità, l'ambiente e lo sviluppo economico.

#### Esempi Pratici

**1. Piano di Manutenzione delle Strade Provinciali**: Una provincia elabora un piano di manutenzione straordinaria delle strade provinciali, destinando risorse per il rifacimento del manto stradale e la messa in sicurezza dei ponti. Il piano è sviluppato in collaborazione con i comuni e prevede interventi coordinati per minimizzare l'impatto sulla viabilità locale.

**2. Progetto di Edilizia Scolastica**: Una provincia avvia un progetto per la costruzione di un nuovo edificio scolastico per un istituto superiore. Il progetto include la progettazione dell'edificio secondo criteri di sostenibilità ambientale e la realizzazione di spazi moderni e funzionali per studenti e docenti. La provincia coordina le attività con il comune e la regione, ottenendo finanziamenti europei per la realizzazione dell'opera.

**3. Pianificazione Strategica per lo Sviluppo Locale**: Una provincia sviluppa un piano strategico di sviluppo locale, coinvolgendo tutti i comuni del territorio. Il piano prevede iniziative per la promozione del turismo, la valorizzazione delle risorse naturali e culturali e il sostegno alle imprese locali. La provincia organizza workshop e incontri con gli stakeholder locali per definire le priorità e le azioni da intraprendere.

# 3.4. COMUNI

I comuni rappresentano il livello amministrativo più vicino ai cittadini e svolgono un ruolo cruciale nel sistema amministrativo italiano. Essi sono responsabili della gestione di una vasta gamma di servizi pubblici essenziali e operano come principali interlocutori tra la popolazione e le istituzioni pubbliche. La comprensione della struttura, delle competenze e delle funzioni dei comuni è fondamentale per comprendere come viene organizzata e gestita l'amministrazione locale, e come vengono attuate le politiche pubbliche a livello territoriale.

## 1. Struttura dei Comuni

### 1.1. Organi Comunali

I comuni sono dotati di diversi organi che ne garantiscono il funzionamento democratico e l'efficacia amministrativa:

- **Consiglio Comunale**: È l'organo che guida e controlla l'amministrazione politica del comune. Il Consiglio comunale, formato da consiglieri eletti direttamente dai cittadini, approva il bilancio, i regolamenti comunali, i piani urbanistici e le delibere fondamentali per la gestione dell'ente.
- **Giunta Comunale**: È l'organo esecutivo del comune, formato dal sindaco e dagli assessori. La Giunta comunale implementa le decisioni del Consiglio comunale, gestisce i servizi comunali e coordina l'attività amministrativa. Gli assessori, nominati dal sindaco, sono responsabili di specifiche aree di competenza.
- **Sindaco**: È il rappresentante legale del comune e il capo dell'amministrazione comunale. Eletto direttamente dai cittadini, il sindaco convoca e presiede la Giunta comunale, promulga le ordinanze e rappresenta il comune nei rapporti con lo Stato, le regioni e altri enti locali.

### 1.2. Statuti Comunali

Ogni comune è dotato di uno statuto, che ne disciplina l'organizzazione, le funzioni e le modalità di esercizio dell'autonomia. Gli statuti comunali sono approvati dal Consiglio comunale e devono essere conformi alla Costituzione e alle leggi statali e regionali. Lo statuto rappresenta la carta fondamentale del comune, stabilendo i principi di trasparenza, partecipazione e buon andamento dell'amministrazione.

## 2. Competenze dei Comuni

### 2.1. Competenze Amministrative

I comuni esercitano competenze amministrative in una vasta gamma di settori, assicurando l'erogazione di servizi pubblici essenziali e la gestione del territorio:

• **Urbanistica e Edilizia**: I comuni sono responsabili della pianificazione urbanistica e della gestione del territorio. Essi approvano i piani regolatori generali e i piani attuativi, rilasciano i permessi di costruire e vigilano sull'attività edilizia.
• **Servizi Sociali**: I comuni gestiscono i servizi sociali, inclusi i servizi di assistenza domiciliare, gli asili nido, i centri diurni per anziani e disabili e i servizi per le famiglie in difficoltà.
• **Ambiente e Gestione dei Rifiuti**: I comuni si occupano della gestione dei rifiuti urbani, della raccolta differenziata, della tutela del verde pubblico e della promozione di politiche ambientali sostenibili.
• **Servizi Pubblici Locali**: I comuni gestiscono i servizi pubblici locali, come l'acqua potabile, la rete fognaria, l'illuminazione pubblica, il trasporto pubblico locale e la manutenzione delle strade comunali.

### 2.2. Funzioni di Controllo e Vigilanza

I comuni esercitano anche funzioni di controllo e vigilanza su diverse attività che si svolgono nel loro territorio:

• **Polizia Municipale**: I comuni dispongono di un corpo di polizia municipale che si occupa della sicurezza urbana, del controllo del traffico, della vigilanza sul rispetto delle norme urbanistiche e ambientali, e della prevenzione e repressione di illeciti amministrativi.
• **Commercio e Attività Produttive**: I comuni vigilano sulle attività commerciali e produttive, rilasciando le autorizzazioni necessarie e controllando il rispetto delle norme igienico-sanitarie e di sicurezza.
• **Controllo Edilizio**: I comuni vigilano sull'attività edilizia, assicurando il rispetto delle normative urbanistiche e edilizie, e prevenendo gli abusi edilizi.

### 2.3. Autonomia Finanziaria

I comuni dispongono di autonomia finanziaria, che consente loro di gestire le risorse economiche necessarie per l'esercizio delle proprie funzioni. Essi possono istituire tributi locali, come l'IMU (Imposta Municipale Propria) e la TARI (Tassa sui Rifiuti), e partecipare ai tributi erariali. Le risorse finanziarie dei comuni sono destinate a finanziare i servizi pubblici locali, gli investimenti infrastrutturali e le politiche di sviluppo economico e sociale.

### 3. Relazioni tra i Comuni e Altri Enti Territoriali

### 3.1. Rapporti con le Province e le Regioni

I comuni collaborano strettamente con le province e le regioni per garantire un'azione amministrativa coordinata e integrata. Le province e le regioni esercitano funzioni di indirizzo e coordinamento delle politiche comunali e possono delegare ai comuni specifiche competenze amministrative.

### 3.2. Coordinamento e Cooperazione

I comuni possono collaborare tra loro attraverso forme associative, come le unioni di comuni e le convenzioni, per la gestione associata di servizi e funzioni. Questo consente di ottimizzare le risorse, migliorare l'efficienza dei servizi e ridurre i costi.

### 3.3. Sussidiarietà

Il principio di sussidiarietà stabilisce che le funzioni amministrative devono essere svolte dall'ente territoriale più vicino ai cittadini, a meno che non sia necessario un intervento a livello superiore per ragioni di efficienza o coordinamento. Questo principio promuove la partecipazione attiva dei cittadini e la responsabilità degli enti locali.

### Esempi Pratici

**1. Piano Regolatore Generale**: Un comune adotta un nuovo piano regolatore generale per disciplinare lo sviluppo urbanistico del territorio. Il piano prevede la realizzazione di nuove aree residenziali, commerciali e industriali, la tutela delle aree verdi e la riqualificazione delle zone degradate.

**2. Servizio di Raccolta Differenziata**: Un comune avvia un servizio di raccolta differenziata porta a porta per migliorare la gestione dei rifiuti urbani e aumentare il riciclo. Il servizio prevede la distribuzione di appositi contenitori ai cittadini e campagne di sensibilizzazione sull'importanza della raccolta differenziata.

**3. Progetto di Assistenza Domiciliare**: Un comune sviluppa un progetto di assistenza domiciliare per anziani e persone con disabilità, garantendo supporto nelle attività quotidiane, assistenza sanitaria e servizi di compagnia. Il progetto coinvolge operatori sociali, volontari e famiglie, migliorando la qualità della vita dei beneficiari.

# 3.5. ENTI PUBBLICI NON TERRITORIALI

Gli enti pubblici non territoriali rappresentano una categoria peculiare di soggetti giuridici all'interno dell'ordinamento amministrativo italiano. A differenza degli enti territoriali, come comuni, province e regioni, che esercitano le loro funzioni su un determinato territorio, gli enti pubblici non territoriali svolgono funzioni di interesse generale senza un vincolo territoriale specifico. Essi operano in settori chiave come la previdenza, la sanità, l'istruzione e la ricerca, e contribuiscono in maniera significativa alla realizzazione delle politiche pubbliche. La comprensione della struttura, delle funzioni e delle competenze di questi enti è essenziale per analizzare il loro ruolo nell'amministrazione pubblica italiana.

## 1. Definizione e Caratteristiche

### 1.1. Definizione

Gli enti pubblici non territoriali sono soggetti giuridici istituiti per perseguire finalità di interesse pubblico in specifici settori, senza una delimitazione territoriale. Essi godono di autonomia organizzativa, gestionale e finanziaria e operano sotto la vigilanza dello Stato o di altri enti pubblici.

### 1.2. Caratteristiche Principali

Gli enti pubblici non territoriali si caratterizzano per:

• **Autonomia**: Dispongono di autonomia organizzativa e gestionale, pur essendo soggetti a controllo e vigilanza da parte di enti superiori.
• **Finalità Pubbliche**: Svolgono attività di interesse generale in vari settori, come previdenza, sanità, istruzione e ricerca.
• **Personalità Giuridica**: Hanno una propria personalità giuridica, che consente loro di stipulare contratti, possedere beni e assumere diritti e obblighi.

• **Vigilanza**: Sono soggetti alla vigilanza dello Stato o di altri enti pubblici, che ne controllano l'operato e ne garantiscono il rispetto delle normative.

## 2. Tipologie di Enti Pubblici Non Territoriali

### 2.1. Enti Previdenziali

Gli enti previdenziali gestiscono il sistema di previdenza sociale, garantendo le prestazioni previdenziali e assistenziali ai cittadini. Tra i principali enti previdenziali figurano:

• **INPS (Istituto Nazionale della Previdenza Sociale)**: È l'ente principale del sistema previdenziale italiano, che gestisce le pensioni, le indennità di malattia e maternità, la cassa integrazione e altre prestazioni sociali.
• **INAIL (Istituto Nazionale per l'Assicurazione contro gli Infortuni sul Lavoro)**: È l'ente che si occupa della gestione delle assicurazioni contro gli infortuni sul lavoro e le malattie professionali, garantendo prestazioni economiche e assistenza sanitaria ai lavoratori.

### 2.2. Enti Sanitari

Gli enti sanitari operano nel settore della sanità, garantendo l'erogazione dei servizi sanitari e la tutela della salute pubblica. Tra i principali enti sanitari si annoverano:

• **ASL (Aziende Sanitarie Locali)**: Sono enti pubblici locali che gestiscono i servizi sanitari a livello territoriale, assicurando l'assistenza sanitaria di base, specialistica e ospedaliera.
• **AO (Aziende Ospedaliere)**: Gestiscono gli ospedali e le strutture sanitarie, offrendo servizi di diagnosi, cura e riabilitazione.

### 2.3. Enti di Ricerca e Istruzione

Gli enti di ricerca e istruzione svolgono attività di ricerca scientifica e offrono servizi educativi e formativi. Tra i principali enti di ricerca e istruzione vi sono:

• **CNR (Consiglio Nazionale delle Ricerche)**: È l'ente principale per la ricerca scientifica in Italia, che promuove e coordina attività di ricerca in vari settori delle scienze naturali, tecniche e umane.
• **Università e Politecnici**: Sono enti pubblici che offrono servizi di istruzione superiore, promuovendo la formazione universitaria e la ricerca scientifica.

## 3. Funzioni e Competenze

### 3.1. Gestione delle Risorse

Gli enti pubblici non territoriali gestiscono risorse umane, finanziarie e materiali per l'erogazione dei servizi di interesse pubblico. Essi:

• **Pianificano e gestiscono il budget**: Predisponendo piani finanziari e bilanci per garantire la sostenibilità economica delle attività svolte.
• **Assumono personale**: Selezionando e gestendo il personale necessario per l'erogazione dei servizi, garantendo formazione e aggiornamento professionale.

### 3.2. Erogazione dei Servizi

Gli enti pubblici non territoriali erogano servizi di interesse pubblico, che variano a seconda del settore di competenza. Essi:

• **Previdenza e Assistenza**: Gestiscono pensioni, indennità, assicurazioni contro gli infortuni e altre prestazioni sociali.
• **Sanità**: Forniscono servizi sanitari di base, specialistici e ospedalieri, promuovendo la prevenzione e la tutela della salute pubblica.
• **Ricerca e Istruzione**: Promuovono attività di ricerca scientifica e offrono servizi di istruzione e formazione superiore.

### 3.3. Controllo e Vigilanza

Gli enti pubblici non territoriali sono soggetti a controlli e vigilanza da parte dello Stato o di altri enti pubblici per garantire la legalità, l'efficienza e l'efficacia dell'operato. Questi controlli possono includere:

• **Verifiche amministrative**: Controlli sulla regolarità degli atti e delle procedure amministrative.
• **Controlli finanziari**: Verifiche sulla gestione economica e finanziaria, per garantire la corretta utilizzazione delle risorse pubbliche.
• **Controlli di merito**: Valutazioni sulla qualità e sull'efficacia dei servizi erogati, per migliorare le prestazioni e rispondere alle esigenze dei cittadini.

#### Esempi Pratici

**1. Riforma del Sistema Pensionistico dell'INPS**: L'INPS introduce una riforma del sistema pensionistico per garantire la sostenibilità finanziaria delle pensioni e migliorare l'efficienza dell'erogazione delle prestazioni. La riforma prevede la digitalizzazione dei servizi, la semplificazione delle procedure e l'introduzione di nuovi strumenti di previdenza complementare.
**2. Progetto di Ricerca del CNR**: Il CNR avvia un progetto di ricerca interdisciplinare nel settore delle energie rinnovabili, coinvolgendo ricercatori e università in tutta Italia. Il progetto mira a sviluppare nuove tecnologie per la produzione di energia pulita e a promuovere la sostenibilità ambientale.
**3. Programma di Assistenza Sanitaria delle ASL**: Una ASL sviluppa un programma di assistenza sanitaria per le persone anziane, che include servizi di assistenza domiciliare, visite mediche a domicilio e supporto psicologico. Il programma è realizzato in collaborazione con i comuni e le organizzazioni del terzo settore, migliorando la qualità della vita degli anziani e delle loro famiglie.

# 3.6. AGENZIE E ALTRI ENTI

Le agenzie e gli altri enti pubblici rappresentano una componente fondamentale dell'architettura amministrativa italiana, svolgendo ruoli chiave nella realizzazione delle politiche pubbliche e nella gestione di servizi specifici. Questi enti sono caratterizzati da una maggiore flessibilità operativa rispetto alle tradizionali strutture ministeriali e godono di una certa autonomia organizzativa e gestionale. Essi operano in vari settori, dall'ambiente alla sicurezza, dalla salute alla ricerca, contribuendo in maniera significativa all'efficienza e all'efficacia dell'azione amministrativa. La comprensione delle agenzie e degli altri enti pubblici è essenziale per analizzare l'organizzazione complessiva della pubblica amministrazione e il suo funzionamento.

### 1. Definizione e Caratteristiche

### 1.1. Definizione

Le agenzie e gli altri enti pubblici sono organismi dotati di personalità giuridica e autonomia amministrativa, istituiti per svolgere funzioni specifiche di interesse pubblico. Essi operano sotto la vigilanza dello Stato o di altre autorità pubbliche, ma godono di una certa indipendenza operativa.

### 1.2. Caratteristiche Principali

Le principali caratteristiche delle agenzie e degli altri enti pubblici includono:

• **Autonomia Operativa**: Pur essendo sottoposte a controllo e vigilanza, queste entità dispongono di autonomia organizzativa e gestionale, che consente loro di operare con maggiore flessibilità.
• **Specializzazione Funzionale**: Sono istituite per svolgere compiti specifici, spesso tecnici o specialistici, che richiedono competenze particolari.

* **Responsabilità Diretta**: Le agenzie e gli altri enti rispondono direttamente del loro operato e della gestione delle risorse loro affidate.
* **Vigilanza**: Sono soggette alla vigilanza di ministeri o altre autorità pubbliche per garantire la conformità alle leggi e alle direttive politiche.

## 2. Tipologie di Agenzie e Altri Enti

### 2.1. Agenzie Nazionali

Le agenzie nazionali sono istituite per gestire funzioni di rilevanza nazionale in settori specifici. Tra le principali agenzie nazionali figurano:

* **Agenzia delle Entrate**: Gestisce l'amministrazione fiscale, l'accertamento e la riscossione dei tributi, nonché il contenzioso tributario.
* **Agenzia Nazionale per la Sicurezza delle Ferrovie (ANSF)**: Vigila sulla sicurezza del trasporto ferroviario, garantendo il rispetto delle normative e la prevenzione degli incidenti.
* **Agenzia Italiana del Farmaco (AIFA)**: Regola l'immissione in commercio dei farmaci, ne controlla la sicurezza e promuove l'uso appropriato dei medicinali.

### 2.2. Agenzie Regionali e Locali

Le agenzie regionali e locali operano a livello territoriale, gestendo servizi e funzioni specifiche per le comunità locali. Esempi di tali agenzie includono:

* **Agenzie Regionali per la Protezione Ambientale (ARPA)**: Monitorano la qualità dell'ambiente, effettuano controlli e analisi, e supportano le autorità locali nella gestione ambientale.
* **Agenzie per il Lavoro**: Gestiscono i servizi per l'impiego, favorendo l'incontro tra domanda e offerta di lavoro e promuovendo politiche attive del lavoro.

### 2.3. Enti Pubblici Economici

Gli enti pubblici economici sono istituzioni che operano in settori economici specifici, gestendo attività di natura economica e commerciale. Tra i principali enti pubblici economici vi sono:

* **Cassa Depositi e Prestiti (CDP)**: Istituzione finanziaria che supporta lo sviluppo economico del paese attraverso investimenti infrastrutturali e finanziamenti a enti locali e imprese.
* **Istituto Nazionale per il Commercio Estero (ICE)**: Promuove l'internazionalizzazione delle imprese italiane, offrendo servizi di supporto all'export e attrazione di investimenti esteri.

## 3. Funzioni e Competenze

### 3.1. Gestione delle Risorse

Le agenzie e gli altri enti pubblici sono responsabili della gestione efficiente ed efficace delle risorse umane, finanziarie e materiali loro assegnate. Essi:

• **Pianificano e Gestiscono il Budget**: Predisponendo piani finanziari e bilanci per garantire la sostenibilità economica delle attività svolte.
• **Assumono Personale**: Selezionando e gestendo il personale necessario per l'erogazione dei servizi, garantendo formazione e aggiornamento professionale.

### 3.2. Erogazione dei Servizi

Le agenzie e gli altri enti pubblici erogano servizi di interesse pubblico, che variano a seconda del settore di competenza. Essi:

• **Servizi Fiscali e Tributari**: Gestiscono l'amministrazione fiscale e tributaria, fornendo assistenza ai contribuenti e contrastando l'evasione fiscale.
• **Servizi Sanitari e Farmaceutici**: Regolano e controllano la commercializzazione dei farmaci, garantendo la sicurezza e l'efficacia delle cure mediche.
• **Servizi Ambientali**: Monitorano la qualità dell'ambiente, effettuano controlli e analisi, e supportano le autorità locali nella gestione ambientale.

### 3.3. Controllo e Vigilanza

Le agenzie e gli altri enti pubblici sono soggetti a controlli e vigilanza per garantire la legalità, l'efficienza e l'efficacia dell'operato. Questi controlli possono includere:

• **Verifiche Amministrative**: Controlli sulla regolarità degli atti e delle procedure amministrative.
• **Controlli Finanziari**: Verifiche sulla gestione economica e finanziaria, per garantire la corretta utilizzazione delle risorse pubbliche.
• **Controlli di Merito**: Valutazioni sulla qualità e sull'efficacia dei servizi erogati, per migliorare le prestazioni e rispondere alle esigenze dei cittadini.

### Esempi Pratici

**1. Agenzia delle Entrate**: L'Agenzia delle Entrate sviluppa un nuovo sistema di dichiarazione dei redditi precompilata per semplificare gli adempimenti fiscali dei contribuenti e ridurre l'evasione fiscale. Questo sistema utilizza i dati già in possesso dell'Agenzia per predisporre la dichiarazione dei redditi, che il contribuente può accettare o modificare online.
**2. ARPA e il Monitoraggio Ambientale**: Un'ARPA regionale avvia un programma di monitoraggio della qualità dell'aria nelle aree urbane più inquinate. Il programma prevede l'installazione di nuove centraline di rilevamento e l'analisi dei dati per sviluppare politiche di riduzione delle emissioni inquinanti.
**3. Cassa Depositi e Prestiti**: La CDP finanzia la costruzione di nuove infrastrutture pubbliche, come scuole e ospedali, in collaborazione con le amministrazioni locali. Questo finanziamento favorisce lo sviluppo economico e sociale delle comunità, migliorando la qualità dei servizi pubblici offerti ai cittadini.

# 3.6.1. AGENZIE

Le agenzie rappresentano un elemento cruciale nell'architettura della pubblica amministrazione moderna. Nate con l'obiettivo di aumentare l'efficienza e la specializzazione dell'azione amministrativa, le agenzie svolgono funzioni specifiche e tecniche che richiedono competenze particolari. Grazie alla loro autonomia operativa, le agenzie possono rispondere rapidamente e in modo efficace alle esigenze del contesto in cui operano. La loro istituzione e il loro funzionamento riflettono la necessità di un'amministrazione pubblica più flessibile e orientata ai risultati, capace di gestire in modo efficiente settori complessi come la sicurezza, la salute, l'ambiente e le finanze pubbliche.

## 1. Definizione e Caratteristiche delle Agenzie

### 1.1. Definizione

Le agenzie sono enti pubblici dotati di personalità giuridica e autonomia amministrativa, organizzativa e finanziaria, creati per svolgere funzioni specifiche e specialistiche nell'ambito dell'amministrazione pubblica. Esse operano sotto la vigilanza di ministeri o altre autorità pubbliche, ma godono di una notevole indipendenza gestionale.

### 1.2. Caratteristiche Principali

Le principali caratteristiche delle agenzie includono:

• **Autonomia Operativa**: Le agenzie dispongono di un'ampia autonomia organizzativa e gestionale, che consente loro di operare con maggiore flessibilità rispetto alle tradizionali strutture ministeriali.
• **Specializzazione**: Sono istituite per svolgere compiti tecnici e specialistici che richiedono competenze specifiche.

• **Responsabilità Diretta**: Rispondono direttamente delle loro attività e della gestione delle risorse assegnate.
• **Vigilanza**: Pur essendo autonome, le agenzie sono soggette alla vigilanza di ministeri o altre autorità pubbliche per garantire la conformità alle normative e agli indirizzi politici.

## 2. Tipologie di Agenzie

### 2.1. Agenzie Nazionali

Le agenzie nazionali operano su tutto il territorio italiano e gestiscono funzioni di rilevanza nazionale in vari settori. Tra le principali agenzie nazionali vi sono:

• **Agenzia delle Entrate**: Responsabile della gestione e della riscossione dei tributi, nonché del contrasto all'evasione fiscale. Offre servizi di assistenza ai contribuenti e gestisce il contenzioso tributario.
• **Agenzia Italiana del Farmaco (AIFA)**: Regola l'immissione in commercio dei farmaci, ne controlla la sicurezza e promuove l'uso appropriato dei medicinali.
• **Agenzia Nazionale per la Sicurezza delle Ferrovie (ANSF)**: Vigila sulla sicurezza del trasporto ferroviario, garantendo il rispetto delle normative e la prevenzione degli incidenti.

### 2.2. Agenzie Regionali e Locali

Le agenzie regionali e locali operano a livello territoriale e gestiscono servizi e funzioni specifici per le comunità locali. Esempi di tali agenzie includono:

• **Agenzie Regionali per la Protezione Ambientale (ARPA)**: Monitorano la qualità dell'ambiente, effettuano controlli e analisi, e supportano le autorità locali nella gestione ambientale.
• **Agenzie per il Lavoro**: Gestiscono i servizi per l'impiego, favorendo l'incontro tra domanda e offerta di lavoro e promuovendo politiche attive del lavoro.

### 2.3. Agenzie Settoriali

Esistono anche agenzie che operano in settori specifici, garantendo l'efficienza e la qualità dei servizi in ambiti particolari. Tra queste vi sono:

• **Agenzia Nazionale per i Servizi Sanitari Regionali (AGENAS)**: Supporta le regioni nella gestione dei servizi sanitari, promuovendo l'efficienza e la qualità dell'assistenza sanitaria.
• **Agenzia Spaziale Italiana (ASI)**: Coordina e promuove le attività spaziali italiane, collaborando con enti di ricerca e organizzazioni internazionali.

## 3. Funzioni e Competenze delle Agenzie

### 3.1. Gestione delle Risorse

Le agenzie sono responsabili della gestione efficiente delle risorse umane, finanziarie e materiali loro assegnate. Esse:

• **Pianificano e Gestiscono il Budget**: Predisponendo piani finanziari e bilanci per garantire la sostenibilità economica delle attività svolte.
• **Assumono Personale**: Selezionando e gestendo il personale necessario per l'erogazione dei servizi, garantendo formazione e aggiornamento professionale.

### 3.2. Erogazione dei Servizi

Le agenzie erogano servizi di interesse pubblico, che variano a seconda del settore di competenza. Esse:

• **Servizi Fiscali e Tributari**: Gestiscono l'amministrazione fiscale e tributaria, fornendo assistenza ai contribuenti e contrastando l'evasione fiscale.
• **Servizi Sanitari e Farmaceutici**: Regolano e controllano la commercializzazione dei farmaci, garantendo la sicurezza e l'efficacia delle cure mediche.
• **Servizi Ambientali**: Monitorano la qualità dell'ambiente, effettuano controlli e analisi, e supportano le autorità locali nella gestione ambientale.

### 3.3. Controllo e Vigilanza

Le agenzie sono soggette a controlli e vigilanza per garantire la legalità, l'efficienza e l'efficacia dell'operato. Questi controlli possono includere:

• **Verifiche Amministrative**: Controlli sulla regolarità degli atti e delle procedure amministrative.
• **Controlli Finanziari**: Verifiche sulla gestione economica e finanziaria, per garantire la corretta utilizzazione delle risorse pubbliche.
• **Controlli di Merito**: Valutazioni sulla qualità e sull'efficacia dei servizi erogati, per migliorare le prestazioni e rispondere alle esigenze dei cittadini.

**Esempi Pratici**

**1. Agenzia Nazionale per le Politiche Attive del Lavoro (ANPAL)**: L'ANPAL lancia il programma "Garanzia Giovani" per aiutare i giovani disoccupati a trovare lavoro o opportunità di formazione. Il programma offre supporto nella ricerca di lavoro, orientamento professionale, tirocini e corsi di formazione, con l'obiettivo di migliorare l'occupabilità e ridurre la disoccupazione giovanile.
**2. Agenzia Nazionale per la Sicurezza delle Ferrovie e delle Infrastrutture Stradali e Autostradali (ANSFISA)**: ANSFISA introduce un sistema avanzato di monitoraggio delle infrastrutture ferroviarie per aumentare la sicurezza. Il sistema utilizza sensori e tecnologie di rilevamento per monitorare continuamente le condizioni delle ferrovie, prevenendo potenziali incidenti e garantendo la sicurezza dei passeggeri.
**3. AGENAS e la Qualità dei Servizi Sanitari**: AGENAS implementa un sistema di valutazione delle performance ospedaliere, fornendo dati comparativi sulla qualità dei servizi sanitari offerti dalle strutture regionali. Questo sistema aiuta le regioni a identificare le aree di miglioramento e a promuovere l'eccellenza sanitaria.

# 3.6.2. ENTI PUBBLICI ECONOMICI

Gli enti pubblici economici rappresentano una componente fondamentale dell'amministrazione pubblica italiana, in quanto operano in settori chiave dell'economia nazionale con l'obiettivo di promuovere lo sviluppo economico e sociale del Paese. Questi enti, pur avendo una natura pubblica, adottano criteri di gestione tipici delle imprese private, cercando di coniugare l'efficienza operativa con il perseguimento di finalità pubbliche. La loro creazione risponde alla necessità di dotare l'amministrazione di strumenti flessibili e specializzati, capaci di affrontare le sfide economiche e sociali in modo efficace e tempestivo. La comprensione della struttura, delle funzioni e delle competenze degli enti pubblici economici è essenziale per analizzare il loro ruolo nell'economia e nella società italiana.

## 1. Definizione e Caratteristiche degli Enti Pubblici Economici

### 1.1. Definizione

Gli enti pubblici economici sono soggetti giuridici di diritto pubblico che svolgono attività economiche di interesse generale. Essi operano in vari settori, quali la finanza, i servizi, le infrastrutture e il commercio, e sono dotati di personalità giuridica e autonomia amministrativa, organizzativa e finanziaria.

### 1.2. Caratteristiche Principali

Le principali caratteristiche degli enti pubblici economici includono:

• **Autonomia Operativa**: Godono di autonomia organizzativa e gestionale, che consente loro di operare con flessibilità ed efficienza.
• **Finalità Pubbliche**: Svolgono attività economiche orientate al perseguimento di finalità di interesse generale, come lo sviluppo economico e sociale.

• **Gestione Aziendale**: Adottano criteri di gestione tipici delle imprese private, con attenzione alla redditività e all'efficienza operativa.
• **Vigilanza Pubblica**: Sono soggetti alla vigilanza dello Stato o di altre autorità pubbliche, che ne controllano l'operato per garantire il rispetto delle finalità pubbliche.

## 2. Tipologie di Enti Pubblici Economici

### 2.1. Cassa Depositi e Prestiti (CDP)

La Cassa Depositi e Prestiti (CDP) è un ente pubblico economico di primaria importanza in Italia. Essa svolge un ruolo centrale nel finanziamento dello sviluppo infrastrutturale del Paese, supportando gli enti locali e le imprese con risorse finanziarie e strumenti di investimento.

• **Funzioni Principali**: La CDP finanzia opere pubbliche, progetti infrastrutturali, interventi di sviluppo territoriale e programmi di sostegno alle imprese. Promuove inoltre l'innovazione e la competitività del sistema produttivo italiano.
• **Struttura Organizzativa**: La CDP è organizzata come una società per azioni, con il Ministero dell'Economia e delle Finanze come principale azionista. Essa opera attraverso diverse divisioni specializzate, ciascuna dedicata a specifici settori di intervento.

### 2.2. Istituto Nazionale per il Commercio Estero (ICE)

L'ICE è l'ente pubblico economico che promuove l'internazionalizzazione delle imprese italiane e l'attrazione di investimenti esteri. Esso svolge un ruolo fondamentale nel supportare le aziende italiane che operano sui mercati internazionali.

• **Funzioni Principali**: L'ICE offre servizi di consulenza, formazione e assistenza alle imprese italiane, facilitando il loro accesso ai mercati esteri. Organizza fiere, missioni commerciali e eventi promozionali per favorire la visibilità e la competitività delle imprese italiane all'estero.
• **Struttura Organizzativa**: L'ICE è strutturato in uffici centrali e una rete di uffici esteri presenti in numerosi paesi, che garantiscono un supporto diretto e continuativo alle imprese italiane sui mercati internazionali.

### 2.3. Enti Pubblici Economici Locali

A livello locale, esistono numerosi enti pubblici economici che svolgono funzioni di sviluppo economico e sociale nei rispettivi territori. Tra questi, vi sono le aziende municipalizzate e le società partecipate dagli enti locali.

• **Funzioni Principali**: Questi enti gestiscono servizi pubblici locali, come la distribuzione di acqua, energia, trasporti, rifiuti e altri servizi essenziali. Promuovono inoltre progetti di sviluppo territoriale e sostegno alle piccole e medie imprese locali.
• **Struttura Organizzativa**: Gli enti pubblici economici locali sono organizzati come società per azioni o aziende speciali, con partecipazione pubblica.

Operano sotto la vigilanza degli enti locali, che ne controllano l'operato e la gestione.

### 3. Funzioni e Competenze degli Enti Pubblici Economici

### 3.1. Gestione delle Risorse

Gli enti pubblici economici sono responsabili della gestione efficiente delle risorse umane, finanziarie e materiali loro assegnate. Essi:

• **Pianificano e Gestiscono il Budget**: Predisponendo piani finanziari e bilanci per garantire la sostenibilità economica delle attività svolte.
• **Assumono Personale**: Selezionando e gestendo il personale necessario per l'erogazione dei servizi, garantendo formazione e aggiornamento professionale.

### 3.2. Erogazione dei Servizi

Gli enti pubblici economici erogano servizi di interesse pubblico e svolgono attività economiche che variano a seconda del settore di competenza. Essi:

• **Finanziano Progetti di Sviluppo**: Supportano finanziariamente progetti infrastrutturali e di sviluppo economico e sociale.
• **Promuovono l'Internazionalizzazione**: Offrono servizi di consulenza e assistenza alle imprese italiane che operano sui mercati esteri.
• **Gestiscono Servizi Pubblici Locali**: Erogano servizi essenziali come la distribuzione di acqua ed energia, i trasporti pubblici e la gestione dei rifiuti.

### 3.3. Controllo e Vigilanza

Gli enti pubblici economici sono soggetti a controlli e vigilanza per garantire la legalità, l'efficienza e l'efficacia dell'operato. Questi controlli possono includere:

• **Verifiche Amministrative**: Controlli sulla regolarità degli atti e delle procedure amministrative.
• **Controlli Finanziari**: Verifiche sulla gestione economica e finanziaria, per garantire la corretta utilizzazione delle risorse pubbliche.
• **Controlli di Merito**: Valutazioni sulla qualità e sull'efficacia dei servizi erogati, per migliorare le prestazioni e rispondere alle esigenze dei cittadini.

### Esempi Pratici

1. **Progetto di Infrastrutture della CDP**: La CDP finanzia la costruzione di una nuova linea ferroviaria ad alta velocità, migliorando la connettività tra le principali città italiane e favorendo lo sviluppo economico delle aree interessate. Questo progetto prevede investimenti significativi in infrastrutture e tecnologie avanzate, con ricadute positive sull'occupazione e sulla competitività del sistema paese.
2. **Programma di Internazionalizzazione dell'ICE**: L'ICE organizza una missione commerciale in Asia, coinvolgendo numerose aziende italiane del settore agroalimentare. La missione include incontri B2B, workshop e visite a fiere internazionali,

facilitando l'accesso delle imprese italiane ai mercati asiatici e promuovendo i prodotti italiani all'estero.

**3. Gestione dei Servizi Pubblici Locali**: Un'azienda municipalizzata gestisce il servizio di distribuzione dell'acqua potabile in un grande comune italiano. L'azienda investe in nuove infrastrutture e tecnologie per migliorare l'efficienza del servizio e ridurre le perdite di rete, garantendo un approvvigionamento idrico sicuro e sostenibile per la popolazione locale.

# 3.6.3. SOCIETÀ A PARTECIPAZIONE PUBBLICA

Le società a partecipazione pubblica rappresentano un'importante categoria di soggetti giuridici all'interno dell'ordinamento amministrativo italiano. Queste società, nelle quali lo Stato o altri enti pubblici detengono una quota di capitale, operano in vari settori strategici dell'economia nazionale, dall'energia ai trasporti, dalla gestione dei servizi pubblici locali alle telecomunicazioni. La loro istituzione risponde all'esigenza di coniugare l'efficienza gestionale tipica delle imprese private con il perseguimento di finalità pubbliche. La comprensione della struttura, delle funzioni e delle competenze delle società a partecipazione pubblica è fondamentale per analizzare il loro ruolo nell'economia italiana e nel sistema della pubblica amministrazione.

## 1. Definizione e Caratteristiche delle Società a Partecipazione Pubblica

### 1.1. Definizione

Le società a partecipazione pubblica sono società di capitali in cui una o più amministrazioni pubbliche detengono una quota del capitale sociale. Possono essere costituite sotto forma di società per azioni (S.p.A.) o di società a responsabilità limitata (S.r.l.), e operano in settori di interesse strategico per il Paese.

### 1.2. Caratteristiche Principali

Le principali caratteristiche delle società a partecipazione pubblica includono:

• **Partecipazione Pubblica**: La presenza di una quota di capitale detenuta da amministrazioni pubbliche, che possono influenzare le decisioni strategiche della società.
• **Autonomia Gestionale**: Pur essendo soggette a vigilanza pubblica, queste società operano secondo criteri di gestione aziendale, con un'ampia autonomia operativa.

- **Finalità Pubbliche**: Coniugano l'efficienza gestionale con il perseguimento di obiettivi di interesse generale, come la fornitura di servizi essenziali o la promozione dello sviluppo economico.
- **Vigilanza e Controllo**: Sono soggette a controlli specifici per garantire la trasparenza e l'efficacia dell'operato, nonché il rispetto delle finalità pubbliche.

## 2. Tipologie di Società a Partecipazione Pubblica

### 2.1. Società In-House

Le società in-house sono società a partecipazione pubblica nelle quali un ente pubblico detiene il controllo totale o prevalente. Queste società operano prevalentemente per l'ente controllante, fornendo servizi direttamente all'amministrazione pubblica senza dover ricorrere al mercato.

- **Funzioni Principali**: Gestiscono servizi pubblici locali, come la raccolta e lo smaltimento dei rifiuti, la gestione delle reti idriche, i trasporti pubblici e altri servizi essenziali.
- **Struttura Organizzativa**: Queste società sono organizzate in modo da rispondere direttamente alle esigenze dell'ente pubblico controllante, con una struttura flessibile e orientata al servizio.

### 2.2. Società Miste

Le società miste sono caratterizzate dalla partecipazione congiunta di capitale pubblico e privato. Queste società operano in settori strategici e combinano risorse pubbliche e private per raggiungere obiettivi comuni.

- **Funzioni Principali**: Operano in settori come l'energia, le telecomunicazioni, le infrastrutture e i servizi pubblici, sfruttando l'expertise e le risorse del settore privato per migliorare l'efficienza e l'efficacia dei servizi offerti.
- **Struttura Organizzativa**: La governance di queste società prevede la partecipazione di rappresentanti sia del settore pubblico che privato, garantendo un equilibrio tra le esigenze pubbliche e gli obiettivi di profitto.

### 2.3. Società Pubbliche di Mercato

Le società pubbliche di mercato sono società a partecipazione pubblica che operano sul mercato in concorrenza con altre imprese private. Queste società cercano di combinare la missione pubblica con l'efficienza e la competitività richieste dal mercato.

- **Funzioni Principali**: Forniscono beni e servizi nei settori dell'energia, delle telecomunicazioni, dei trasporti e di altre infrastrutture critiche.
- **Struttura Organizzativa**: Operano con una struttura aziendale tipica delle imprese private, con un'attenzione particolare alla redditività e alla competitività, pur mantenendo un focus sulle finalità pubbliche.

## 3. Funzioni e Competenze delle Società a Partecipazione Pubblica

## 3.1. Gestione delle Risorse

Le società a partecipazione pubblica sono responsabili della gestione efficiente delle risorse umane, finanziarie e materiali loro assegnate. Esse:

• **Pianificano e Gestiscono il Budget**: Predisponendo piani finanziari e bilanci per garantire la sostenibilità economica delle attività svolte.
• **Assumono Personale**: Selezionando e gestendo il personale necessario per l'erogazione dei servizi, garantendo formazione e aggiornamento professionale.

### 3.2. Erogazione dei Servizi

Le società a partecipazione pubblica erogano servizi di interesse pubblico e svolgono attività economiche che variano a seconda del settore di competenza. Esse:

• **Gestiscono Servizi Pubblici Locali**: Forniscono servizi essenziali come la distribuzione di acqua ed energia, i trasporti pubblici e la gestione dei rifiuti.
• **Sviluppano Infrastrutture Strategiche**: Partecipano alla realizzazione e gestione di infrastrutture critiche per il Paese, come reti di trasporto, reti energetiche e infrastrutture digitali.
• **Promuovono lo Sviluppo Economico**: Investono in progetti che favoriscono la crescita economica e l'occupazione, contribuendo al miglioramento del benessere sociale.

## 3.3. Controllo e Vigilanza

Le società a partecipazione pubblica sono soggette a controlli specifici per garantire la legalità, l'efficienza e l'efficacia dell'operato. Questi controlli possono includere:

• **Verifiche Amministrative**: Controlli sulla regolarità degli atti e delle procedure amministrative.
• **Controlli Finanziari**: Verifiche sulla gestione economica e finanziaria, per garantire la corretta utilizzazione delle risorse pubbliche.
• **Controlli di Merito**: Valutazioni sulla qualità e sull'efficacia dei servizi erogati, per migliorare le prestazioni e rispondere alle esigenze dei cittadini.

### Esempi Pratici

**1. Gestione dei Servizi Idrici**: Una società in-house gestisce il servizio di distribuzione dell'acqua potabile in una grande città italiana. La società investe in nuove infrastrutture e tecnologie per migliorare l'efficienza del servizio e ridurre le perdite di rete, garantendo un approvvigionamento idrico sicuro e sostenibile per la popolazione locale.

**2. Società Mista nel Settore Energetico**: Una società mista, partecipata sia dallo Stato che da investitori privati, opera nel settore dell'energia rinnovabile. La società sviluppa e gestisce impianti di produzione di energia solare ed eolica, contribuendo alla transizione energetica del Paese e alla riduzione delle emissioni di $CO_2$.

**3. Infrastrutture di Trasporto**: Una società pubblica di mercato gestisce le reti autostradali nazionali, garantendo la manutenzione e il miglioramento delle infrastrutture. La società investe in nuove tecnologie per migliorare la sicurezza stradale e ridurre i tempi di percorrenza, offrendo un servizio efficiente e affidabile agli utenti.

# 3.6.4. AUTORITÀ INDIPENDENTI

Le autorità indipendenti rappresentano un elemento distintivo dell'ordinamento amministrativo italiano e più in generale dei moderni sistemi democratici. Questi organismi, pur essendo parte della pubblica amministrazione, godono di un elevato grado di autonomia e indipendenza dal potere esecutivo. La loro istituzione risponde alla necessità di garantire l'imparzialità e l'efficacia nell'esercizio di funzioni particolarmente delicate e tecniche, spesso legate alla regolazione dei mercati, alla tutela dei diritti dei cittadini e alla vigilanza su settori di interesse pubblico strategico. La comprensione della natura, delle funzioni e delle competenze delle autorità indipendenti è essenziale per analizzare il loro ruolo nel sistema amministrativo e nella protezione degli interessi collettivi.

## 1. Definizione e Caratteristiche delle Autorità Indipendenti

### 1.1. Definizione

Le autorità indipendenti sono organismi pubblici istituiti con legge, dotati di personalità giuridica e autonomia amministrativa, organizzativa e finanziaria. Esse operano in specifici settori di interesse pubblico, svolgendo funzioni di regolazione, vigilanza, controllo e tutela dei diritti.

### 1.2. Caratteristiche Principali

Le principali caratteristiche delle autorità indipendenti includono:

- **Autonomia**: Godono di un elevato grado di autonomia rispetto al potere esecutivo, al fine di garantire imparzialità e indipendenza nell'esercizio delle loro funzioni.
- **Specializzazione**: Sono composte da esperti e tecnici con competenze specifiche nel settore di riferimento.

• **Potere Regolatorio**: Hanno la facoltà di emanare regolamenti e provvedimenti vincolanti per i soggetti operanti nel settore di competenza.

• **Funzioni di Vigilanza e Controllo**: Svolgono attività di monitoraggio, ispezione e sanzione per garantire il rispetto delle norme e la correttezza dei comportamenti.

• **Tutela dei Diritti**: Agiscono per proteggere i diritti dei cittadini e garantire la concorrenza nei mercati.

## 2. Tipologie di Autorità Indipendenti

### 2.1. Autorità di Regolazione dei Mercati

Le autorità di regolazione dei mercati sono responsabili della vigilanza e regolazione dei settori economici strategici, al fine di garantire la concorrenza e la tutela dei consumatori. Tra queste figurano:

• **Autorità Garante della Concorrenza e del Mercato (AGCM)**: Vigila sul rispetto delle norme antitrust, contrastando le pratiche anticoncorrenziali e gli abusi di posizione dominante. Promuove inoltre la tutela dei consumatori e la correttezza delle informazioni commerciali.

• **Autorità per le Garanzie nelle Comunicazioni (AGCOM)**: Regola e vigila sui settori delle comunicazioni elettroniche, radiotelevisive e postali, garantendo la pluralità dei media, la concorrenza e la tutela degli utenti.

### 2.2. Autorità di Tutela dei Diritti

Le autorità di tutela dei diritti svolgono funzioni di protezione e promozione dei diritti dei cittadini in vari ambiti. Esempi significativi includono:

• **Autorità Garante per la Protezione dei Dati Personali (GPDP)**: Protegge i diritti e le libertà fondamentali delle persone fisiche con riguardo al trattamento dei dati personali, garantendo la loro riservatezza e sicurezza.

• **Autorità Nazionale Anticorruzione (ANAC)**: Prevenzione e contrasto della corruzione nell'amministrazione pubblica, promuovendo la trasparenza e l'integrità nei rapporti tra cittadini e istituzioni.

### 2.3. Autorità di Vigilanza su Settori Specifici

Esistono anche autorità indipendenti che vigilano su settori specifici di particolare rilevanza per l'interesse pubblico. Tra queste vi sono:

• **Banca d'Italia**: Pur essendo una banca centrale, svolge funzioni di vigilanza e regolazione del sistema bancario e finanziario, garantendo la stabilità e l'efficienza del sistema.

• **Commissione Nazionale per le Società e la Borsa (CONSOB)**: Vigila sui mercati finanziari, tutelando gli investitori e garantendo la trasparenza e l'efficienza delle operazioni di mercato.

## 3. Funzioni e Competenze delle Autorità Indipendenti

### 3.1. Potere Regolatorio

Le autorità indipendenti hanno il potere di emanare regolamenti e provvedimenti vincolanti per i soggetti operanti nei settori di competenza. Questo potere regolatorio consente loro di definire le norme tecniche e comportamentali necessarie per il corretto funzionamento dei mercati e la tutela dei diritti.

### 3.2. Funzioni di Vigilanza e Controllo

Le autorità indipendenti svolgono funzioni di monitoraggio e ispezione per garantire il rispetto delle normative e la correttezza dei comportamenti. Esse possono:

- **Condurre Ispezioni**: Effettuare controlli presso le sedi dei soggetti vigilati per verificare la conformità alle norme.
- **Richiedere Informazioni**: Sollecitare la trasmissione di dati e documenti necessari per l'esercizio delle proprie funzioni.
- **Emettere Sanzioni**: Improntare sanzioni amministrative e pecuniarie in caso di violazioni delle norme.

### 3.3. Tutela dei Diritti

Le autorità indipendenti sono incaricate della tutela dei diritti dei cittadini e degli utenti nei rispettivi settori di competenza. Esse:

- **Gestiscono Reclami**: Ricevono e trattano le segnalazioni e i reclami presentati dai cittadini.
- **Promuovono la Concorrenza**: Adottano misure per garantire la concorrenza leale nei mercati e prevenire gli abusi.
- **Informano e Educano**: Forniscono informazioni e formazione ai cittadini e agli operatori sui loro diritti e doveri.

#### Esempi Pratici

**1. Intervento dell'AGCM su Pratiche Anticoncorrenziali**: L'Autorità Garante della Concorrenza e del Mercato (AGCM) interviene per sanzionare un cartello tra diverse aziende del settore energetico che avevano concordato i prezzi, danneggiando i consumatori. L'AGCM impone sanzioni pecuniarie e obbliga le aziende a ripristinare la concorrenza.

**2. Tutela dei Dati Personali da parte del GPDP**: L'Autorità Garante per la Protezione dei Dati Personali (GPDP) interviene su segnalazione di un cittadino riguardo all'uso improprio dei suoi dati da parte di una società di marketing. Dopo le indagini, il GPDP ordina alla società di cessare il trattamento illecito dei dati e applica una sanzione amministrativa.

**3. Vigilanza della CONSOB sui Mercati Finanziari**: La Commissione Nazionale per le Società e la Borsa (CONSOB) scopre una pratica di insider trading all'interno di una grande azienda quotata in borsa. Dopo un'approfondita indagine, la CONSOB sanziona i responsabili e introduce nuove misure per prevenire futuri abusi.

# 4. RAPPORTI ORGANIZZATIVI E AUTORITÀ AMMINISTRATIVE INDIPENDENTI

Le autorità amministrative indipendenti e i loro rapporti organizzativi rappresentano un elemento essenziale del diritto amministrativo contemporaneo. Questi enti, pur essendo parte della pubblica amministrazione, godono di un grado elevato di autonomia e indipendenza rispetto al potere esecutivo. La loro istituzione risponde all'esigenza di garantire imparzialità e competenza nell'esercizio di funzioni particolarmente delicate e tecniche, come la regolazione dei mercati, la tutela dei diritti fondamentali e la vigilanza su settori strategici. Comprendere la natura, la struttura e le interrelazioni di questi enti è fondamentale per analizzare il funzionamento complessivo del sistema amministrativo.

## 1. Classificazione e Struttura degli Enti Pubblici

### 1.1. Classificazione degli Enti Pubblici

Gli enti pubblici possono essere classificati in base a vari criteri, tra cui il tipo di funzioni svolte, la composizione organica e l'autonomia di cui godono. Tra le principali categorie di enti pubblici si distinguono:

• **Enti Territoriali**: Come comuni, province e regioni, che esercitano le loro funzioni su base territoriale.
• **Enti Pubblici Economici**: Che operano secondo criteri di economicità e efficienza, spesso in settori strategici dell'economia.
• **Autorità Amministrative Indipendenti**: Che svolgono funzioni di regolazione e vigilanza con un elevato grado di autonomia.

### 1.2. Struttura degli Enti Pubblici

La struttura degli enti pubblici varia a seconda della loro natura e delle loro funzioni. Tuttavia, alcune caratteristiche comuni includono:

- **Organi di Vertice**: Composti da un presidente o direttore generale e un consiglio
di amministrazione o un comitato esecutivo.
- **Organi Tecnici**: Costituiti da uffici e dipartimenti specializzati che supportano
l'attività decisionale e operativa.
- **Organi di Controllo**: Che garantiscono la trasparenza e l'efficienza della gestione,
spesso attraverso la figura del collegio dei revisori dei conti o simili.

## 2. Relazioni Interorganiche

### 2.1. Coordinamento e Collaborazione

Le autorità amministrative indipendenti collaborano strettamente con altre istituzioni pubbliche per garantire la coerenza e l'efficacia dell'azione amministrativa. Questo avviene attraverso:

- **Accordi di Programma**: Che definiscono gli obiettivi comuni e le modalità di
collaborazione tra diversi enti.
- **Comitati Interistituzionali**: Che facilitano la cooperazione e il coordinamento tra
le autorità indipendenti e altri enti pubblici.

### 2.2. Relazioni di Vigilanza

Le autorità indipendenti, pur godendo di autonomia, sono sottoposte a forme di vigilanza per garantire la trasparenza e il rispetto delle finalità pubbliche. Queste relazioni includono:

- **Rapporti al Parlamento**: Attraverso cui le autorità indipendenti rendicontano
periodicamente la loro attività e i risultati raggiunti.
- **Supervisione Ministeriale**: Limitata alla verifica del rispetto delle leggi e delle
direttive generali, senza interferire nell'autonomia decisionale.

## 3. Esercizio Privato di Pubbliche Funzioni

### 3.1. Definizione e Ambito

L'esercizio privato di pubbliche funzioni si riferisce alla delega di specifiche attività amministrative a soggetti privati, sotto la supervisione e il controllo delle autorità pubbliche. Questo modello si applica in settori quali:

- **Concessioni**: Per la gestione di servizi pubblici come trasporti, energia e telecomunicazioni.
- **Appalti Pubblici**: Per l'esecuzione di lavori pubblici, forniture e servizi da parte
di imprese private.

### 3.2. Vantaggi e Criticità

I principali vantaggi dell'esercizio privato di pubbliche funzioni includono l'efficienza operativa e la flessibilità gestionale. Tuttavia, possono emergere criticità legate alla:

- **Trasparenza**: Rischio di opacità nelle procedure di affidamento e gestione.
- **Controllo**: Necessità di efficaci strumenti di monitoraggio e sanzione per garantire il rispetto delle norme e la qualità dei servizi.

## 4. La Competenza e il Funzionario di Fatto

### 4.1. Competenza degli Enti

La competenza degli enti pubblici è definita dalle leggi e dai regolamenti che ne stabiliscono le attribuzioni. Essa si articola in:

- **Competenza Territoriale**: Ambito geografico entro cui l'ente esercita le proprie funzioni.
- **Competenza Materiale**: Ambito delle materie e delle funzioni attribuite all'ente.

### 4.2. Funzionario di Fatto

Il concetto di funzionario di fatto si riferisce a un soggetto che esercita funzioni pubbliche senza avere formalmente il titolo o l'investitura necessaria. Questo può avvenire in situazioni di emergenza o necessità. Le sue azioni sono generalmente ritenute valide se:

- **Urgenza**: L'intervento era indispensabile e non procrastinabile.
- **Buona Fede**: Il soggetto ha agito con l'intento di perseguire l'interesse pubblico e senza fini personali.

## 5. Le Autorità Amministrative Indipendenti: Definizione, Caratteristiche e Poteri

### 5.1. Definizione e Caratteristiche

Le autorità amministrative indipendenti sono enti pubblici autonomi, istituiti con legge, che operano in specifici settori di interesse pubblico con un elevato grado di indipendenza. Esse sono caratterizzate da:

- **Autonomia Organizzativa**: Gestiscono le proprie risorse e definiscono le proprie strategie operative.
- **Indipendenza**: Garantiscono imparzialità e neutralità, evitando influenze politiche o economiche.
- **Specializzazione**: Operano con competenze tecniche elevate in settori specifici.

### 5.2. Poteri delle Autorità Indipendenti

Le autorità indipendenti esercitano una serie di poteri che includono:

- **Potere Regolatorio**: Capacità di emanare regolamenti e atti amministrativi generali.
- **Potere di Vigilanza**: Monitoraggio e controllo dei settori di competenza, con la possibilità di effettuare ispezioni e indagini.

• **Potere Sanzionatorio**: Imposizione di sanzioni amministrative per violazioni delle norme.

# 4.1. CLASSIFICAZIONE E STRUTTURA DEGLI ENTI PUBBLICI

Gli enti pubblici rappresentano una componente essenziale dell'organizzazione amministrativa di uno Stato, svolgendo funzioni di interesse generale e contribuendo alla realizzazione delle politiche pubbliche. La loro classificazione e struttura riflettono la complessità e la diversificazione delle attività svolte dalla pubblica amministrazione, che spaziano dall'erogazione di servizi essenziali alla regolazione dei mercati, dalla tutela dei diritti alla promozione dello sviluppo economico e sociale. Comprendere la varietà e l'organizzazione degli enti pubblici è fondamentale per analizzare il funzionamento complessivo del sistema amministrativo e l'efficacia dell'azione pubblica.

### 1. Classificazione degli Enti Pubblici

### 1.1. Enti Territoriali

Gli enti territoriali sono enti pubblici che operano su base geografica, esercitando funzioni amministrative su un determinato territorio. Tra questi figurano:

- **Comuni**: Rappresentano il livello amministrativo più vicino ai cittadini, occupandosi di servizi locali come l'anagrafe, l'urbanistica, i servizi sociali e culturali.
- **Province**: Svolgono funzioni di coordinamento e supporto ai comuni, oltre a gestire servizi di area vasta come la viabilità provinciale e la pianificazione territoriale.
- **Regioni**: Hanno competenze legislative e amministrative in vari settori, tra cui la sanità, l'istruzione, i trasporti e lo sviluppo economico.

### 1.2. Enti Pubblici Economici

Gli enti pubblici economici operano in settori strategici dell'economia nazionale, gestendo attività di natura imprenditoriale con criteri di efficienza e redditività. Tra questi si annoverano:

• **Cassa Depositi e Prestiti (CDP)**: Fornisce supporto finanziario per lo sviluppo infrastrutturale e sociale del Paese.
• **Istituto Nazionale per il Commercio Estero (ICE)**: Promuove l'internazionalizzazione delle imprese italiane e l'attrazione di investimenti esteri.

### 1.3. Autorità Amministrative Indipendenti

Le autorità amministrative indipendenti svolgono funzioni di regolazione e vigilanza su specifici settori, garantendo imparzialità e competenza. Tra queste figurano:

• **Autorità Garante della Concorrenza e del Mercato (AGCM)**: Vigila sulla concorrenza e tutela i consumatori.
• **Autorità per le Garanzie nelle Comunicazioni (AGCOM)**: Regola e vigila sui settori delle comunicazioni elettroniche e radiotelevisive.

### 1.4. Enti Pubblici Non Economici

Gli enti pubblici non economici svolgono funzioni di interesse generale, senza scopo di lucro, e operano in vari settori come la sanità, l'istruzione e la ricerca. Tra questi vi sono:

• **Istituti di Ricerca**: Come il Consiglio Nazionale delle Ricerche (CNR), che promuove la ricerca scientifica in Italia.
• **Aziende Sanitarie Locali (ASL)**: Gestiscono i servizi sanitari a livello locale, assicurando l'assistenza sanitaria di base e specialistica.

## 2. Struttura degli Enti Pubblici

### 2.1. Organi di Vertice

Gli organi di vertice rappresentano la massima autorità all'interno degli enti pubblici e sono responsabili della definizione delle strategie e delle decisioni principali. Essi includono:

• **Presidente o Direttore Generale**: Esercita la rappresentanza legale dell'ente e ne dirige le attività.
• **Consiglio di Amministrazione o Comitato Esecutivo**: Collegio decisionale che definisce le politiche generali e approva i piani di attività.

### 2.2. Organi Tecnici

Gli organi tecnici supportano l'attività decisionale e operativa degli enti pubblici, fornendo competenze specialistiche e gestendo i servizi erogati. Essi comprendono:

• **Dipartimenti e Uffici**: Strutture organizzative interne che gestiscono le diverse aree di attività dell'ente.

• **Servizi Amministrativi**: Gestiscono le funzioni amministrative interne, come la gestione del personale, la contabilità e la logistica.

## 2.3. Organi di Controllo

Gli organi di controllo garantiscono la trasparenza, la legalità e l'efficienza della gestione degli enti pubblici. Tra questi vi sono:

• **Collegio dei Revisori dei Conti**: Vigila sulla regolarità contabile e finanziaria dell'ente.

• **Organismi di Vigilanza**: Monitorano il rispetto delle normative e delle procedure interne.

## 3. Relazioni Interorganiche

### 3.1. Coordinamento e Collaborazione

Gli enti pubblici collaborano e si coordinano con altre istituzioni pubbliche per garantire la coerenza e l'efficacia dell'azione amministrativa. Questo avviene attraverso:

• **Accordi di Programma**: Definiscono gli obiettivi comuni e le modalità di collaborazione tra diversi enti.

• **Comitati Interistituzionali**: Facilitano la cooperazione e il coordinamento tra enti pubblici di diverso livello o settore.

### 3.2. Relazioni di Vigilanza

Gli enti pubblici, pur godendo di autonomia, sono sottoposti a forme di vigilanza per garantire la trasparenza e il rispetto delle finalità pubbliche. Queste relazioni includono:

• **Rapporti al Parlamento**: Enti indipendenti rendicontano periodicamente la loro attività e i risultati raggiunti.

• **Supervisione Ministeriale**: Verifica il rispetto delle leggi e delle direttive generali, senza interferire nell'autonomia decisionale degli enti.

### Esempi Pratici

**1. Accordo di Programma tra Comune e Regione**: Un comune e una regione stipulano un accordo di programma per la riqualificazione di un'area urbana degradata. L'accordo definisce gli obiettivi, le risorse finanziarie e le modalità di attuazione degli interventi, garantendo il coordinamento tra i diversi livelli di governo.

**2. Controllo della Corte dei Conti su un'ASL**: La Corte dei Conti effettua una verifica sulla gestione finanziaria di un'azienda sanitaria locale (ASL), riscontrando irregolarità nella gestione dei fondi pubblici. A seguito del controllo, vengono adottate misure correttive per migliorare la trasparenza e l'efficienza della gestione.

**3. Collaborazione tra AGCM e AGCOM**: L'Autorità Garante della Concorrenza e del Mercato (AGCM) e l'Autorità per le Garanzie nelle Comunicazioni (AGCOM) collaborano per regolamentare il mercato delle telecomunicazioni. Le due autorità coordinano le loro attività di vigilanza e regolazione per garantire la concorrenza leale e la tutela dei consumatori.

# 4.2. RELAZIONI INTERORGANICHE

Le relazioni interorganiche sono un aspetto cruciale del diritto amministrativo, rappresentando l'insieme dei rapporti che intercorrono tra i vari organi e enti della pubblica amministrazione. Tali relazioni sono fondamentali per garantire il coordinamento, la cooperazione e l'efficienza dell'azione amministrativa, soprattutto in un contesto caratterizzato da una crescente complessità delle funzioni pubbliche e dalla necessità di un'azione integrata tra diverse amministrazioni. La comprensione delle relazioni interorganiche è essenziale per analizzare il funzionamento della macchina amministrativa e per garantire una governance efficace e trasparente.

### 1. Tipologie di Relazioni Interorganiche

### 1.1. Relazioni di Coordinamento

Le relazioni di coordinamento si sviluppano tra organi e enti pubblici che operano in settori o ambiti territoriali differenti, ma che devono collaborare per raggiungere obiettivi comuni. Queste relazioni si manifestano attraverso:

• **Accordi di Programma**: Strumenti attraverso i quali diverse amministrazioni concertano e coordinano le proprie azioni per realizzare progetti complessi che richiedono l'intervento congiunto di più soggetti.
• **Comitati Interistituzionali**: Organi collegiali costituiti da rappresentanti di diverse amministrazioni, che si riuniscono per discutere e decidere su questioni di interesse comune.

### 1.2. Relazioni di Gerarchia

Le relazioni di gerarchia sono caratterizzate da un rapporto di subordinazione tra diversi organi o enti, dove un organo superiore esercita poteri di direzione, controllo e vigilanza su uno o più organi subordinati. Queste relazioni includono:

• **Direzione e Controllo**: L'organo superiore può impartire direttive vincolanti e controllare l'operato dell'organo subordinato, intervenendo anche con poteri sostitutivi in caso di inadempienza.
• **Vigilanza Amministrativa**: Consiste nel monitoraggio e nella verifica della legittimità e dell'efficacia dell'azione amministrativa degli enti subordinati.

### 1.3. Relazioni di Collaborazione

Le relazioni di collaborazione si instaurano tra enti e organi che, pur mantenendo la propria autonomia, cooperano per la realizzazione di obiettivi comuni. Queste relazioni possono essere formalizzate attraverso:

• **Convenzioni e Protocolli d'Intesa**: Accordi formali tra diverse amministrazioni che stabiliscono le modalità di cooperazione e gli impegni reciproci per il raggiungimento di specifici risultati.
• **Piani Integrati**: Strumenti di pianificazione che coinvolgono diverse amministrazioni nella definizione e nell'attuazione di politiche pubbliche integrate.

## 2. Strumenti delle Relazioni Interorganiche

### 2.1. Accordi di Programma

Gli accordi di programma sono strumenti giuridici attraverso i quali due o più amministrazioni concordano azioni coordinate per la realizzazione di progetti complessi che richiedono l'intervento congiunto di più soggetti. Questi accordi prevedono:

• **Obiettivi e Finalità**: Chiariscono gli scopi del progetto e i risultati attesi.
• **Impegni delle Parti**: Definiscono i compiti e le responsabilità di ciascuna amministrazione coinvolta.
• **Risorse e Finanziamenti**: Stabiliscono le modalità di finanziamento e le risorse da mettere a disposizione.

### 2.2. Conferenze di Servizi

Le conferenze di servizi sono strumenti di semplificazione amministrativa che consentono di acquisire, in un'unica sede, tutti i pareri, le autorizzazioni e i nulla osta necessari per la realizzazione di un progetto. Esse si articolano in:

• **Conferenze Istruttorie**: Convocate per acquisire informazioni preliminari e discutere le linee guida del progetto.
• **Conferenze Decisorie**: Finalizzate all'adozione delle decisioni amministrative necessarie, con la partecipazione di tutte le amministrazioni competenti.

### 2.3. Comitati Interistituzionali

I comitati interistituzionali sono organi collegiali costituiti da rappresentanti di diverse amministrazioni, con il compito di coordinare le politiche pubbliche e garantire la coerenza delle azioni amministrative. Essi operano attraverso:

• **Riunioni Periodiche**: Convocate per discutere e decidere su questioni di interesse comune.
• **Gruppi di Lavoro**: Sottocomitati specializzati su specifici temi, che elaborano proposte operative e monitorano l'attuazione delle decisioni.

**Esempi Pratici**

**1. Accordo di Programma per la Riqualificazione Urbana**: Un comune, una regione e il Ministero delle Infrastrutture stipulano un accordo di programma per la riqualificazione di un'area urbana degradata. L'accordo prevede la realizzazione di nuovi spazi pubblici, la ristrutturazione di edifici storici e la costruzione di nuove infrastrutture, con impegni finanziari e operativi condivisi.
**2. Conferenza di Servizi per un Progetto Energetico**: Per la costruzione di un nuovo impianto eolico, viene convocata una conferenza di servizi che coinvolge il Ministero dell'Ambiente, la Regione, l'ARPA e il comune interessato. Durante la conferenza, vengono acquisiti tutti i pareri necessari e approvate le autorizzazioni, riducendo i tempi di attesa e semplificando le procedure.
**3. Comitato Interistituzionale per la Tutela Ambientale**: Un comitato interistituzionale, composto da rappresentanti del Ministero dell'Ambiente, delle regioni e delle principali città, si riunisce periodicamente per coordinare le politiche di tutela ambientale. Il comitato elabora piani integrati di gestione dei rifiuti, promuove progetti di sostenibilità e monitorizza l'attuazione delle normative ambientali.

# 4.3. ESERCIZIO PRIVATO DI PUBBLICHE FUNZIONI

L'esercizio privato di pubbliche funzioni rappresenta un fenomeno rilevante nel contesto del diritto amministrativo contemporaneo. Esso riflette la tendenza, diffusa a livello globale, a coinvolgere soggetti privati nella gestione di attività tradizionalmente riservate alla pubblica amministrazione. Questa evoluzione è motivata dalla ricerca di maggiore efficienza, flessibilità e innovazione nella prestazione di servizi pubblici e nella realizzazione di opere di interesse generale. Tuttavia, l'affidamento di funzioni pubbliche a soggetti privati pone questioni giuridiche complesse, legate alla garanzia della trasparenza, della responsabilità e della tutela degli interessi pubblici.

## 1. Definizione e Ambito dell'Esercizio Privato di Pubbliche Funzioni

### 1.1. Definizione

L'esercizio privato di pubbliche funzioni si riferisce alla delega, totale o parziale, di attività amministrative a soggetti privati, i quali agiscono per conto della pubblica amministrazione. Questi soggetti, pur non essendo parte integrante dell'amministrazione pubblica, operano in conformità alle normative e sotto la supervisione delle autorità pubbliche competenti.

### 1.2. Ambito di Applicazione

Le principali aree in cui si realizza l'esercizio privato di pubbliche funzioni includono:

- **Servizi Pubblici Locali**: Gestione di servizi essenziali come acqua, energia, trasporti, rifiuti e telecomunicazioni.
- **Realizzazione di Opere Pubbliche**: Costruzione e manutenzione di infrastrutture attraverso concessioni e partenariati pubblico-privati.

- **Funzioni Amministrative**: Svolgimento di attività come l'accertamento e la riscossione di tributi, l'ispezione e la certificazione in vari settori (ad esempio, sanità e ambiente).

## 2. Modalità di Affidamento

### 2.1. Concessioni

Le concessioni rappresentano una delle modalità più diffuse per affidare a privati la gestione di servizi pubblici e la realizzazione di opere pubbliche. Esse prevedono:

- **Durata e Condizioni**: L'ente pubblico concede al privato il diritto di gestire un servizio o realizzare un'opera per un periodo determinato, stabilendo condizioni specifiche e requisiti di qualità.
- **Tariffe e Finanziamenti**: Il concessionario può finanziare l'opera o il servizio attraverso le tariffe pagate dagli utenti o mediante contributi pubblici.

### 2.2. Appalti Pubblici

Gli appalti pubblici sono contratti attraverso i quali l'amministrazione affida a un privato l'esecuzione di lavori, forniture o servizi, selezionando l'offerente mediante procedure competitive. Gli appalti prevedono:

- **Gara Pubblica**: Procedura trasparente e competitiva per selezionare il miglior offerente in termini di qualità e costo.
- **Contratto di Appalto**: Accordo che definisce le prestazioni, i tempi e le modalità di esecuzione, nonché le responsabilità delle parti.

### 2.3. Partenariato Pubblico-Privato (PPP)

Il partenariato pubblico-privato è un modello di collaborazione tra settore pubblico e privato per la realizzazione e gestione di progetti di interesse pubblico. Esso si basa su:

- **Condivisione dei Rischi**: I rischi e i benefici del progetto sono condivisi tra le parti, in base a specifici accordi contrattuali.
- **Finanziamento Misto**: Combinazione di risorse pubbliche e private per finanziare il progetto, ottimizzando l'impiego delle risorse disponibili.

## 3. Garanzie e Controlli

### 3.1. Trasparenza

La trasparenza è un principio fondamentale nell'affidamento di pubbliche funzioni a soggetti privati. Essa si realizza attraverso:

- **Pubblicità delle Procedure**: Diffusione pubblica delle informazioni relative alle gare e ai contratti.

- **Accesso agli Atti**: Diritto dei cittadini di accedere ai documenti amministrativi relativi alle procedure di affidamento.

### 3.2. Responsabilità

La responsabilità dei soggetti privati nell'esercizio di pubbliche funzioni è garantita mediante:

- **Controlli e Ispezioni**: Verifiche periodiche da parte delle autorità pubbliche per assicurare il rispetto delle normative e dei contratti.
- **Sanzioni**: Imposizione di sanzioni amministrative e pecuniarie in caso di violazioni delle condizioni contrattuali o delle normative.

### 3.3. Tutela degli Utenti

La tutela degli utenti è assicurata attraverso meccanismi che garantiscono la qualità e l'accessibilità dei servizi, tra cui:

- **Carta dei Servizi**: Documento che specifica i diritti degli utenti e gli standard di qualità del servizio.
- **Reclami e Ricorsi**: Procedure che consentono agli utenti di presentare reclami e ricorsi in caso di disservizi o violazioni dei loro diritti.

#### Esempi Pratici

**1. Gestione del Servizio Idrico**: Un comune affida la gestione del servizio idrico a una società privata mediante concessione. La società è responsabile della distribuzione dell'acqua potabile, della manutenzione delle reti e della fatturazione agli utenti. Il contratto prevede standard di qualità e tariffe regolamentate, con controlli periodici da parte dell'amministrazione comunale.

**2. Costruzione di una Strada mediante PPP**: Una regione stipula un accordo di partenariato pubblico-privato per la costruzione di una nuova strada. Il progetto è finanziato congiuntamente dalla regione e da un gruppo di imprese private, che gestiranno l'infrastruttura e riscuoteranno i pedaggi per un periodo stabilito, condividendo i rischi e i benefici dell'opera.

**3. Riscossione dei Tributi Locali**: Un comune affida a una società privata l'attività di accertamento e riscossione dei tributi locali. La società opera in conformità alle leggi e alle direttive comunali, con l'obbligo di garantire trasparenza e correttezza nelle procedure di riscossione. Il comune mantiene la supervisione e può applicare sanzioni in caso di irregolarità.

# 4.4. LA COMPETENZA E IL FUNZIONARIO DI FATTO

La competenza rappresenta uno degli elementi fondamentali del diritto amministrativo, definendo l'ambito di attività e le attribuzioni di ciascun organo della pubblica amministrazione. Essa è cruciale per garantire che le decisioni amministrative siano prese da soggetti legittimati e nel rispetto delle norme di legge. Parallelamente, il concetto di funzionario di fatto si riferisce alla situazione in cui un soggetto, pur non avendo formalmente il titolo o l'investitura necessaria, esercita de facto funzioni pubbliche in circostanze particolari. L'analisi di questi due aspetti consente di comprendere le dinamiche del potere amministrativo e le soluzioni giuridiche adottate per garantire la legittimità e l'efficacia dell'azione amministrativa.

## 1. La Competenza

### 1.1. Definizione e Tipologie di Competenza

La competenza è l'insieme delle attribuzioni e dei poteri conferiti dalla legge a un determinato organo della pubblica amministrazione per l'esercizio di specifiche funzioni. Essa può essere classificata in varie tipologie:

• **Competenza Territoriale**: Definisce l'ambito geografico entro cui un organo può esercitare le proprie funzioni. Ad esempio, un sindaco ha competenza sull'intero territorio del comune di appartenenza.
• **Competenza Materiale**: Si riferisce alle materie o settori specifici in cui l'organo è autorizzato a operare. Ad esempio, il Ministero della Salute ha competenza in materia di sanità pubblica.
• **Competenza Funzionale**: Riguarda le specifiche funzioni o attività che un organo può esercitare, come la competenza giurisdizionale dei tribunali amministrativi regionali (TAR) per le controversie in materia di atti amministrativi.

## 1.2. Assegnazione della Competenza

La competenza è stabilita dalla legge, dai regolamenti e dagli atti amministrativi generali. I principali strumenti attraverso i quali la competenza viene assegnata includono:

- **Leggi e Regolamenti**: Norme che definiscono le attribuzioni di ciascun organo e le modalità di esercizio delle funzioni.
- **Statuti e Regolamenti Interni**: Documenti che regolano l'organizzazione e il funzionamento degli enti pubblici, specificando le competenze dei diversi organi interni.
- **Provvedimenti Amministrativi**: Atti con cui l'amministrazione attribuisce specifiche competenze a determinati uffici o funzionari.

## 1.3. Modifiche e Trasferimenti di Competenza

La competenza può essere modificata o trasferita attraverso atti legislativi o regolamentari. Le principali modalità di modifica della competenza includono:

- **Delega di Funzioni**: Attribuzione temporanea di specifiche competenze a un altro organo o funzionario, senza spostamento definitivo delle attribuzioni.
- **Devoluzione**: Trasferimento definitivo di competenze da un organo a un altro, spesso in seguito a riforme amministrative.
- **Accentramento e Decentramento**: Processi di centralizzazione o dispersione delle competenze, rispettivamente verso organi centrali o periferici.

## 2. Il Funzionario di Fatto

### 2.1. Definizione e Ambito

Il funzionario di fatto è un soggetto che esercita funzioni pubbliche senza avere formalmente il titolo o l'investitura necessaria. Questo fenomeno si verifica in situazioni di urgenza o necessità, quando l'azione amministrativa non può essere procrastinata. Le condizioni principali per riconoscere la validità degli atti del funzionario di fatto sono:

- **Urgenza e Necessità**: L'intervento era indispensabile per evitare un pregiudizio grave e imminente per l'interesse pubblico.
- **Buona Fede**: Il soggetto ha agito con l'intento di perseguire l'interesse pubblico e senza fini personali.

### 2.2. Validità degli Atti del Funzionario di Fatto

Gli atti compiuti dal funzionario di fatto sono generalmente ritenuti validi se soddisfano i criteri di urgenza e buona fede. Questo principio ha lo scopo di garantire la continuità dell'azione amministrativa e la tutela degli interessi dei cittadini. Tuttavia, gli atti del funzionario di fatto possono essere impugnati e annullati se si dimostra che sono stati compiuti in assenza di tali condizioni.

## 2.3. Conseguenze Giuridiche

Le principali conseguenze giuridiche legate all'operato del funzionario di fatto includono:

- **Responsabilità Personale**: Il funzionario di fatto può essere chiamato a rispondere personalmente per gli atti compiuti in violazione delle norme, se si dimostra malafede o abuso di potere.
- **Riconoscimento degli Effetti**: Gli atti validamente compiuti dal funzionario di fatto producono effetti giuridici nei confronti dei terzi, che possono fare affidamento sulla loro legittimità.

### Esempi Pratici

1. **Delega di Funzioni**: In un comune, il sindaco delega temporaneamente a un assessore la competenza per la gestione dei servizi sociali, in seguito a un periodo di assenza prolungata. L'assessore esercita le funzioni in conformità alle direttive del sindaco e nel rispetto delle normative vigenti.
2. **Funzionario di Fatto in Situazioni di Emergenza**: In seguito a un evento calamitoso, un tecnico comunale, pur non avendo formalmente la delega necessaria, interviene per coordinare le operazioni di soccorso e messa in sicurezza. Gli atti compiuti sono successivamente ratificati dall'amministrazione, riconoscendo la validità delle azioni intraprese in situazione di necessità.
3. **Trasferimento di Competenze per Riforma Amministrativa**: Con una riforma legislativa, le competenze in materia di gestione dei rifiuti sono trasferite dalle province ai comuni. La legge stabilisce le modalità e i tempi del trasferimento, garantendo la continuità del servizio.

# 4.5. LE AUTORITÀ AMMINISTRATIVE INDIPENDENTI: DEFINIZIONE, CARATTERISTICHE E POTERI

Le autorità amministrative indipendenti rappresentano un'innovazione significativa nel panorama del diritto amministrativo contemporaneo. Introdotte per rispondere alla necessità di una regolazione imparziale e tecnica in settori strategici, esse godono di un elevato grado di autonomia rispetto agli organi politici e amministrativi tradizionali. Questa autonomia consente loro di svolgere funzioni di regolazione, vigilanza e controllo con maggiore efficacia e imparzialità. Analizzare la natura, le caratteristiche e i poteri di queste autorità è essenziale per comprendere il loro ruolo cruciale nella governance pubblica e nella tutela degli interessi collettivi.

## 1. Definizione delle Autorità Amministrative Indipendenti

### 1.1. Concetto e Origini

Le autorità amministrative indipendenti sono enti pubblici dotati di personalità giuridica e di autonomia amministrativa, organizzativa e finanziaria. Esse sono istituite per legge e operano in settori di interesse pubblico che richiedono un'elevata specializzazione tecnica e indipendenza dalle influenze politiche. La loro origine risale alla necessità di garantire una regolazione imparziale e tecnica, soprattutto in ambiti sensibili come la concorrenza, le comunicazioni, la protezione dei dati personali e la vigilanza sui mercati finanziari.

### 1.2. Funzioni e Obiettivi

Le principali funzioni delle autorità amministrative indipendenti includono:

• **Regolazione**: Emanazione di norme tecniche e regolamenti per disciplinare i settori di competenza.

• **Vigilanza**: Monitoraggio del rispetto delle norme da parte degli operatori del settore.

• **Controllo**: Verifica delle condizioni di accesso e delle modalità di esercizio delle attività regolamentate.

• **Tutela dei Diritti**: Protezione dei diritti dei consumatori, degli utenti e dei cittadini in generale.

## 2. Caratteristiche delle Autorità Amministrative Indipendenti

### 2.1. Autonomia e Indipendenza

Le autorità amministrative indipendenti godono di un elevato grado di autonomia rispetto agli organi di governo. Questa indipendenza è garantita attraverso vari meccanismi, tra cui:

• **Autonomia Finanziaria**: Le autorità dispongono di risorse finanziarie proprie, derivanti da contributi degli operatori del settore o da fondi pubblici dedicati.

• **Autonomia Organizzativa**: Le autorità sono libere di definire la propria struttura organizzativa e di assumere personale con competenze specifiche.

• **Nomina dei Vertici**: I membri degli organi di vertice sono nominati con procedure che ne garantiscono l'indipendenza, spesso prevedendo meccanismi di selezione basati su criteri di merito e trasparenza.

### 2.2. Specializzazione Tecnica

Le autorità amministrative indipendenti sono composte da esperti e tecnici con competenze specifiche nel settore di riferimento. Questa specializzazione tecnica è fondamentale per garantire una regolazione efficace e basata su conoscenze approfondite delle dinamiche del mercato e delle esigenze dei cittadini.

### 2.3. Trasparenza e Responsabilità

Nonostante l'elevato grado di autonomia, le autorità amministrative indipendenti sono soggette a meccanismi di controllo e rendicontazione per garantire la trasparenza e la responsabilità del loro operato. Questi meccanismi includono:

• **Rapporti Annuali**: Le autorità devono presentare rapporti periodici sulle attività svolte e sui risultati ottenuti.

• **Audizioni Parlamentari**: I vertici delle autorità sono spesso chiamati a riferire al Parlamento sulle questioni di maggiore rilevanza.

• **Accesso agli Atti**: I cittadini hanno il diritto di accedere ai documenti e alle informazioni detenute dalle autorità, nel rispetto delle normative sulla privacy e sulla protezione dei dati.

## 3. Poteri delle Autorità Amministrative Indipendenti

### 3.1. Potere Regolatorio

Il potere regolatorio consente alle autorità amministrative indipendenti di emanare regolamenti e atti amministrativi generali per disciplinare i settori di competenza. Questi atti hanno natura vincolante per gli operatori del settore e sono adottati nel rispetto dei principi di trasparenza e partecipazione.

### 3.2. Potere di Vigilanza e Controllo

Le autorità amministrative indipendenti esercitano poteri di vigilanza e controllo per assicurare il rispetto delle norme da parte degli operatori del settore. Questo potere si concretizza attraverso:

- **Ispezioni e Verifiche**: Controlli presso le sedi degli operatori per verificare la conformità alle normative.
- **Richiesta di Informazioni**: Le autorità possono richiedere documenti e dati necessari per l'esercizio delle funzioni di vigilanza.

### 3.3. Potere Sanzionatorio

Il potere sanzionatorio permette alle autorità amministrative indipendenti di imporre sanzioni amministrative e pecuniarie in caso di violazioni delle normative. Le sanzioni possono includere:

- **Multe**: Sanzioni pecuniarie proporzionate alla gravità della violazione.
- **Sospensione delle Attività**: Interruzione temporanea delle attività degli operatori che non rispettano le normative.
- **Revoca delle Licenze**: Ritiro delle autorizzazioni necessarie per l'esercizio dell'attività.

### Esempi Pratici

**1. Intervento dell'AGCM contro Pratiche Anticoncorrenziali**: L'Autorità Garante della Concorrenza e del Mercato (AGCM) interviene per sanzionare un cartello tra diverse aziende del settore energetico che avevano concordato i prezzi, danneggiando i consumatori. L'AGCM impone sanzioni pecuniarie e obbliga le aziende a ripristinare la concorrenza.

**2. Tutela dei Dati Personali da parte del GPDP**: L'Autorità Garante per la Protezione dei Dati Personali (GPDP) interviene su segnalazione di un cittadino riguardo all'uso improprio dei suoi dati da parte di una società di marketing. Dopo le indagini, il GPDP ordina alla società di cessare il trattamento illecito dei dati e applica una sanzione amministrativa.

**3. Vigilanza della CONSOB sui Mercati Finanziari**: La Commissione Nazionale per le Società e la Borsa (CONSOB) scopre una pratica di insider trading all'interno di una grande azienda quotata in borsa. Dopo un'approfondita indagine, la CONSOB sanziona i responsabili e introduce nuove misure per prevenire futuri abusi.

# 5. GLI ATTI AMMINISTRATIVI

Gli atti amministrativi costituiscono uno degli elementi fondamentali del diritto amministrativo. Essi rappresentano le manifestazioni di volontà della pubblica amministrazione e sono strumenti attraverso i quali vengono realizzati gli obiettivi di interesse pubblico. Comprendere la natura, le caratteristiche e le tipologie degli atti amministrativi è essenziale per analizzare il funzionamento della pubblica amministrazione e garantire la legittimità e l'efficacia delle sue azioni. Gli atti amministrativi sono soggetti a un rigoroso regime giuridico che ne disciplina la formazione, la validità e l'esecuzione, con l'obiettivo di assicurare il rispetto dei principi di legalità, imparzialità, trasparenza e buon andamento.

## 1. Definizione e Tipologie di Atti Amministrativi

### 1.1. Definizione di Atto Amministrativo

L'atto amministrativo è un provvedimento emanato da un'autorità amministrativa nell'esercizio delle sue funzioni pubbliche. Esso esprime la volontà dell'amministrazione e ha effetti giuridici nei confronti dei destinatari, sia in senso favorevole che sfavorevole. Gli atti amministrativi possono assumere diverse forme e contenuti, ma devono sempre rispettare i requisiti previsti dalla legge.

### 1.2. Tipologie di Atti Amministrativi

Gli atti amministrativi si possono classificare in varie tipologie, a seconda di diversi criteri:

• **Atti Discrezionali e Vincolati**: Gli atti discrezionali sono caratterizzati da un margine di valutazione e scelta da parte dell'amministrazione, mentre gli atti vincolati devono essere adottati in presenza di determinate condizioni di fatto e di diritto, senza possibilità di discrezionalità.

• **Atti Interni e Esterni**: Gli atti interni sono diretti a regolamentare l'organizzazione e il funzionamento dell'amministrazione stessa, mentre gli atti esterni producono effetti giuridici nei confronti di soggetti esterni all'amministrazione.
• **Atti Unilaterali e Contratti**: Gli atti unilaterali sono adottati autonomamente dall'amministrazione, mentre i contratti richiedono il consenso di due o più parti e regolano rapporti giuridici reciproci.
• **Atti a Efficacia Immediata e Differita**: Gli atti a efficacia immediata producono effetti giuridici non appena adottati, mentre quelli a efficacia differita producono effetti solo al verificarsi di determinate condizioni o eventi futuri.

## 2. Elementi Essenziali dell'Atto Amministrativo

### 2.1. Elementi Soggettivi

Gli elementi soggettivi riguardano i soggetti coinvolti nella formazione dell'atto amministrativo. Essi includono:

• **L'Organo Emanante**: L'autorità amministrativa competente a emanare l'atto, che deve agire entro i limiti delle proprie attribuzioni.
• **Il Destinatario**: Il soggetto al quale l'atto è indirizzato e che è destinatario degli effetti giuridici dell'atto stesso.

### 2.2. Elementi Oggettivi

Gli elementi oggettivi riguardano il contenuto e la forma dell'atto amministrativo. Essi includono:

• **Il Contenuto**: La sostanza dell'atto, che deve essere chiara, precisa e conforme alle norme di legge.
• **La Forma**: La modalità di manifestazione dell'atto, che può essere scritta o orale, ma deve rispettare le forme previste dalla legge per garantire la trasparenza e la certezza del diritto.

### 2.3. Motivazione e Pubblicità

La motivazione e la pubblicità sono elementi essenziali per la legittimità dell'atto amministrativo:

• **Motivazione**: L'atto deve essere motivato, cioè deve indicare le ragioni di fatto e di diritto che hanno determinato la decisione amministrativa, per garantire la trasparenza e permettere il controllo della legittimità.
• **Pubblicità**: L'atto deve essere reso pubblico nei modi previsti dalla legge, per informare i destinatari e consentire l'esercizio del diritto di difesa.

## 3. Procedimento di Formazione degli Atti Amministrativi

### 3.1. Fasi del Procedimento

Il procedimento amministrativo si articola in diverse fasi, che garantiscono la correttezza e la trasparenza dell'azione amministrativa:

• **Iniziativa**: La fase in cui viene avviato il procedimento, su iniziativa dell'amministrazione o su istanza di un soggetto interessato.
• **Istruttoria**: La fase di raccolta e valutazione delle informazioni necessarie per la decisione amministrativa.
• **Decisione**: La fase in cui viene adottata la decisione finale, che si concretizza nell'emanazione dell'atto amministrativo.
• **Notificazione**: La fase in cui l'atto viene comunicato ai destinatari e reso pubblico.

## 3.2. Partecipazione dei Destinatari

La partecipazione dei destinatari è un principio fondamentale del procedimento amministrativo. Essa si realizza attraverso:

• **Diritto di Accesso**: Il diritto dei destinatari di accedere agli atti e ai documenti amministrativi rilevanti per il procedimento.
• **Diritto di Partecipazione**: Il diritto dei destinatari di presentare osservazioni, memorie e documenti utili per la decisione amministrativa.

## 4. Invalidità e Annullabilità degli Atti Amministrativi

### 4.1. Nullità

Un atto amministrativo è nullo quando è affetto da vizi gravi che ne compromettono radicalmente la validità. La nullità può essere dichiarata d'ufficio o su istanza di parte e comporta l'inefficacia dell'atto fin dalla sua origine. Esempi di cause di nullità includono:

• **Incompetenza Assoluta**: L'atto è emanato da un organo che non ha alcuna competenza in materia.
• **Mancanza di Motivazione**: L'atto non è motivato, violando un requisito essenziale di legittimità.

### 4.2. Annullabilità

Un atto amministrativo è annullabile quando è affetto da vizi meno gravi, che ne compromettono la legittimità ma non ne determinano l'inefficacia ab origine. L'annullabilità può essere richiesta entro termini specifici e comporta l'eliminazione dell'atto con effetto retroattivo. Esempi di cause di annullabilità includono:

• **Violazione di Norme Procedurali**: L'atto è adottato senza rispettare le procedure previste dalla legge.
• **Eccesso di Potere**: L'atto è affetto da vizi di merito, come la manifesta irragionevolezza o la disparità di trattamento.

# 5.1. CLASSIFICAZIONE DEGLI ATTI AMMINISTRATIVI

La classificazione degli atti amministrativi è un aspetto fondamentale del diritto amministrativo, poiché permette di comprendere le diverse tipologie di atti adottati dalla pubblica amministrazione e di analizzarne le caratteristiche e gli effetti giuridici. Gli atti amministrativi sono strumenti attraverso i quali l'amministrazione realizza i propri obiettivi e esercita le sue funzioni. Classificare questi atti consente di delineare un quadro chiaro e sistematico delle modalità operative dell'amministrazione, facilitando l'interpretazione delle norme e l'applicazione pratica del diritto amministrativo.

### 1. Atti Discrezionali e Vincolati

### 1.1. Atti Discrezionali

Gli atti discrezionali sono quelli in cui l'amministrazione ha un margine di scelta nell'adozione della decisione, basandosi su valutazioni di opportunità e convenienza. La discrezionalità consente all'amministrazione di adattare l'azione amministrativa alle specifiche esigenze del caso concreto, rispettando comunque i limiti posti dalla legge e dai principi generali dell'ordinamento. Esempi di atti discrezionali includono:

- **Autorizzazioni**: Concessione di permessi per attività soggette a regolamentazione.
- **Concessioni**: Attribuzione di diritti speciali o esclusivi su beni pubblici.

### 1.2. Atti Vincolati

Gli atti vincolati sono quelli in cui l'amministrazione non ha margine di scelta e deve adottare la decisione prevista dalla legge in presenza di determinate condizioni di fatto e di diritto. In questi casi, l'attività amministrativa è strettamente regolata e non lascia spazio a valutazioni discrezionali. Esempi di atti vincolati includono:

• **Certificati**: Rilascio di attestazioni relative a stati, qualità personali o fatti.
• **Atti di Accertamento**: Determinazione della sussistenza di condizioni previste dalla legge.

## 2. Atti Interni e Esterni

### 2.1. Atti Interni

Gli atti interni sono quelli adottati per regolamentare l'organizzazione e il funzionamento dell'amministrazione stessa. Questi atti non producono effetti giuridici diretti nei confronti dei cittadini, ma incidono sull'assetto interno degli uffici e dei dipendenti pubblici. Esempi di atti interni includono:

• **Circolari**: Direttive emanate per uniformare l'azione amministrativa.
• **Ordini di Servizio**: Disposizioni rivolte ai dipendenti pubblici per l'esecuzione di specifici compiti.

### 2.2. Atti Esterni

Gli atti esterni sono quelli che producono effetti giuridici diretti nei confronti dei cittadini o di altri soggetti esterni all'amministrazione. Questi atti incidono su diritti, obblighi e situazioni giuridiche soggettive, determinando conseguenze rilevanti per i destinatari. Esempi di atti esterni includono:

• **Ordinanze**: Provvedimenti che impongono obblighi o divieti ai destinatari.
• **Decreti**: Atti adottati per l'attuazione di disposizioni legislative.

## 3. Atti Unilaterali e Contratti

### 3.1. Atti Unilaterali

Gli atti unilaterali sono quelli adottati autonomamente dall'amministrazione, senza la necessità di un accordo con altri soggetti. Questi atti esprimono la volontà unilaterale dell'amministrazione e producono effetti giuridici in virtù del solo fatto della loro adozione. Esempi di atti unilaterali includono:

• **Provvedimenti Amministrativi**: Atti che dispongono in maniera autoritativa su situazioni giuridiche soggettive.
• **Atti di Autorizzazione**: Permessi concessi per l'esercizio di attività regolamentate.

### 3.2. Contratti

I contratti sono accordi tra l'amministrazione e altri soggetti, pubblici o privati, volti a regolare rapporti giuridici reciproci. A differenza degli atti unilaterali, i contratti richiedono il consenso delle parti e producono effetti giuridici sulla base dell'accordo raggiunto. Esempi di contratti includono:

- **Contratti di Appalto**: Accordi per l'esecuzione di lavori, forniture o servizi.
- **Concessioni di Servizi**: Contratti che affidano la gestione di servizi pubblici a soggetti privati.

### 4. Atti a Efficacia Immediata e Differita

### 4.1. Atti a Efficacia Immediata

Gli atti a efficacia immediata producono effetti giuridici non appena vengono adottati. Questi atti sono immediatamente esecutivi e non necessitano di ulteriori condizioni o eventi per produrre i loro effetti. Esempi di atti a efficacia immediata includono:

- **Ordinanze di Sicurezza**: Provvedimenti adottati per ragioni di ordine pubblico e sicurezza.
- **Provvedimenti Sanzionatori**: Atti che impongono sanzioni amministrative ai destinatari.

### 4.2. Atti a Efficacia Differita

Gli atti a efficacia differita producono effetti giuridici solo al verificarsi di determinate condizioni o eventi futuri. Questi atti possono essere condizionati o subordinati a eventi successivi alla loro adozione. Esempi di atti a efficacia differita includono:

- **Permessi di Costruire**: Autorizzazioni che producono effetti solo dopo l'adempimento di specifiche condizioni.
- **Atti Condizionati**: Provvedimenti la cui efficacia è subordinata al verificarsi di condizioni future.

### Esempi Pratici

1. **Rilascio di una Licenza Commerciale**: Un comune rilascia una licenza commerciale per l'apertura di un'attività di vendita al dettaglio. La licenza, un atto vincolato, viene concessa previa verifica della conformità del richiedente ai requisiti di legge.
2. **Appalto per la Costruzione di un Edificio Pubblico**: Un ente pubblico stipula un contratto di appalto con una ditta edile per la costruzione di un nuovo edificio scolastico. Il contratto regola i termini e le condizioni della prestazione, richiedendo il consenso delle parti coinvolte.
3. **Ordinanza di Chiusura di un Locale Notturno**: Un sindaco emette un'ordinanza di chiusura temporanea di un locale notturno per motivi di sicurezza pubblica, un atto unilaterale e a efficacia immediata.

# 5.1.1. ATTI DISCREZIONALI E VINCOLATI

L'attività della pubblica amministrazione si esplica attraverso l'adozione di atti amministrativi, che possono essere distinti in discrezionali e vincolati. Questa distinzione è fondamentale per comprendere il grado di autonomia e margine di valutazione che l'amministrazione ha nel perseguire l'interesse pubblico. Gli atti discrezionali permettono un certo grado di flessibilità decisionale, consentendo all'amministrazione di scegliere la soluzione più idonea tra diverse alternative. Gli atti vincolati, al contrario, richiedono l'adozione di una decisione specifica in presenza di determinate condizioni di fatto e di diritto, senza lasciare spazio alla valutazione soggettiva dell'organo amministrativo. Analizzare queste due tipologie di atti è essenziale per comprendere come l'amministrazione bilanci l'esigenza di flessibilità con quella di certezza e legalità nell'esercizio delle sue funzioni.

## 1. Definizione e Caratteristiche degli Atti Discrezionali

### 1.1. Definizione di Atti Discrezionali

Gli atti discrezionali sono provvedimenti adottati dalla pubblica amministrazione che comportano una valutazione soggettiva da parte dell'organo competente. La discrezionalità si manifesta nella scelta tra diverse opzioni possibili, tutte legittime, che l'amministrazione può adottare in base alle circostanze specifiche del caso e all'obiettivo di interesse pubblico da perseguire. La discrezionalità si esercita nel rispetto dei principi generali dell'ordinamento giuridico, quali la legalità, l'imparzialità, la trasparenza e il buon andamento dell'azione amministrativa.

### 1.2. Caratteristiche degli Atti Discrezionali

Le principali caratteristiche degli atti discrezionali includono:

• **Valutazione Soggettiva**: L'amministrazione valuta le circostanze e le opportunità specifiche del caso, scegliendo tra diverse alternative legittime.
• **Finalità di Interesse Pubblico**: Le decisioni sono orientate al perseguimento dell'interesse pubblico, tenendo conto dei vari interessi in gioco.
• **Ragionevolezza e Proporzionalità**: Le scelte devono essere ragionevoli e proporzionate rispetto agli obiettivi da raggiungere.
• **Motivazione**: L'atto deve essere adeguatamente motivato, indicando le ragioni che hanno portato alla scelta adottata.

### 1.3. Esempi di Atti Discrezionali

Esempi di atti discrezionali includono:

• **Autorizzazioni e Concessioni**: Permessi per lo svolgimento di attività particolari, come le autorizzazioni ambientali o le concessioni edilizie.
• **Provvedimenti di Pianificazione**: Scelte relative alla pianificazione urbanistica e territoriale.
• **Misure di Polizia Amministrativa**: Provvedimenti adottati per garantire la sicurezza pubblica e l'ordine pubblico, come le ordinanze sindacali.

## 2. Definizione e Caratteristiche degli Atti Vincolati

### 2.1. Definizione di Atti Vincolati

Gli atti vincolati sono provvedimenti adottati dalla pubblica amministrazione che non lasciano margini di discrezionalità all'organo competente. In presenza di determinate condizioni di fatto e di diritto, l'amministrazione è obbligata a emanare l'atto previsto dalla legge. In questi casi, l'attività amministrativa è strettamente regolata e non lascia spazio a valutazioni soggettive.

### 2.2. Caratteristiche degli Atti Vincolati

Le principali caratteristiche degli atti vincolati includono:

• **Assenza di Discrezionalità**: L'amministrazione non ha margini di scelta e deve adottare l'atto previsto dalla normativa.
• **Condizioni Predeterminate**: L'adozione dell'atto è subordinata alla verifica di condizioni specifiche previste dalla legge.
• **Automatismo Decisionale**: L'atto è emanato automaticamente una volta accertata la sussistenza delle condizioni richieste.
• **Garanzia di Legalità e Certezza**: Gli atti vincolati assicurano il rispetto rigoroso delle norme e la certezza dei rapporti giuridici.

### 2.3. Esempi di Atti Vincolati

Esempi di atti vincolati includono:

• **Certificati**: Atti che attestano l'esistenza di una determinata situazione giuridica, come i certificati di residenza o di stato civile.

• **Atti di Accertamento**: Provvedimenti che verificano la sussistenza di determinate condizioni, come l'accertamento fiscale.
• **Autorizzazioni Vincolate**: Permessi che devono essere rilasciati in presenza dei requisiti previsti dalla legge, come le autorizzazioni sanitarie per l'esercizio di attività regolamentate.

### 3. Controllo degli Atti Discrezionali e Vincolati

### 3.1. Controllo degli Atti Discrezionali

Il controllo sugli atti discrezionali si concentra sulla legittimità e sulla ragionevolezza delle scelte effettuate dall'amministrazione. I principali strumenti di controllo includono:

• **Controllo Giurisdizionale**: Il giudice amministrativo verifica la legittimità dell'atto, valutando il rispetto dei principi di legalità, imparzialità e buon andamento.
• **Controllo Interno**: Organi di controllo interno, come il segretario generale e i dirigenti, verificano la conformità degli atti alle direttive e agli obiettivi amministrativi.
• **Controllo Politico**: Il controllo politico è esercitato dagli organi elettivi, come il consiglio comunale, che valutano l'operato dell'amministrazione.

### 3.2. Controllo degli Atti Vincolati

Il controllo sugli atti vincolati è prevalentemente formale e si concentra sulla verifica del rispetto delle condizioni di fatto e di diritto previste dalla legge. I principali strumenti di controllo includono:

• **Controllo di Legittimità**: Il giudice amministrativo verifica la conformità dell'atto alle norme di legge.
• **Controllo Interno**: Organi di controllo interno verificano la corretta applicazione delle procedure previste dalla normativa.
• **Controllo Gerarchico**: Superiori gerarchici verificano la correttezza dell'operato dei subordinati, assicurando il rispetto delle disposizioni normative.

### Esempi Pratici

1. **Autorizzazione per un Evento Pubblico**: Un comune rilascia un'autorizzazione per lo svolgimento di un evento pubblico, valutando discrezionalmente le condizioni di sicurezza, l'impatto sulla viabilità e l'adeguatezza delle misure proposte dagli organizzatori.
2. **Certificato di Residenza**: Un cittadino richiede il rilascio di un certificato di residenza. L'ufficio anagrafe, verificata la presenza dei requisiti richiesti dalla legge, emette l'atto vincolato senza possibilità di valutazione discrezionale.
3. **Pianificazione Urbanistica**: Un comune adotta un nuovo piano regolatore generale, esercitando la propria discrezionalità nella scelta delle destinazioni d'uso del territorio, tenendo conto delle esigenze di sviluppo sostenibile e di tutela ambientale.

# 5.1.2. ATTI UNILATERALI E CONTRATTI

L'attività della pubblica amministrazione si concretizza attraverso l'adozione di diversi strumenti giuridici, tra cui gli atti unilaterali e i contratti. Questi due tipi di atti rappresentano modalità differenti mediante le quali l'amministrazione realizza i propri fini istituzionali. Gli atti unilaterali sono espressione della volontà univoca della pubblica amministrazione e producono effetti giuridici senza necessità di consenso da parte di altri soggetti. I contratti, invece, implicano un accordo tra l'amministrazione e altri soggetti, pubblici o privati, e regolano rapporti giuridici reciproci. Analizzare la natura, le caratteristiche e le modalità di adozione di questi strumenti è essenziale per comprendere come la pubblica amministrazione interagisce con i cittadini e le altre entità, perseguendo l'interesse pubblico nel rispetto dei principi di legalità, trasparenza e buon andamento.

## 1. Definizione e Caratteristiche degli Atti Unilaterali

### 1.1. Definizione di Atti Unilaterali

Gli atti unilaterali sono provvedimenti adottati autonomamente dalla pubblica amministrazione, esprimendo una volontà unica che produce effetti giuridici nei confronti dei destinatari. Questi atti non richiedono il consenso di altri soggetti per la loro efficacia, ma devono rispettare i requisiti di legittimità previsti dalla legge. Gli atti unilaterali sono strumenti essenziali per l'esercizio del potere amministrativo, consentendo all'amministrazione di disciplinare situazioni giuridiche in modo autoritativo.

### 1.2. Caratteristiche degli Atti Unilaterali

Le principali caratteristiche degli atti unilaterali includono:

• **Autonomia Decisionale**: La volontà dell'amministrazione è l'unica determinante per l'adozione dell'atto.
• **Efficacia Diretta**: Gli atti unilaterali producono effetti giuridici immediati nei confronti dei destinatari senza necessità di consenso.
• **Obbligatorietà**: I destinatari sono tenuti a conformarsi alle disposizioni contenute nell'atto.
• **Motivazione**: Gli atti devono essere adeguatamente motivati, indicando le ragioni di fatto e di diritto che giustificano la decisione.

### 1.3. Tipologie di Atti Unilaterali

Esempi di atti unilaterali includono:

• **Ordinanze**: Provvedimenti adottati per ragioni di ordine pubblico, sicurezza e salute pubblica.
• **Decreti**: Atti amministrativi con valore normativo o provvedimentale, come i decreti di nomina.
• **Autorizzazioni**: Permessi concessi per l'esercizio di attività regolamentate.

## 2. Definizione e Caratteristiche dei Contratti

### 2.1. Definizione di Contratti

I contratti sono accordi giuridici tra due o più soggetti, tra cui la pubblica amministrazione, volti a regolare rapporti giuridici reciproci. A differenza degli atti unilaterali, i contratti richiedono il consenso delle parti coinvolte e sono utilizzati per disciplinare una vasta gamma di rapporti giuridici, inclusi quelli economici e patrimoniali. I contratti pubblici sono strumenti fondamentali per la realizzazione di opere e servizi di interesse pubblico.

### 2.2. Caratteristiche dei Contratti

Le principali caratteristiche dei contratti includono:

• **Accordo delle Parti**: I contratti si basano sul consenso reciproco delle parti coinvolte.
• **Bilateralità o Multilateralità**: I contratti possono coinvolgere due o più soggetti, pubblici o privati.
• **Obbligazioni Reciproche**: Le parti assumono obblighi giuridici reciproci che devono essere rispettati.
• **Efficacia Vincolante**: I contratti producono effetti giuridici vincolanti per le parti, conformemente ai termini e alle condizioni stabilite.

### 2.3. Tipologie di Contratti

Esempi di contratti includono:

• **Contratti di Appalto**: Accordi per l'esecuzione di lavori, forniture o servizi.

• **Contratti di Concessione**: Accordi che affidano la gestione di servizi pubblici a soggetti privati.
• **Convenzioni**: Accordi tra enti pubblici o tra enti pubblici e privati per la realizzazione di progetti di interesse comune.

## 3. Procedimento di Formazione degli Atti Unilaterali e dei Contratti

### 3.1. Formazione degli Atti Unilaterali

Il procedimento di formazione degli atti unilaterali segue una serie di fasi che garantiscono la legittimità e la trasparenza dell'azione amministrativa:

• **Iniziativa**: L'atto può essere adottato su iniziativa dell'amministrazione o su richiesta di un soggetto interessato.
• **Istruttoria**: Raccolta e valutazione delle informazioni necessarie per la decisione.
• **Adozione**: L'organo competente adotta l'atto, che deve essere motivato e conforme alle norme di legge.
• **Notificazione**: L'atto è comunicato ai destinatari e pubblicato secondo le modalità previste dalla legge.

### 3.2. Formazione dei Contratti

La formazione dei contratti segue procedure specifiche che garantiscono la trasparenza, la concorrenza e la parità di trattamento:

• **Preparazione**: Redazione dei documenti contrattuali e definizione delle condizioni.
• **Gara Pubblica**: Procedura competitiva per selezionare il contraente, basata su criteri di trasparenza e imparzialità.
• **Aggiudicazione**: Scelta del contraente e stipula del contratto, con l'accettazione delle offerte e la formalizzazione dell'accordo.
• **Esecuzione**: Realizzazione delle prestazioni previste dal contratto, con monitoraggio e controllo dell'amministrazione.

### Esempi Pratici

**1. Ordinanza Sindacale di Chiusura di un Esercizio Pubblico**: Un sindaco emette un'ordinanza di chiusura temporanea di un locale notturno per motivi di ordine pubblico e sicurezza. L'ordinanza, atto unilaterale, è immediatamente vincolante per il proprietario del locale.
**2. Contratto di Appalto per la Costruzione di una Scuola**: Un comune stipula un contratto di appalto con una ditta di costruzioni per la realizzazione di una nuova scuola. Il contratto prevede obblighi reciproci e stabilisce termini e condizioni per l'esecuzione dei lavori.
**3. Autorizzazione per l'Installazione di un Impianto Pubblicitario**: Un ente locale rilascia un'autorizzazione per l'installazione di un impianto pubblicitario su suolo pubblico. L'autorizzazione, atto unilaterale, è concessa previa verifica della conformità alle normative urbanistiche.

# 5.2. ELEMENTI ESSENZIALI DELL'ATTO AMMINISTRATIVO

Gli atti amministrativi rappresentano le principali modalità attraverso le quali la pubblica amministrazione esercita le sue funzioni e persegue l'interesse pubblico. Per garantire la legittimità, l'efficacia e la trasparenza degli atti amministrativi, è fondamentale che essi rispettino determinati requisiti essenziali. La corretta comprensione degli elementi essenziali di un atto amministrativo è cruciale per evitare vizi di legittimità che potrebbero compromettere l'efficacia degli atti stessi e, di conseguenza, l'azione amministrativa. Questo capitolo esplora in dettaglio gli elementi essenziali dell'atto amministrativo, fornendo una panoramica chiara e completa delle sue componenti principali.

### 1. Definizione dell'Atto Amministrativo

Un atto amministrativo è una manifestazione unilaterale di volontà, proveniente da un'autorità amministrativa competente, diretta a produrre effetti giuridici nei confronti dei destinatari. Tali effetti possono consistere nella creazione, modifica o estinzione di situazioni giuridiche soggettive. Gli atti amministrativi devono essere adottati nel rispetto delle norme giuridiche e dei principi generali dell'ordinamento.

### 2. Gli Elementi Essenziali dell'Atto Amministrativo

### 2.1. Soggetto Competente

Il soggetto competente è l'organo o l'autorità amministrativa dotata del potere di adottare l'atto. La competenza può essere definita in base a criteri territoriali, materiali e funzionali. La mancanza di competenza comporta l'illegittimità dell'atto.

### 2.2. Volontà dell'Organo

L'atto amministrativo deve esprimere la volontà dell'organo competente, formulata in modo libero e consapevole. La volontà dell'organo deve essere immune da vizi del consenso quali l'errore, la violenza o il dolo.

## 2.3. Oggetto

L'oggetto dell'atto amministrativo deve essere possibile, lecito, determinato o determinabile. Esso rappresenta il contenuto concreto della decisione amministrativa, indicando ciò che l'atto dispone, ordina o autorizza.

## 2.4. Forma

La forma dell'atto amministrativo può essere scritta, orale o telematica, a seconda delle previsioni normative specifiche. Tuttavia, la forma scritta è generalmente preferita per garantire trasparenza e tracciabilità. La legge può prescrivere forme particolari per determinati atti, la cui inosservanza comporta l'illegittimità dell'atto.

## 2.5. Motivazione

La motivazione è l'elemento che esplicita le ragioni di fatto e di diritto che hanno indotto l'amministrazione a adottare l'atto. Essa è essenziale per garantire la trasparenza dell'azione amministrativa e per permettere il controllo sulla legittimità dell'atto. La mancanza o l'inadeguatezza della motivazione comporta l'annullabilità dell'atto.

## 2.6. Finalità

L'atto amministrativo deve essere diretto al perseguimento dell'interesse pubblico, che costituisce la finalità propria dell'azione amministrativa. Qualsiasi deviazione da tale finalità, nota come sviamento di potere, rende l'atto illegittimo.

## 3. Validità e Efficacia degli Atti Amministrativi

### 3.1. Condizioni di Validità

Per essere valido, un atto amministrativo deve rispettare tutti gli elementi essenziali sopra indicati. La violazione di uno di questi elementi può comportare la nullità o l'annullabilità dell'atto. La validità si riferisce all'integrità giuridica dell'atto al momento della sua emanazione.

### 3.2. Efficacia

L'efficacia di un atto amministrativo indica la sua capacità di produrre effetti giuridici. Un atto può essere valido ma non efficace fino a quando non si verificano determinate condizioni o fino a quando non viene comunicato ai destinatari. L'efficacia può essere immediata o differita.

### 3.3. Pubblicazione e Notificazione

La pubblicazione e la notificazione sono modalità attraverso le quali l'atto viene portato a conoscenza dei destinatari. La pubblicazione è richiesta per gli atti normativi o di carattere generale, mentre la notificazione è necessaria per gli atti individuali e concreti. Entrambi i processi sono essenziali per garantire la trasparenza e la certezza del diritto.

## Esempi Pratici

**1. Autorizzazione alla Costruzione**: Un cittadino richiede un'autorizzazione per la costruzione di un edificio. L'atto amministrativo di concessione deve essere adottato dall'organo competente (ad esempio, l'ufficio tecnico del comune), deve avere un oggetto lecito e determinato (l'autorizzazione alla costruzione), deve essere motivato (ad esempio, conformità al piano regolatore) e deve rispettare la forma scritta.

**2. Ordinanza di Sicurezza**: In caso di emergenza, un sindaco emette un'ordinanza di evacuazione di una zona a rischio. L'ordinanza, atto amministrativo unilaterale, deve indicare chiaramente l'oggetto (l'evacuazione), essere adottata dal soggetto competente (il sindaco), essere motivata (rischio per la pubblica incolumità) e pubblicata per essere efficace.

**3. Revoca di una Licenza Commerciale**: Un comune decide di revocare una licenza commerciale per violazione delle condizioni previste. L'atto di revoca deve essere adottato dall'organo competente, deve avere un oggetto determinato (revoca della licenza), deve essere motivato (violazione delle condizioni), e notificato al destinatario per produrre effetti giuridici.

# 5.3. PROCEDIMENTO AMMINISTRATIVO

Il procedimento amministrativo rappresenta l'insieme delle attività e delle operazioni che la pubblica amministrazione compie per giungere all'adozione di un atto amministrativo. Esso costituisce uno strumento essenziale per garantire la legittimità, la trasparenza e l'efficienza dell'azione amministrativa, assicurando il rispetto dei diritti dei cittadini e degli interessi pubblici. Analizzare in dettaglio le diverse fasi del procedimento amministrativo permette di comprendere come l'amministrazione organizzi e svolga la propria attività decisionale, nel rispetto delle norme e dei principi generali del diritto amministrativo.

### 1. Definizione e Funzione del Procedimento Amministrativo

### 1.1. Definizione

Il procedimento amministrativo può essere definito come l'insieme coordinato di atti e operazioni compiuti dall'amministrazione pubblica, finalizzati all'emanazione di un provvedimento amministrativo. Esso è regolato da norme che stabiliscono modalità e tempi per lo svolgimento delle attività procedimentali, al fine di assicurare l'efficacia, l'imparzialità e la trasparenza dell'azione amministrativa.

### 1.2. Funzione

Il procedimento amministrativo svolge una funzione fondamentale nella gestione della cosa pubblica, in quanto consente di:

• **Organizzare l'azione amministrativa**: Strutturando le diverse fasi del processo decisionale.
• **Garantire la partecipazione**: Permettendo ai cittadini di essere coinvolti nel processo decisionale attraverso istituti quali l'accesso agli atti e la presentazione di osservazioni e memorie.

• **Assicurare la trasparenza e la legalità**: Rendendo visibile e controllabile l'attività amministrativa.
• **Prevenire abusi e arbitrii**: Vincolando l'attività dell'amministrazione a norme e principi giuridici.

## 2. Le Fasi del Procedimento Amministrativo

Il procedimento amministrativo si articola in diverse fasi, ciascuna delle quali ha una funzione specifica nel processo decisionale.

### 2.1. Iniziativa

La fase dell'iniziativa rappresenta il momento in cui il procedimento amministrativo viene avviato. Essa può essere promossa:

• **D'ufficio**: Quando è la stessa amministrazione a rilevare la necessità di avviare il procedimento.
• **Su istanza di parte**: Quando il procedimento viene avviato su richiesta di un cittadino o di un altro soggetto interessato.

### 2.2. Istruttoria

La fase istruttoria è volta alla raccolta e alla valutazione degli elementi necessari per la decisione amministrativa. Essa comprende:

• **Acquisizione di documenti e informazioni**: Raccolta dei dati pertinenti al caso.
• **Indagini e verifiche**: Svolgimento di accertamenti tecnici, ispezioni e sopralluoghi.
• **Partecipazione degli interessati**: I soggetti interessati possono presentare memorie e osservazioni, esercitando il diritto di partecipazione.

### 2.3. Decisione

La fase decisionale è quella in cui l'amministrazione adotta il provvedimento finale. Questa fase comprende:

• **Valutazione delle risultanze istruttorie**: Analisi delle informazioni raccolte durante la fase istruttoria.
• **Adozione del provvedimento**: Emanazione dell'atto amministrativo che dispone in modo definitivo sul caso.

### 2.4. Comunicazione e Notificazione

Dopo l'adozione, il provvedimento deve essere comunicato ai destinatari interessati per produrre effetti giuridici. Questa fase comprende:

• **Comunicazione dell'atto**: Invio del provvedimento agli interessati.
• **Pubblicazione**: Nei casi previsti dalla legge, il provvedimento deve essere pubblicato per garantirne la conoscibilità generale.

- **Notificazione**: In alcuni casi specifici, l'atto deve essere notificato secondo le modalità previste dalla legge.

### 3. Principi del Procedimento Amministrativo

Il procedimento amministrativo è guidato da una serie di principi generali che ne orientano lo svolgimento e ne garantiscono la correttezza e la legittimità.

### 3.1. Principio di Legalità

L'azione amministrativa deve essere conforme alle norme giuridiche vigenti, che disciplinano le competenze degli organi, le modalità procedurali e i contenuti dei provvedimenti.

### 3.2. Principio di Imparzialità

L'amministrazione deve agire in modo imparziale, senza favoritismi o discriminazioni, assicurando parità di trattamento a tutti i soggetti interessati.

### 3.3. Principio di Trasparenza

Il procedimento deve essere trasparente, consentendo ai cittadini di conoscere e comprendere le modalità e le motivazioni delle decisioni amministrative.

### 3.4. Principio di Partecipazione

I soggetti interessati devono avere la possibilità di partecipare attivamente al procedimento, presentando osservazioni, memorie e documenti utili per la decisione.

### 3.5. Principio di Ragionevolezza e Proporzionalità

Le decisioni amministrative devono essere ragionevoli e proporzionate rispetto agli obiettivi da raggiungere e ai mezzi impiegati.

### Esempi Pratici

**1. Richiesta di Permesso di Costruire**: Un cittadino presenta una richiesta di permesso di costruire al comune. Il procedimento viene avviato su istanza di parte e prevede una fase istruttoria in cui vengono acquisiti i documenti progettuali, effettuate verifiche urbanistiche e ascoltate eventuali osservazioni dei vicini. Al termine dell'istruttoria, l'ufficio tecnico adotta la decisione, che viene comunicata al richiedente e pubblicata all'albo pretorio.

**2. Procedimento Sanzionatorio**: Un ente locale avvia un procedimento sanzionatorio d'ufficio per violazione delle norme ambientali. Durante la fase istruttoria, vengono raccolte prove e documenti, e il soggetto interessato è invitato a presentare memorie difensive. La decisione finale, che può consistere in una sanzione pecuniaria, è comunicata al destinatario e notificata formalmente.

**3. Concessione di Contributi Pubblici**: Un'amministrazione regionale avvia un procedimento per la concessione di contributi pubblici alle imprese. Le imprese interessate presentano le domande, che vengono esaminate in fase istruttoria attraverso la verifica della documentazione e l'eventuale richiesta di integrazioni. La decisione di assegnazione dei contributi viene poi comunicata ai beneficiari e pubblicata sul sito istituzionale.

# 5.3.1. FASI DEL PROCEDIMENTO

Il procedimento amministrativo è il percorso giuridico attraverso cui la pubblica amministrazione perviene all'adozione di un atto amministrativo. Tale procedimento è strutturato in diverse fasi che garantiscono trasparenza, partecipazione e legalità, elementi fondamentali per il corretto esercizio del potere amministrativo e per la tutela dei diritti dei cittadini. La comprensione delle fasi del procedimento amministrativo è essenziale per chiunque operi nell'ambito del diritto amministrativo, poiché permette di delineare il processo decisionale dell'amministrazione e di garantire il rispetto delle norme giuridiche e dei principi fondamentali del nostro ordinamento.

## 1. Iniziativa

### 1.1. Definizione

La fase dell'iniziativa rappresenta il momento in cui il procedimento amministrativo prende avvio. Questa fase può essere attivata sia dall'amministrazione stessa sia su richiesta di un soggetto interessato.

### 1.2. Iniziativa d'Ufficio

L'iniziativa d'ufficio si verifica quando è la stessa amministrazione a rilevare la necessità di avviare un procedimento. Questo avviene, ad esempio, in caso di emergenze, controlli di routine o interventi pianificati.

### 1.3. Iniziativa su Istanza di Parte

L'iniziativa su istanza di parte si verifica quando il procedimento è avviato su richiesta di un cittadino o di un altro soggetto interessato. In questo caso, l'istanza deve essere presentata secondo le modalità previste dalla legge e corredata della documentazione necessaria.

## 2. Istruttoria

### 2.1. Raccolta delle Informazioni

La fase istruttoria è fondamentale per la raccolta e la valutazione degli elementi necessari alla decisione finale. Durante questa fase, l'amministrazione acquisisce documenti, effettua indagini e raccoglie dati pertinenti al caso.

### 2.2. Accertamenti Tecnici

Gli accertamenti tecnici comprendono ispezioni, sopralluoghi, perizie e altre verifiche che permettono di acquisire informazioni dettagliate e precise sulla situazione di fatto.

### 2.3. Partecipazione degli Interessati

Durante la fase istruttoria, i soggetti interessati hanno il diritto di partecipare, presentando memorie, documenti e osservazioni. Questo diritto di partecipazione è fondamentale per garantire la trasparenza e l'imparzialità del procedimento.

## 3. Decisione

### 3.1. Valutazione delle Risultanze Istruttorie

Nella fase decisionale, l'amministrazione valuta tutte le informazioni raccolte durante l'istruttoria. Questa valutazione deve essere compiuta in modo accurato e imparziale, tenendo conto di tutti gli elementi rilevanti.

### 3.2. Adozione del Provvedimento

L'adozione del provvedimento è l'atto conclusivo della fase decisionale. Il provvedimento deve essere motivato, indicando chiaramente le ragioni di fatto e di diritto che hanno portato alla decisione.

## 4. Comunicazione e Notificazione

### 4.1. Comunicazione del Provvedimento

Dopo l'adozione, il provvedimento deve essere comunicato ai destinatari. La comunicazione può avvenire tramite diverse modalità, tra cui l'invio postale, la consegna a mano o la pubblicazione su un sito web istituzionale.

### 4.2. Notificazione

La notificazione è una forma specifica di comunicazione prevista per alcuni tipi

di atti amministrativi. Essa assicura che il destinatario sia formalmente a conoscenza dell'atto e dei suoi contenuti.

### 4.3. Pubblicazione

In alcuni casi, la legge prevede che il provvedimento sia pubblicato per garantirne la massima trasparenza e conoscibilità. La pubblicazione può avvenire su albi
pretorii, bollettini ufficiali o siti web istituzionali.

## 5. Esecuzione

### 5.1. Efficacia dell'Atto

L'atto amministrativo produce effetti giuridici a partire dal momento in cui
diventa efficace. L'efficacia può essere immediata o differita in base a quanto stabilito dalla legge o dal provvedimento stesso.

### 5.2. Attuazione

La fase di attuazione riguarda la concreta esecuzione delle disposizioni contenute nell'atto amministrativo. Questa fase può richiedere ulteriori atti esecutivi o
operativi da parte dell'amministrazione.

### Esempi Pratici

**1. Concessione di una Licenza Edilizia**: Un cittadino presenta un'istanza per ottenere una licenza edilizia. Il procedimento inizia con la presentazione della
domanda (iniziativa su istanza di parte), segue con l'acquisizione dei documenti
tecnici e delle verifiche urbanistiche (istruttoria), prosegue con la valutazione da
parte dell'ufficio tecnico (decisione) e si conclude con la comunicazione del provvedimento al richiedente (comunicazione e notificazione).

**2. Procedimento Sanzionatorio per Violazione Ambientale**: Un ente locale avvia
d'ufficio un procedimento sanzionatorio per una violazione ambientale. Dopo la
raccolta delle prove e la valutazione delle memorie difensive presentate dall'interessato (istruttoria), l'ente adotta la sanzione (decisione) e notifica il provvedimento al
responsabile (notificazione).

**3. Erogazione di Contributi Pubblici**: Un'amministrazione regionale avvia un
procedimento per l'erogazione di contributi alle imprese. Le imprese presentano
domanda (iniziativa su istanza di parte), l'amministrazione verifica la documentazione e i requisiti (istruttoria), decide l'assegnazione dei contributi (decisione) e
comunica l'esito alle imprese beneficiarie (comunicazione e pubblicazione).

# 5.3.2. PRINCIPIO DI PARTECIPAZIONE

Il principio di partecipazione rappresenta un elemento cardine del diritto amministrativo contemporaneo. Esso garantisce ai cittadini e agli altri soggetti interessati la possibilità di intervenire nel procedimento amministrativo, contribuendo attivamente alla formazione delle decisioni pubbliche. La partecipazione mira a promuovere la trasparenza, l'imparzialità e la legittimità dell'azione amministrativa, consentendo ai destinatari degli atti amministrativi di far valere i propri interessi e diritti. L'approfondimento di questo principio permette di comprendere meglio il funzionamento democratico della pubblica amministrazione e il suo impegno verso una governance inclusiva e responsabile.

## 1. Fondamenti Giuridici del Principio di Partecipazione

### 1.1. Normativa Nazionale

Il principio di partecipazione è sancito in vari articoli della Costituzione italiana, tra cui l'articolo 97, che garantisce il buon andamento e l'imparzialità della pubblica amministrazione, e l'articolo 118, che promuove il principio di sussidiarietà. Inoltre, la legge 7 agosto 1990, n. 241, recante "Nuove norme in materia di procedimento amministrativo e di diritto di accesso ai documenti amministrativi", rappresenta il principale riferimento normativo che disciplina la partecipazione nel procedimento amministrativo.

### 1.2. Normativa Europea

Anche a livello europeo, il principio di partecipazione trova ampio riconoscimento. L'articolo 41 della Carta dei diritti fondamentali dell'Unione Europea garantisce il diritto a una buona amministrazione, che include il diritto di ogni persona a essere ascoltata prima che venga adottato un provvedimento individuale che la riguardi.

## 2. Strumenti di Partecipazione

### 2.1. Accesso ai Documenti Amministrativi

Uno degli strumenti fondamentali di partecipazione è il diritto di accesso ai documenti amministrativi, previsto dalla legge n. 241/1990. Questo diritto permette ai cittadini di prendere visione e di ottenere copia dei documenti detenuti dalla pubblica amministrazione, garantendo la trasparenza e la possibilità di esercitare un controllo sull'operato dell'amministrazione.

### 2.2. Presentazione di Osservazioni e Memorie

Nel corso del procedimento amministrativo, i soggetti interessati hanno il diritto di presentare osservazioni e memorie scritte. Questo strumento consente ai cittadini di esporre le proprie ragioni e di influenzare le decisioni dell'amministrazione, contribuendo a una valutazione più completa e imparziale dei fatti.

### 2.3. Audizioni e Consultazioni Pubbliche

Le audizioni e le consultazioni pubbliche rappresentano ulteriori modalità di partecipazione, attraverso le quali l'amministrazione coinvolge i cittadini e le associazioni nei processi decisionali. Questi strumenti permettono di raccogliere contributi, suggerimenti e opinioni, favorendo un dialogo costruttivo tra l'amministrazione e la società civile.

## 3. Benefici del Principio di Partecipazione

### 3.1. Miglioramento della Qualità delle Decisioni

La partecipazione attiva dei cittadini contribuisce a migliorare la qualità delle decisioni amministrative. L'apporto di diverse prospettive e competenze consente all'amministrazione di avere una visione più completa delle problematiche e di adottare soluzioni più efficaci e condivise.

### 3.2. Aumento della Trasparenza e della Fiducia

La partecipazione favorisce la trasparenza dell'azione amministrativa e rafforza la fiducia dei cittadini nelle istituzioni pubbliche. Sapere di poter influenzare le decisioni pubbliche aumenta il senso di appartenenza e di responsabilità verso la cosa pubblica.

### 3.3. Prevenzione dei Contenziosi

Coinvolgere i cittadini nel processo decisionale contribuisce a prevenire contenziosi e conflitti. La possibilità di esprimere le proprie ragioni e di vedere riconosciuti i propri diritti riduce il rischio di ricorsi amministrativi e giudiziari, favorendo una risoluzione consensuale delle controversie.

## 4. Limiti e Sfide del Principio di Partecipazione

### 4.1. Bilanciamento con Altri Principi

Il principio di partecipazione deve essere bilanciato con altri principi fondamentali del diritto amministrativo, quali l'efficienza e la tempestività dell'azione amministrativa. Un'eccessiva dilatazione dei tempi procedimentali può infatti compromettere la capacità dell'amministrazione di rispondere prontamente alle esigenze pubbliche.

### 4.2. Effettività della Partecipazione

Affinché la partecipazione sia effettiva, è necessario che i cittadini siano adeguatamente informati e abbiano le competenze necessarie per comprendere e influenzare i processi decisionali. La formazione e l'informazione continua rappresentano strumenti essenziali per garantire una partecipazione consapevole e costruttiva.

### 4.3. Rappresentanza degli Interessati

Un'ulteriore sfida riguarda la rappresentanza degli interessi dei cittadini. È importante che la partecipazione non si limiti ai gruppi di pressione più organizzati, ma che coinvolga l'intera collettività, inclusi i soggetti più deboli e meno rappresentati.

### Esempi Pratici

**1. Progettazione di un'Opera Pubblica**: Un comune avvia un procedimento per la realizzazione di una nuova infrastruttura viaria. Durante la fase istruttoria, vengono organizzate consultazioni pubbliche per raccogliere i pareri dei cittadini e delle associazioni locali. Le osservazioni pervenute vengono valutate dall'amministrazione e contribuiscono a migliorare il progetto, garantendo maggiore accettazione e condivisione dell'opera.

**2. Autorizzazione di un Impianto Industriale**: Un'azienda richiede l'autorizzazione per la costruzione di un nuovo impianto industriale. La pubblica amministrazione, nel rispetto del principio di partecipazione, rende pubblici i documenti istruttori e consente ai cittadini di presentare osservazioni. Le memorie presentate vengono esaminate e influenzano la decisione finale, che tiene conto delle preoccupazioni ambientali espresse dalla comunità.

**3. Riforma di un Regolamento Comunale**: Un'amministrazione comunale intende riformare il regolamento sull'occupazione del suolo pubblico. Prima di adottare il nuovo regolamento, viene aperta una fase di consultazione pubblica online, durante la quale i cittadini possono esprimere le loro opinioni e suggerimenti. Le proposte più rilevanti vengono integrate nel testo finale, migliorando la qualità della regolamentazione.

# 5.3.3. CONCLUSIONE DEL PROCEDIMENTO

La conclusione del procedimento amministrativo è un momento cruciale che segna la fine di un processo di analisi, valutazione e decisione da parte della pubblica amministrazione. Comprendere le modalità e le implicazioni della conclusione del procedimento è essenziale per garantire che le decisioni amministrative siano adottate nel rispetto dei principi di legalità, trasparenza e partecipazione. La conclusione del procedimento implica l'adozione di un provvedimento finale che, per essere legittimo ed efficace, deve rispettare determinati requisiti formali e sostanziali.

### 1. Definizione e Requisiti della Conclusione del Procedimento

### 1.1. Definizione

La conclusione del procedimento amministrativo consiste nell'adozione di un atto finale da parte dell'amministrazione, che chiude formalmente il procedimento stesso. Questo atto può essere di vario tipo (autorizzazione, concessione, sanzione, diniego, ecc.), a seconda dell'oggetto del procedimento.

### 1.2. Requisiti Formali

Gli atti conclusivi del procedimento devono rispettare specifici requisiti formali:

• **Forma Scritta**: Di norma, il provvedimento finale deve essere adottato in forma scritta per garantire la trasparenza e la tracciabilità.
• **Motivazione**: L'atto deve essere motivato, indicando le ragioni di fatto e di diritto che hanno portato alla decisione.
• **Data e Sottoscrizione**: L'atto deve riportare la data di adozione e la sottoscrizione del responsabile del procedimento o dell'autorità competente.

## 1.3. Requisiti Sostanziali

Oltre ai requisiti formali, gli atti conclusivi devono rispettare determinati requisiti sostanziali:

- **Legittimità**: L'atto deve essere conforme alle norme di legge.
- **Merito**: L'atto deve essere adeguato e proporzionato rispetto agli obiettivi da perseguire.
- **Chiarezza**: Il contenuto dell'atto deve essere chiaro e comprensibile per i destinatari.

## 2. Tipologie di Provvedimenti Conclusivi

### 2.1. Provvedimenti Positivi

I provvedimenti positivi sono quelli che accolgono l'istanza del richiedente o concludono il procedimento in modo favorevole per i destinatari. Esempi includono:

- **Autorizzazioni**: Permessi per svolgere determinate attività (es. autorizzazione edilizia).
- **Concessioni**: Attribuzione di beni o servizi pubblici (es. concessione demaniale).

### 2.2. Provvedimenti Negativi

I provvedimenti negativi respingono l'istanza del richiedente o concludono il procedimento in modo sfavorevole. Esempi includono:

- **Dinieghi**: Rifiuti di autorizzazione o concessione.
- **Sanzioni**: Imposizione di penalità per violazioni normative.

### 2.3. Provvedimenti di Archiviazione

In alcuni casi, il procedimento può concludersi con un provvedimento di archiviazione, quando non sussistono i presupposti per adottare un provvedimento positivo o negativo.

## 3. Comunicazione e Notificazione del Provvedimento

### 3.1. Comunicazione

Il provvedimento conclusivo deve essere comunicato ai destinatari in modo da garantire che essi ne siano adeguatamente informati. La comunicazione può avvenire attraverso diverse modalità, come l'invio postale, la consegna a mano o la pubblicazione su un sito web istituzionale.

### 3.2. Notificazione

In alcuni casi, la legge richiede che il provvedimento sia notificato formalmente ai destinatari. La notificazione assicura che il destinatario riceva l'atto in modo ufficiale e tracciabile.

## 3.3. Pubblicazione

Per garantire la massima trasparenza, alcuni provvedimenti devono essere pubblicati, ad esempio, nell'albo pretorio online dell'ente o su altri canali ufficiali.

## 4. Efficacia del Provvedimento

### 4.1. Decorrenza

L'efficacia del provvedimento, ossia il momento in cui l'atto produce effetti giuridici, può essere immediata o differita. La decorrenza dell'efficacia dipende dalle disposizioni normative o da quanto stabilito nel provvedimento stesso.

### 4.2. Condizioni Sospensive o Risolutive

In alcuni casi, l'efficacia del provvedimento può essere subordinata al verificarsi di determinate condizioni sospensive o risolutive. Queste condizioni devono essere chiaramente indicate nel provvedimento.

### 4.3. Esecutività

L'esecutività del provvedimento riguarda la possibilità di dare immediata attuazione alle disposizioni contenute nell'atto. Alcuni provvedimenti richiedono ulteriori atti esecutivi per essere attuati concretamente.

### Esempi Pratici

**1. Rilascio di una Licenza Commerciale**: Un cittadino presenta una richiesta di licenza per aprire un'attività commerciale. Dopo l'istruttoria, l'amministrazione adotta un provvedimento di autorizzazione (provvedimento positivo) e lo comunica al richiedente. La licenza diventa efficace dalla data di comunicazione e può essere immediatamente utilizzata dal titolare per avviare l'attività.

**2. Diniego di Concessione Edilizia**: Un'impresa richiede una concessione edilizia per costruire un complesso residenziale. L'amministrazione, dopo aver valutato la non conformità del progetto alle norme urbanistiche, adotta un provvedimento di diniego (provvedimento negativo), motivato e notificato all'impresa. L'impresa ha la possibilità di presentare ricorso contro il diniego.

**3. Archiviazione di una Segnalazione di Illecito**: Un cittadino segnala un presunto illecito ambientale. L'amministrazione avvia un procedimento di verifica e, non riscontrando irregolarità, adotta un provvedimento di archiviazione. Il provvedimento viene comunicato al segnalante, informandolo dell'esito delle verifiche.

# 5.4. INVALIDITÀ E ANNULLABILITÀ DEGLI ATTI AMMINISTRATIVI

L'invalidità e l'annullabilità degli atti amministrativi sono concetti fondamentali nel diritto amministrativo, poiché garantiscono la conformità dell'azione amministrativa alle norme giuridiche e ai principi di legittimità. La distinzione tra atti nulli e atti annullabili è essenziale per comprendere le conseguenze giuridiche derivanti da eventuali vizi negli atti amministrativi. Esplorare in dettaglio queste categorie permette di chiarire come il diritto amministrativo protegge i diritti dei cittadini e assicura il buon andamento della pubblica amministrazione.

## 1. Invalidità degli Atti Amministrativi

### 1.1. Definizione

L'invalidità di un atto amministrativo si verifica quando l'atto stesso è affetto da vizi tali da impedirne la produzione di effetti giuridici. Un atto invalido è privo dei requisiti essenziali di legittimità e, pertanto, non può essere considerato valido e efficace nel nostro ordinamento giuridico.

### 1.2. Tipologie di Invalidità

Esistono due principali tipologie di invalidità degli atti amministrativi:

- **Nullità**
- **Annullabilità**

## 2. Nullità degli Atti Amministrativi

### 2.1. Definizione

La nullità è la forma più grave di invalidità di un atto amministrativo. Un atto nullo è considerato giuridicamente inesistente, poiché manca di uno o più requisiti fondamentali stabiliti dalla legge. La nullità può essere rilevata in qualsiasi momento e da chiunque vi abbia interesse.

## 2.2. Casi di Nullità

Gli atti amministrativi sono nulli nei seguenti casi:

- **Incompetenza Assoluta**: Quando l'atto è adottato da un organo completamente privo di competenza.
- **Difetto Assoluto di Attribuzione**: Quando l'atto viene emanato in assenza di un qualsiasi potere attribuito dalla legge all'amministrazione.
- **Mancanza degli Elementi Essenziali**: Come la mancanza di motivazione, firma o altri requisiti fondamentali.
- **Violazione di Norme Imperative**: Quando l'atto contravviene a norme imperative di legge.

## 2.3. Effetti della Nullità

Gli atti nulli non producono effetti giuridici e non possono essere sanati con il decorso del tempo. Essi possono essere impugnati in qualsiasi momento, senza limiti di tempo, e la loro nullità può essere dichiarata d'ufficio dal giudice.

## 3. Annullabilità degli Atti Amministrativi

### 3.1. Definizione

L'annullabilità costituisce una forma di invalidità meno severa rispetto alla nullità. Gli atti annullabili presentano irregolarità che non ne determinano l'inesistenza, ma consentono la loro eliminazione dal mondo giuridico tramite un provvedimento di annullamento.

### 3.2. Casi di Annullabilità

Gli atti amministrativi sono annullabili nei seguenti casi:

- **Incompetenza Relativa**: Quando l'atto è adottato da un organo competente per materia, ma non per territorio o grado.
- **Violazione di Legge**: Quando l'atto contravviene a norme di legge che non comportano nullità.
- **Eccesso di Potere**: Quando l'atto è affetto da sviamento di potere, difetto di istruttoria, illogicità, irragionevolezza o disparità di trattamento.
- **Violazione delle Norme sul Procedimento**: Come la mancata partecipazione degli interessati o la violazione del diritto di difesa.

### 3.3. Effetti dell'Annullabilità

Gli atti annullabili producono effetti fino a quando non vengono annullati da un provvedimento giurisdizionale o amministrativo. L'annullamento può essere richiesto solo entro determinati termini di decadenza, generalmente 60 giorni dalla notifica o dalla piena conoscenza dell'atto. Una volta annullato, l'atto perde retroattivamente i suoi effetti giuridici.

## Esempi Pratici

1. **Nullità per Incompetenza Assoluta**: Un dirigente scolastico adotta un provvedimento di esproprio di un terreno. Poiché la competenza in materia di esproprio spetta esclusivamente all'autorità comunale, l'atto è nullo per incompetenza assoluta e può essere impugnato in qualsiasi momento da chiunque vi abbia interesse.
2. **Annullabilità per Violazione di Legge**: Un comune rilascia un permesso di costruire in violazione delle norme urbanistiche. Il permesso, sebbene valido fino a quando non viene annullato, può essere impugnato entro 60 giorni dalla notifica dell'atto, e una volta annullato, tutti i lavori eseguiti in base a esso devono essere ripristinati.
3. **Annullabilità per Eccesso di Potere**: Un'amministrazione adotta una delibera che favorisce ingiustificatamente una determinata impresa in una gara d'appalto. Tale delibera può essere annullata per eccesso di potere, in quanto viziata da sviamento di potere e disparità di trattamento.

# 5.4.1. NULLITÀ

La nullità degli atti amministrativi rappresenta una delle forme più gravi di invalidità. Comprendere appieno il concetto di nullità, le sue cause e le conseguenze giuridiche è essenziale per garantire la legittimità e la trasparenza dell'azione amministrativa. La nullità si distingue dall'annullabilità per la sua natura insanabile e per la possibilità di essere rilevata in qualsiasi momento e da chiunque vi abbia interesse. Analizzare in dettaglio questi aspetti permette di cogliere l'importanza di adottare atti amministrativi conformi alle norme di legge, pena la loro inefficacia e inesistenza giuridica.

## 1. Definizione di Nullità

### 1.1. Concetto di Nullità

La nullità è la più grave forma di invalidità di un atto amministrativo, che si verifica quando l'atto è affetto da vizi talmente gravi da renderlo giuridicamente inesistente. Un atto nullo è come se non fosse mai stato emanato e non produce alcun effetto giuridico fin dall'origine.

### 1.2. Differenza tra Nullità e Annullabilità

Mentre l'annullabilità riguarda vizi meno gravi che possono essere sanati o annullati su iniziativa di chi vi abbia interesse entro termini specifici, la nullità è assoluta e insanabile. Gli atti nulli non possono essere convalidati e la loro nullità può essere dichiarata in qualsiasi momento.

## 2. Cause di Nullità degli Atti Amministrativi

### 2.1. Incompetenza Assoluta

Un atto amministrativo è nullo se emanato da un organo completamente privo di competenza a emetterlo. L'incompetenza assoluta si verifica quando l'organo che adotta l'atto non ha alcun potere in materia.

## 2.2. Difetto Assoluto di Attribuzione

Il difetto assoluto di attribuzione si verifica quando l'atto è emanato senza che l'amministrazione abbia alcun potere conferito dalla legge in quella materia specifica. Ciò avviene, ad esempio, quando un'amministrazione esercita un potere che non le è stato attribuito.

## 2.3. Violazione di Norme Imperative

Gli atti che violano norme imperative sono nulli. Le norme imperative sono disposizioni di legge che non possono essere derogate in alcun modo e la cui violazione comporta la nullità dell'atto.

## 2.4. Mancanza degli Elementi Essenziali

Gli atti amministrativi devono includere specifici elementi essenziali, come la motivazione, la firma dell'autorità competente e la forma scritta. L'assenza di uno di questi elementi comporta la nullità dell'atto.

## 3. Effetti della Nullità

### 3.1. Inesistenza Giuridica

Gli atti nulli non producono effetti giuridici fin dall'origine. Essi sono considerati inesistenti e, pertanto, non possono creare, modificare o estinguere situazioni giuridiche.

### 3.2. Rilevabilità d'Ufficio

La nullità può essere rilevata d'ufficio dal giudice o dall'amministrazione stessa in qualsiasi momento, senza limiti di tempo. Anche chiunque vi abbia interesse può far valere la nullità dell'atto.

### 3.3. Insanabilità

Gli atti nulli non possono essere sanati. Qualsiasi tentativo di convalidare un atto nullo è privo di effetti giuridici.

### Esempi Pratici

**1. Incompetenza Assoluta:** Un comune adotta un regolamento in materia di sicurezza pubblica, competenza riservata esclusivamente allo Stato. Il regolamento è nullo per incompetenza assoluta e può essere impugnato in qualsiasi momento.

**2. Difetto Assoluto di Attribuzione:** Un dirigente scolastico emana un decreto di esproprio di un terreno, potere esclusivo delle autorità comunali. Il decreto è nullo per difetto assoluto di attribuzione e non produce effetti giuridici.

**3. Violazione di Norme Imperative**: Un ente locale concede una licenza edilizia in violazione di una legge nazionale che vieta costruzioni in determinate aree protette. La licenza è nulla per violazione di norme imperative e deve essere dichiarata inesistente.

# 5.4.2. ANNULLABILITÀ

L'annullabilità degli atti amministrativi rappresenta una forma di invalidità meno grave rispetto alla nullità. Comprendere le condizioni e le conseguenze dell'annullabilità è fondamentale per garantire il rispetto delle norme giuridiche e la correttezza dell'azione amministrativa. Gli atti annullabili, sebbene affetti da vizi, producono effetti fino a quando non vengono annullati attraverso un provvedimento giurisdizionale o amministrativo. L'approfondimento di questi concetti permette di chiarire come il diritto amministrativo protegge i diritti dei cittadini e assicura l'efficacia delle decisioni pubbliche.

## 1. Definizione di Annullabilità

### 1.1. Concetto di Annullabilità

L'annullabilità è una forma di invalidità degli atti amministrativi che si verifica quando l'atto è affetto da vizi che non ne comportano l'inesistenza giuridica, ma che consentono la sua eliminazione dal mondo giuridico attraverso un provvedimento di annullamento.

### 1.2. Differenza tra Nullità e Annullabilità

A differenza della nullità, che comporta l'inesistenza giuridica dell'atto fin dall'origine, l'annullabilità implica che l'atto produca effetti fino a quando non viene annullato. Gli atti annullabili possono essere sanati e la loro invalidità può essere rilevata solo su iniziativa di chi vi abbia interesse entro termini specifici.

## 2. Cause di Annullabilità degli Atti Amministrativi

### 2.1. Incompetenza Relativa

Un atto amministrativo è annullabile se adottato da un organo competente per materia, ma non per territorio o grado. Questa forma di incompetenza riguarda la distribuzione interna delle competenze all'interno dell'amministrazione.

## 2.2. Violazione di Legge

Gli atti che violano norme di legge non imperative sono annullabili. La violazione di legge può riguardare sia norme procedurali che sostanziali, come la mancata osservanza di una procedura prevista dalla legge.

## 2.3. Eccesso di Potere

L'eccesso di potere si verifica quando l'atto amministrativo è affetto da vizi come sviamento di potere, difetto di istruttoria, illogicità, irragionevolezza o disparità di trattamento. Questi vizi compromettono la legittimità dell'atto, rendendolo annullabile.

## 2.4. Violazione delle Norme sul Procedimento

Gli atti che violano le norme sul procedimento amministrativo, come la mancata partecipazione degli interessati o la violazione del diritto di difesa, sono annullabili. Il rispetto delle norme procedurali è essenziale per garantire la legittimità dell'azione amministrativa.

### 3. Effetti dell'Annullabilità

## 3.1. Produzione di Effetti Fino all'Annullamento

Gli atti annullabili producono effetti giuridici fino a quando non vengono annullati da un provvedimento giurisdizionale o amministrativo. Questo significa che l'atto rimane valido ed efficace fino all'annullamento.

## 3.2. Sanabilità

In alcuni casi, gli atti annullabili possono essere sanati attraverso un provvedimento di convalida adottato dall'amministrazione competente. La sanatoria rimuove i vizi dell'atto, rendendolo definitivamente valido.

## 3.3. Retroattività dell'Annullamento

L'annullamento di un atto amministrativo ha effetto retroattivo, eliminando gli effetti prodotti dall'atto fin dal momento della sua emanazione. Tuttavia, possono essere fatti salvi gli effetti già prodotti nei confronti dei terzi in buona fede.

### Esempi Pratici

**1. Incompetenza Relativa**: Un provvedimento disciplinare nei confronti di un dipendente pubblico viene adottato da un dirigente scolastico anziché dal dirigente dell'ufficio personale. Poiché il dirigente scolastico non è competente per grado in materia disciplinare, l'atto è annullabile per incompetenza relativa.

**2. Violazione di Legge**: Un comune rilascia un permesso di costruire senza rispettare le norme urbanistiche che richiedono un'istruttoria preliminare. Il permesso, sebbene valido fino a quando non viene annullato, può essere impugnato per violazione di legge e annullato dal giudice amministrativo.

**3. Eccesso di Potere**: Un'amministrazione adotta una delibera che favorisce un'impresa specifica senza motivazioni valide, ignorando altre imprese concorrenti. La delibera può essere annullata per eccesso di potere, in quanto viziata da sviamento di potere e disparità di trattamento.

# 6. I PROVVEDIMENTI AMMINISTRATIVI

I provvedimenti amministrativi costituiscono gli atti attraverso i quali la pubblica amministrazione esercita il proprio potere amministrativo, incidendo sulle situazioni giuridiche dei destinatari. Essi rappresentano lo strumento principale con cui l'amministrazione persegue l'interesse pubblico, adottando decisioni vincolanti e produttive di effetti giuridici. La comprensione della natura, delle tipologie e delle modalità di adozione dei provvedimenti amministrativi è fondamentale per garantire la legittimità, l'efficacia e la trasparenza dell'azione amministrativa.

## 1. Definizione e Caratteristiche dei Provvedimenti Amministrativi

### 1.1. Definizione

Un provvedimento amministrativo è un atto unilaterale adottato da un'autorità amministrativa nell'esercizio di un potere pubblico, che produce effetti giuridici diretti nei confronti dei destinatari. Tali effetti possono consistere nella creazione, modificazione o estinzione di situazioni giuridiche soggettive.

### 1.2. Caratteristiche Essenziali

I provvedimenti amministrativi si caratterizzano per:

• **Unilateralità**: Sono adottati unilateralmente dall'amministrazione, senza necessità di consenso da parte del destinatario.
• **Esecutività**: Producono effetti giuridici immediati, salvo i casi in cui sia previsto un termine o una condizione sospensiva.
• **Autoritatività**: Sono emanati nell'esercizio di un potere pubblico, imponendo obblighi o riconoscendo diritti.
• **Tipicità**: Devono rispettare le forme e le procedure previste dalla legge per la loro validità.

# 2. Tipologie di Provvedimenti Amministrativi

## 2.1. Provvedimenti Autorizzativi

I provvedimenti autorizzativi consentono al destinatario di esercitare un'attività che, in assenza dell'autorizzazione, sarebbe vietata. Esempi includono le licenze commerciali e i permessi di costruire.

## 2.2. Provvedimenti Concessori

I provvedimenti concessori attribuiscono al destinatario un diritto o una facoltà su beni o servizi pubblici. Esempi tipici sono le concessioni demaniali e le concessioni edilizie.

## 2.3. Provvedimenti Sanzionatori

I provvedimenti sanzionatori infliggono sanzioni per violazioni di norme giuridiche. Esempi includono le multe e le sospensioni di attività.

## 2.4. Provvedimenti Normativi

I provvedimenti normativi, pur essendo atti amministrativi, hanno carattere generale e astratto. Un esempio sono i regolamenti comunali.

# 3. Procedimento di Adozione dei Provvedimenti Amministrativi

## 3.1. Fase Istruttoria

La fase istruttoria è volta alla raccolta e valutazione degli elementi necessari per l'adozione del provvedimento. In questa fase, l'amministrazione deve garantire la partecipazione degli interessati, rispettando i principi di trasparenza e imparzialità.

## 3.2. Fase Decisoria

La fase decisoria culmina con l'adozione del provvedimento, che deve essere motivato e conforme ai requisiti di legittimità. La motivazione è essenziale per garantire la trasparenza e consentire il controllo sulla legittimità dell'atto.

## 3.3. Comunicazione e Notificazione

Una volta adottato, il provvedimento deve essere comunicato o notificato ai destinatari per diventare efficace. La notificazione garantisce che i destinatari siano informati dell'atto e dei suoi effetti.

# 4. Vizi e Controllo dei Provvedimenti Amministrativi

## 4.1. Vizi di Legittimità

I vizi di legittimità riguardano la conformità del provvedimento alle norme giuridiche. Essi includono:

• **Incompetenza**: Quando l'atto è adottato da un'autorità non competente.
• **Violazione di legge**: Quando l'atto contravviene a norme giuridiche.
• **Eccesso di potere**: Quando l'atto è affetto da sviamento di potere, illogicità o disparità di trattamento.

## 4.2. Controllo Giurisdizionale

Il controllo giurisdizionale sui provvedimenti amministrativi è esercitato dai tribunali amministrativi, che possono annullare gli atti viziati di legittimità. L'annullamento ha effetto retroattivo, eliminando gli effetti dell'atto sin dalla sua adozione.

### Esempi Pratici

**1. Permesso di Costruire**: Un cittadino richiede un permesso di costruire per un edificio residenziale. L'amministrazione, dopo aver verificato la conformità del progetto alle norme urbanistiche, rilascia il permesso. Il provvedimento autorizzativo permette al cittadino di iniziare i lavori di costruzione.

**2. Concessione Demaniale**: Un'impresa richiede una concessione demaniale per l'utilizzo di una spiaggia a fini turistici. L'amministrazione, valutati i requisiti e le condizioni, concede l'autorizzazione. Il provvedimento concessorio attribuisce all'impresa il diritto di utilizzare il bene pubblico per un periodo determinato.

**3. Sanzione Amministrativa**: Un ristoratore viene multato per aver violato le norme igienico-sanitarie. L'amministrazione adotta un provvedimento sanzionatorio, notificando la multa al ristoratore. Il provvedimento sanzionatorio impone l'obbligo di pagare una somma di denaro a titolo di sanzione.

# 6.1. AUTORIZZAZIONI E CONCESSIONI

Nel diritto amministrativo, le autorizzazioni e le concessioni rappresentano due fondamentali strumenti attraverso i quali la pubblica amministrazione regola e disciplina l'esercizio di determinate attività o l'utilizzo di beni pubblici. La distinzione tra queste due tipologie di provvedimenti è cruciale per comprendere le diverse modalità di intervento dell'amministrazione nei confronti dei cittadini e delle imprese. Le autorizzazioni consentono l'esercizio di attività soggette a vincoli legali, mentre le concessioni attribuiscono diritti su beni o servizi pubblici. Approfondire questi concetti permette di comprendere il funzionamento dell'apparato amministrativo e le modalità con cui esso interagisce con la società.

## 1. Definizione e Caratteristiche delle Autorizzazioni

### 1.1. Definizione

Le autorizzazioni sono atti amministrativi che rimuovono un divieto imposto dalla legge, permettendo ai destinatari di esercitare un'attività che, in assenza di tale atto, sarebbe vietata. Esse non creano nuovi diritti, ma consentono l'uso di diritti preesistenti.

### 1.2. Caratteristiche Essenziali

• **Unilateralità**: L'autorizzazione è concessa unilateralmente dall'amministrazione, senza necessità di un accordo con il destinatario.
• **Condizioni e Limiti**: L'autorizzazione è spesso subordinata al rispetto di specifiche condizioni e limiti stabiliti dalla normativa vigente.
• **Revisione e Revoca**: L'autorizzazione può essere soggetta a revisione o revoca in caso di mutamento delle circostanze o di violazione delle condizioni stabilite.

### 1.3. Esempi di Autorizzazioni

* **Autorizzazione Edilizia**: Permette di realizzare opere edilizie secondo le norme urbanistiche.
* **Licenza Commerciale**: Consente l'esercizio di un'attività commerciale previa verifica del rispetto delle normative settoriali.
* **Autorizzazione Ambientale**: Rimuove il divieto di svolgere attività che possono avere un impatto sull'ambiente, previa valutazione dei rischi e delle misure di mitigazione.

## 2. Definizione e Caratteristiche delle Concessioni

### 2.1. Definizione

Le concessioni sono atti amministrativi con cui l'amministrazione attribuisce a un soggetto privato il diritto di utilizzare beni pubblici o di svolgere attività che rientrano nella sfera pubblica. A differenza delle autorizzazioni, le concessioni creano diritti nuovi a favore del concessionario.

### 2.2. Caratteristiche Essenziali

* **Contrattualità**: La concessione comporta spesso la stipulazione di un contratto tra l'amministrazione e il concessionario.
* **Durata**: Le concessioni hanno una durata determinata, al termine della quale i beni concessi ritornano nella disponibilità dell'amministrazione.
* **Canoni e Corrispettivi**: Il concessionario è tenuto a corrispondere un canone o altro tipo di corrispettivo per l'uso dei beni o per lo svolgimento delle attività concesse.

### 2.3. Esempi di Concessioni

* **Concessione Demaniale**: Permette l'uso di beni del demanio pubblico, come spiagge o porti.
* **Concessione di Servizi Pubblici**: Consente a un soggetto privato di gestire un servizio pubblico, come il trasporto urbano o la gestione dei rifiuti.
* **Concessione Mineraria**: Attribuisce il diritto di estrarre risorse minerarie da aree specifiche.

## 3. Procedimento di Rilascio

### 3.1. Fase Istruttoria

La fase istruttoria è cruciale sia per le autorizzazioni che per le concessioni. L'amministrazione deve raccogliere tutte le informazioni necessarie per valutare la richiesta e verificare il rispetto dei requisiti previsti dalla legge.

### 3.2. Decisione

La decisione sull'adozione di un provvedimento autorizzativo o concessorio deve essere motivata e basata su una valutazione imparziale e trasparente. La motivazione è essenziale per garantire la legittimità dell'atto.

### 3.3. Comunicazione e Notificazione

Una volta adottato, il provvedimento deve essere comunicato o notificato al richiedente. La notificazione garantisce che il destinatario sia adeguatamente informato del contenuto e degli effetti dell'atto.

### Esempi Pratici

1. **Autorizzazione Edilizia**: Un cittadino presenta una richiesta per costruire una nuova abitazione su un terreno di sua proprietà. L'amministrazione, verificata la conformità del progetto alle norme urbanistiche, rilascia l'autorizzazione edilizia, permettendo al richiedente di iniziare i lavori di costruzione.
2. **Concessione Demaniale**: Un imprenditore turistico richiede una concessione demaniale per gestire una spiaggia e installare strutture balneari. L'amministrazione, valutati i requisiti del richiedente e la compatibilità del progetto con la tutela ambientale, rilascia la concessione demaniale, stipulando un contratto che prevede un canone annuo.
3. **Licenza Commerciale**: Un commerciante vuole aprire un nuovo negozio di alimentari. Dopo aver verificato il rispetto delle normative igienico-sanitarie e urbanistiche, l'amministrazione rilascia la licenza commerciale, consentendo l'apertura dell'attività.

# 6.2. ORDINANZE

Le ordinanze costituiscono uno degli strumenti principali attraverso i quali la pubblica amministrazione esercita il proprio potere d'imperio, intervenendo in situazioni che richiedono una risposta rapida e decisa. Esse sono atti amministrativi autoritativi, adottati per fronteggiare esigenze di interesse pubblico che non possono essere soddisfatte mediante gli strumenti ordinari. Le ordinanze possono avere una varietà di contenuti e finalità, spaziando dalle misure di sicurezza pubblica a interventi di protezione civile. La comprensione delle caratteristiche, delle tipologie e delle modalità di adozione delle ordinanze è fondamentale per assicurare la legittimità e l'efficacia dell'azione amministrativa.

## 1. Definizione e Caratteristiche delle Ordinanze

### 1.1. Definizione

Le ordinanze sono provvedimenti amministrativi adottati da autorità pubbliche competenti in situazioni di necessità e urgenza, con l'obiettivo di tutelare l'interesse pubblico in circostanze eccezionali. Esse si caratterizzano per il loro contenuto autoritativo e per la capacità di incidere immediatamente sulle situazioni giuridiche dei destinatari.

### 1.2. Caratteristiche Essenziali

- **Autoritatività**: Le ordinanze sono atti unilaterali e vincolanti, imposti dall'autorità competente ai destinatari senza necessità di consenso.
- **Temporalità**: Spesso le ordinanze hanno carattere temporaneo, adottate per fronteggiare situazioni contingenti e urgenti.
- **Tipicità**: Devono essere adottate nel rispetto delle norme che ne disciplinano l'emissione, rispettando i principi di legittimità e imparzialità.

• **Efficacia immediata**: Le ordinanze producono effetti immediati, essendo finalizzate a prevenire o rimediare situazioni di emergenza.

## 2. Tipologie di Ordinanze

### 2.1. Ordinanze di Necessità e Urgenza

Le ordinanze di necessità e urgenza sono adottate in situazioni straordinarie che richiedono interventi immediati per la tutela dell'ordine pubblico, della sicurezza e della salute pubblica. Queste ordinanze sono caratterizzate dalla rapidità con cui devono essere emesse e dalla temporaneità delle misure adottate.

### 2.2. Ordinanze Contingibili e Urgenti

Le ordinanze contingibili e urgenti vengono adottate per fronteggiare situazioni impreviste e di emergenza, come calamità naturali, emergenze sanitarie o gravi pericoli per l'ambiente. Esse prevedono misure straordinarie che superano i limiti ordinari dei poteri amministrativi.

### 2.3. Ordinanze Sindacali

Le ordinanze sindacali sono provvedimenti adottati dal sindaco, in qualità di ufficiale di governo, per garantire l'ordine pubblico, la sicurezza urbana e la salute dei cittadini. Possono riguardare misure di polizia locale, igiene pubblica e protezione civile.

## 3. Procedimento di Adozione delle Ordinanze

### 3.1. Fase Istruttoria

La fase istruttoria prevede la raccolta e l'analisi delle informazioni necessarie per valutare la situazione di emergenza e individuare le misure più idonee. In questa fase, l'amministrazione deve agire con celerità e precisione, spesso avvalendosi della collaborazione di enti e autorità competenti.

### 3.2. Decisione e Motivazione

La decisione di adottare un'ordinanza deve essere motivata in modo chiaro e trasparente, indicando le ragioni di necessità e urgenza che giustificano l'intervento. La motivazione è fondamentale per garantire la legittimità del provvedimento e per consentire eventuali controlli giurisdizionali.

### 3.3. Notificazione e Pubblicazione

Una volta adottata, l'ordinanza deve essere notificata ai destinatari e pubblicata nei modi previsti dalla legge per garantirne la conoscibilità. La pubblicazione può avvenire mediante affissione all'albo pretorio, pubblicazione sul sito istituzionale dell'amministrazione o altri mezzi idonei.

# 4. Vizi e Controllo delle Ordinanze

## 4.1. Vizi di Legittimità

Le ordinanze possono essere viziate da illegittimità se adottate in violazione di norme di legge, in carenza di potere o per difetto di motivazione. I vizi di legittimità possono comportare l'annullabilità del provvedimento su ricorso dei destinatari o d'ufficio.

## 4.2. Controllo Giurisdizionale

Il controllo giurisdizionale sulle ordinanze è esercitato dai tribunali amministrativi, che possono annullare i provvedimenti illegittimi. L'annullamento ha effetto retroattivo, eliminando gli effetti dell'ordinanza sin dalla sua adozione.

### Esempi Pratici

**1. Ordinanza di Evacuazione**: In seguito a un'alluvione, il sindaco emette un'ordinanza di evacuazione per gli abitanti delle zone più a rischio. L'ordinanza prevede la temporanea sistemazione dei cittadini in strutture di accoglienza sicure, fino al ripristino delle condizioni di sicurezza.

**2. Ordinanza di Chiusura**: A causa di gravi carenze igienico-sanitarie riscontrate in un ristorante, il sindaco emette un'ordinanza di chiusura temporanea dell'attività, imponendo al titolare di adottare le necessarie misure correttive per garantire la salubrità dei locali.

**3. Ordinanza di Limitazione del Traffico**: Durante un'emergenza smog, il sindaco emette un'ordinanza di limitazione del traffico veicolare, stabilendo blocchi della circolazione per i veicoli più inquinanti e incentivando l'uso dei mezzi pubblici e delle biciclette.

# 6.3. SANZIONI AMMINISTRATIVE

Le sanzioni amministrative rappresentano uno degli strumenti principali attraverso i quali la pubblica amministrazione assicura il rispetto delle norme giuridiche e l'ordinato svolgimento delle attività soggette a regolamentazione. Esse sono misure punitive adottate nei confronti di soggetti che hanno commesso violazioni di disposizioni normative, mirate a reprimere comportamenti illeciti e a prevenire la reiterazione degli stessi. Comprendere la natura, le tipologie, il procedimento di irrogazione e i criteri di applicazione delle sanzioni amministrative è fondamentale per garantire l'efficacia, la legittimità e la proporzionalità dell'azione amministrativa.

## 1. Definizione e Natura delle Sanzioni Amministrative

### 1.1. Definizione

Le sanzioni amministrative sono provvedimenti autoritativi attraverso i quali l'amministrazione infligge una punizione per la violazione di norme di legge o regolamenti. Esse possono consistere in pene pecuniarie, sospensioni, revoche di licenze o altre misure coercitive.

### 1.2. Natura Giuridica

Le sanzioni amministrative, pur avendo una funzione punitiva, si distinguono dalle sanzioni penali per la loro natura amministrativa e per il procedimento più snello con cui vengono adottate. Esse sono irrogate da autorità amministrative anziché giudiziarie e mirano a tutelare interessi pubblici specifici.

## 2. Tipologie di Sanzioni Amministrative

### 2.1. Sanzioni Pecuniarie

Le sanzioni pecuniarie, o multe, consistono nell'obbligo di pagamento di una somma di denaro a titolo di punizione per la violazione commessa. Esse sono le sanzioni più comuni e variano in base alla gravità dell'infrazione.

## 2.2. Sanzioni Sospensive

Le sanzioni sospensive comportano la sospensione temporanea di un'attività o dell'efficacia di un titolo abilitativo. Ad esempio, la sospensione della licenza commerciale per un certo periodo a causa di violazioni delle norme igienico-sanitarie.

## 2.3. Sanzioni Interdittive

Le sanzioni interdittive prevedono l'interdizione, temporanea o definitiva, dall'esercizio di un'attività o dalla detenzione di una specifica qualifica. Un esempio tipico è l'interdizione temporanea dall'esercizio di una professione per gravi infrazioni deontologiche.

## 2.4. Sanzioni Accessorie

Le sanzioni accessorie sono misure che si aggiungono alle sanzioni principali, come la confisca di beni utilizzati per commettere l'infrazione o il divieto di partecipare a gare pubbliche.

## 3. Procedimento di Irrogazione delle Sanzioni Amministrative

### 3.1. Accertamento della Violazione

Il procedimento sanzionatorio inizia con l'accertamento della violazione da parte dell'autorità competente. L'accertamento può avvenire attraverso ispezioni, controlli o segnalazioni.

### 3.2. Contestazione della Violazione

Una volta accertata la violazione, l'autorità provvede a contestare formalmente l'infrazione al trasgressore, indicando gli estremi della violazione, le norme violate e le sanzioni previste. La contestazione deve essere notificata all'interessato per consentirgli di esercitare il diritto di difesa.

### 3.3. Difesa e Controdeduzioni

Il destinatario della contestazione ha il diritto di presentare memorie difensive e controdeduzioni entro un termine stabilito dalla legge. Questo passaggio è fondamentale per garantire il contraddittorio e la trasparenza del procedimento.

### 3.4. Decisione e Notificazione

L'autorità amministrativa, esaminate le difese del trasgressore, adotta la decisione di irrogare la sanzione, che deve essere motivata e notificata all'interessato. La decisione deve contenere l'indicazione delle modalità e dei termini per l'eventuale impugnazione.

## 4. Impugnazione delle Sanzioni Amministrative

### 4.1. Ricorso Amministrativo

Contro la decisione di irrogazione della sanzione, il trasgressore può presentare ricorso amministrativo all'autorità gerarchicamente superiore o, nei casi previsti, al Prefetto.

### 4.2. Ricorso Giurisdizionale

In alternativa, o dopo aver esperito il ricorso amministrativo, il trasgressore può ricorrere al giudice amministrativo, chiedendo l'annullamento della sanzione per illegittimità. Il giudice può sospendere l'esecuzione della sanzione in via cautelare e, se accerta la fondatezza del ricorso, annullare il provvedimento sanzionatorio.

### Esempi Pratici

**1. Sanzione Pecuniaria per Infrazione Stradale**: Un automobilista viene multato per eccesso di velocità. L'agente di polizia stradale accerta la violazione e notifica la sanzione pecuniaria al trasgressore, che ha diritto di presentare ricorso al Prefetto o al Giudice di Pace.

**2. Sospensione della Licenza Commerciale**: Un ristorante viene sanzionato con la sospensione della licenza per gravi violazioni delle norme igienico-sanitarie. Il titolare può presentare memorie difensive e, in caso di decisione sfavorevole, impugnare il provvedimento davanti al TAR.

**3. Interdizione Temporanea da una Professione**: Un medico viene interdetto dall'esercizio della professione per un anno a seguito di ripetute violazioni deontologiche. La decisione viene notificata e il medico può ricorrere al giudice amministrativo per chiedere l'annullamento del provvedimento.

# 6.4. SILENZIO-ASSENSO E SILENZIO-RIFIUTO

Il silenzio amministrativo rappresenta una delle modalità attraverso cui la Pubblica Amministrazione manifesta la propria volontà in risposta a una richiesta dei cittadini. La regolamentazione del silenzio-assenso e del silenzio-rifiuto costituisce un tema cruciale nel diritto amministrativo, volto a garantire certezza nei rapporti tra amministrazione e privati, prevenendo l'inerzia amministrativa. Il silenzio-assenso si verifica quando il mancato pronunciamento dell'amministrazione entro un termine prestabilito equivale a un'accettazione della domanda presentata dal privato. Al contrario, il silenzio-rifiuto implica il rigetto della stessa in mancanza di una risposta. Questi meccanismi trovano fondamento nella Legge 241/1990, che ha introdotto importanti novità in materia di procedimenti amministrativi.

## 1. Il Silenzio-Assenso

### 1.1. Definizione e Normativa di Riferimento

Il silenzio-assenso si configura quando l'amministrazione, entro un termine stabilito dalla legge o da regolamenti, non si pronuncia su un'istanza del cittadino, con conseguente accoglimento della domanda. La Legge 241/1990, all'articolo 20, prevede che, decorso il termine senza che l'amministrazione si sia pronunciata, la domanda si intende accolta, salvo i casi in cui leggi speciali dispongano diversamente.

### 1.2. Applicazione e Limiti

Il silenzio-assenso si applica generalmente nei procedimenti autorizzativi e concessori, con alcune eccezioni. Non si applica, ad esempio, nei casi di tutela dell'ambiente, della salute, della pubblica sicurezza e della difesa nazionale. La normativa specifica i settori esclusi per evitare che l'inerzia amministrativa possa compromettere interessi pubblici di particolare rilievo.

## 2. Il Silenzio-Rifiuto

### 2.1. Definizione e Normativa di Riferimento

Il silenzio-rifiuto, invece, si verifica quando l'assenza di risposta da parte dell'amministrazione entro il termine legale equivale a un rigetto implicito dell'istanza. Questo meccanismo è regolato dall'articolo 25 della Legge 241/1990, che stabilisce i termini entro i quali l'amministrazione deve rispondere, trascorsi i quali l'istanza si intende respinta.

### 2.2. Applicazione e Limiti

Il silenzio-rifiuto trova applicazione in vari ambiti, inclusi quelli di accesso ai documenti amministrativi e di autorizzazioni per cui la legge non prevede il silenzio-assenso. Tuttavia, il silenzio-rifiuto non è applicabile quando la normativa prevede espressamente il silenzio-assenso.

## 3. Effetti Giuridici del Silenzio-Amministrativo

### 3.1. Effetti del Silenzio-Assenso

Il principale effetto del silenzio-assenso è l'accoglimento della domanda presentata, conferendo al richiedente il diritto di procedere come se avesse ricevuto un'esplicita autorizzazione. Questo meccanismo è volto a evitare che l'inerzia amministrativa possa ritardare indebitamente l'esercizio di diritti o lo svolgimento di attività da parte dei cittadini.

### 3.2. Effetti del Silenzio-Rifiuto

Il silenzio-rifiuto comporta il rigetto della domanda, dando al richiedente la possibilità di impugnare il rifiuto implicito davanti ai tribunali amministrativi. Questo permette di garantire la tutela giurisdizionale dei diritti del cittadino contro l'inerzia ingiustificata della pubblica amministrazione.

### Esempi Pratici

**1. Richiesta di Permesso di Costruire:** Un cittadino presenta una richiesta di permesso di costruire per una nuova abitazione. Se l'amministrazione non si pronuncia entro il termine di 90 giorni, la domanda si intende accolta per silenzio-assenso, permettendo al cittadino di iniziare i lavori.

**2. Domanda di Accesso agli Atti:** Un'associazione richiede l'accesso a documenti amministrativi relativi a un progetto pubblico. Se l'amministrazione non risponde entro 30 giorni, la richiesta si intende respinta per silenzio-rifiuto, consentendo all'associazione di ricorrere al TAR.

**3. Richiesta di Autorizzazione Ambientale:** Un'azienda presenta una richiesta di autorizzazione ambientale per un nuovo impianto industriale. Se l'amministrazione non si pronuncia entro il termine stabilito, la domanda si intende accolta per silenzio-assenso, salvo che la legge preveda espressamente l'esclusione di tale meccanismo in materia ambientale.

# 6.5. NORMATIVA EMERGENZIALE

La normativa emergenziale rappresenta un insieme di disposizioni legislative e regolamentari adottate per far fronte a situazioni di crisi o emergenza. Tali norme sono essenziali per gestire eventi straordinari che richiedono interventi rapidi e efficaci da parte della pubblica amministrazione, come calamità naturali, emergenze sanitarie, crisi economiche o situazioni di ordine pubblico. L'obiettivo principale di queste norme è quello di garantire la tutela della sicurezza, della salute pubblica e del benessere collettivo, consentendo alle autorità di agire con prontezza e flessibilità.

### 1. Definizione e Ambito di Applicazione

La normativa emergenziale si caratterizza per la sua natura temporanea e straordinaria, destinata a rispondere a esigenze specifiche e urgenti. Essa può essere adottata sia a livello nazionale che locale e può coinvolgere vari ambiti, tra cui la protezione civile, la sanità, l'ordine pubblico e l'economia.

### 1.1. Caratteristiche della Normativa Emergenziale

Le principali caratteristiche della normativa emergenziale sono:

• **Temporalità:** Le disposizioni emergenziali hanno una durata limitata nel tempo, spesso legata alla durata dell'emergenza.
• **Straordinarietà:** Sono adottate in deroga alle normali procedure legislative e amministrative.
• **Flessibilità:** Consentono alle autorità di agire con maggiore libertà e rapidità per affrontare situazioni impreviste.

### 1.2. Fonti della Normativa Emergenziale

Le fonti della normativa emergenziale comprendono:

• **Decreti-legge:** Strumenti legislativi adottati dal Governo in situazioni di necessità e urgenza, con immediata efficacia e successiva conversione in legge da parte del Parlamento.
• **Ordinanze di protezione civile:** Provvedimenti adottati dal Capo del Dipartimento della Protezione Civile o dalle autorità locali competenti per la gestione delle emergenze.
• **Regolamenti e circolari ministeriali:** Atti amministrativi che forniscono indicazioni operative e dettagli applicativi per l'implementazione delle misure emergenziali.

## 2. Procedure di Adozione

Le procedure per l'adozione della normativa emergenziale variano in base alla gravità e alla natura dell'emergenza. Generalmente, queste procedure sono semplificate per consentire un intervento tempestivo.

### 2.1. Decreti-Legge

Il decreto-legge è adottato dal Governo e ha efficacia immediata. Deve essere presentato al Parlamento per la conversione in legge entro 60 giorni, pena la sua decadenza. Questo strumento è utilizzato per affrontare emergenze che richiedono interventi immediati su scala nazionale.

### 2.2. Ordinanze di Protezione Civile

Le ordinanze di protezione civile possono essere adottate a livello nazionale dal Capo del Dipartimento della Protezione Civile o a livello locale dai presidenti delle Regioni e dai sindaci. Queste ordinanze sono finalizzate alla gestione operativa dell'emergenza e possono prevedere misure di evacuazione, assistenza alla popolazione, e ripristino dei servizi essenziali.

### 2.3. Regolamenti e Circolari Ministeriali

I regolamenti e le circolari ministeriali forniscono indicazioni operative dettagliate per l'applicazione delle misure emergenziali. Questi atti amministrativi sono adottati dai ministeri competenti e hanno lo scopo di garantire l'uniformità e la coerenza degli interventi a livello nazionale e locale.

### Esempi Pratici

**1. Alluvione in una Regione:** A seguito di una grave alluvione in una regione italiana, il presidente della Regione emette un'ordinanza di protezione civile che dispone l'evacuazione delle aree più a rischio, l'allestimento di centri di accoglienza per gli sfollati e l'installazione di barriere temporanee per contenere l'acqua.
**2. Emergenza Sanitaria Locale:** In una città colpita da un'epidemia di influenza aviaria, il sindaco emette un'ordinanza che impone la chiusura dei mercati di

pollame, l'abbattimento controllato degli animali infetti e l'istituzione di un centro di controllo sanitario per monitorare la situazione.

**3. Crisi Economica Regionale:** Una regione in difficoltà economica a causa della chiusura di numerose imprese riceve un decreto del Governo che prevede misure straordinarie di sostegno, tra cui agevolazioni fiscali per le nuove attività imprenditoriali e finanziamenti per la riqualificazione professionale dei lavoratori disoccupati.

# 7. DISCIPLINA DEL PROCEDIMENTO AMMINISTRATIVO

Il procedimento amministrativo è il complesso di atti e operazioni che l'amministrazione compie per addivenire all'adozione di un provvedimento amministrativo. La disciplina del procedimento amministrativo riveste un'importanza cruciale nel diritto amministrativo, poiché mira a garantire trasparenza, efficienza, imparzialità e legalità nell'azione amministrativa. La legge fondamentale che regola il procedimento amministrativo in Italia è la Legge 7 agosto 1990, n. 241, che stabilisce i principi generali e le norme procedurali che le amministrazioni pubbliche devono seguire per assicurare un corretto svolgimento dell'attività amministrativa.

## 1. Principi Generali del Procedimento Amministrativo

### 1.1. Principio di Legalità

Il principio di legalità impone che ogni attività della pubblica amministrazione sia conforme alla legge. Questo principio garantisce che le decisioni amministrative siano prese sulla base di norme giuridiche prestabilite e che siano, pertanto, prevedibili e controllabili.

### 1.2. Principio di Trasparenza

Il principio di trasparenza implica che l'azione amministrativa deve essere chiara e accessibile ai cittadini. Gli atti amministrativi devono essere pubblici e i cittadini devono avere la possibilità di accedere ai documenti amministrativi e di comprendere i criteri e le modalità con cui le decisioni vengono prese.

### 1.3. Principio di Partecipazione

Il principio di partecipazione consente ai cittadini di intervenire nel procedimento amministrativo, presentando osservazioni, documenti e istanze. Questo principio è fondamentale per assicurare che l'amministrazione tenga conto degli interessi dei cittadini e che le decisioni siano adottate in modo equo e ponderato.

### 1.4. Principio di Imparzialità e Buon Andamento

L'imparzialità garantisce che l'amministrazione operi senza favoritismi, mentre il buon andamento assicura che l'azione amministrativa sia efficiente ed efficace. Questi principi sono fondamentali per il corretto funzionamento della pubblica amministrazione e per il rispetto dei diritti dei cittadini.

## 2. Fasi del Procedimento Amministrativo

### 2.1. Iniziativa

La fase dell'iniziativa comprende tutti gli atti e le attività attraverso cui il procedimento amministrativo prende avvio. L'iniziativa può essere di parte (quando promossa da un soggetto interessato) o d'ufficio (quando promossa direttamente dall'amministrazione).

### 2.2. Istruttoria

L'istruttoria è la fase in cui si raccolgono e si valutano tutte le informazioni e i documenti necessari per adottare il provvedimento finale. Durante l'istruttoria, è essenziale garantire il diritto di partecipazione degli interessati, che possono presentare memorie e osservazioni.

### 2.3. Decisione

La decisione è l'atto conclusivo del procedimento, con il quale l'amministrazione adotta il provvedimento amministrativo finale. La decisione deve essere motivata, indicando i presupposti di fatto e le ragioni giuridiche che hanno determinato la scelta dell'amministrazione.

### 2.4. Comunicazione e Notificazione

Il provvedimento finale deve essere comunicato ai destinatari interessati attraverso la notificazione, che può avvenire in diverse forme, tra cui la consegna diretta, l'invio postale o la pubblicazione all'albo pretorio.

### 2.5. Esecuzione

L'esecuzione del provvedimento amministrativo comporta la realizzazione concreta delle decisioni adottate. In questa fase, l'amministrazione può compiere atti ulteriori per dare attuazione al provvedimento, assicurando il rispetto delle disposizioni contenute nell'atto.

## 3. Disciplina del Procedimento Amministrativo nella Legge 241/1990

### 3.1. Oggetto e Ambito di Applicazione

La Legge 241/1990 disciplina l'attività amministrativa in generale, stabilendo principi e regole per i procedimenti di tutte le amministrazioni pubbliche. Essa si applica ai procedimenti amministrativi in corso e a quelli futuri, con alcune eccezioni specificate dalla legge stessa.

### 3.2. Responsabile del Procedimento

Ogni procedimento amministrativo deve avere un responsabile del procedimento, designato dall'amministrazione, che coordina e sovrintende le varie fasi del procedimento, assicurando che tutte le attività siano svolte in conformità alla legge.

### 3.3. Comunicazione di Avvio del Procedimento

L'amministrazione è tenuta a comunicare tempestivamente l'avvio del procedimento agli interessati, indicando l'oggetto del procedimento, l'autorità competente, il responsabile del procedimento e i termini previsti per la conclusione.

### 3.4. Partecipazione degli Interessati

Gli interessati hanno il diritto di intervenire nel procedimento, presentando memorie, documenti e osservazioni. L'amministrazione deve tener conto di quanto presentato dagli interessati e motivare adeguatamente le proprie decisioni.

### 3.5. Motivazione del Provvedimento

La legge impone che ogni provvedimento amministrativo sia motivato, indicando i presupposti di fatto e le ragioni giuridiche che hanno determinato la decisione. La motivazione deve essere chiara, completa e comprensibile.

**Esempi Pratici**

**1. Autorizzazione Edilizia**: Un cittadino presenta un'istanza per ottenere un'autorizzazione edilizia. L'amministrazione avvia il procedimento, comunica l'avvio al richiedente, raccoglie i pareri degli enti coinvolti durante l'istruttoria e adotta il provvedimento finale, che viene notificato al richiedente.

**2. Concessione di Contributi Pubblici**: Un'associazione presenta una domanda per ottenere un contributo pubblico. L'amministrazione avvia il procedimento, comunica l'avvio all'associazione, valuta i requisiti e i documenti presentati, e adotta la decisione finale, notificata all'associazione.

**3. Revoca di una Licenza Commerciale**: L'amministrazione avvia d'ufficio un procedimento di revoca di una licenza commerciale per gravi violazioni. Comunica l'avvio del procedimento al titolare della licenza, raccoglie le sue osservazioni, e adotta il provvedimento di revoca, notificandolo al titolare.

# 7.1. L. 241/1990: PRINCIPI E NORME GENERALI

La Legge 7 agosto 1990, n. 241, rappresenta uno dei pilastri del diritto amministrativo italiano, avendo introdotto un quadro normativo organico per disciplinare l'attività amministrativa e garantire i principi di trasparenza, partecipazione e legalità. La L. 241/1990 ha segnato una svolta fondamentale nel rapporto tra pubblica amministrazione e cittadini, promuovendo un'amministrazione più aperta, efficiente e responsabile. Questo capitolo esplora i principi generali e le norme fondamentali della legge, analizzandone l'applicazione pratica e l'impatto sulla gestione dei procedimenti amministrativi.

### 1. Principi Generali della L. 241/1990

### 1.1. Principio di Legalità

Il principio di legalità è il fondamento dell'intera attività amministrativa, imponendo che ogni atto dell'amministrazione sia conforme alle leggi e ai regolamenti vigenti. La L. 241/1990 rafforza questo principio, obbligando le amministrazioni a operare entro i limiti della legge e a perseguire gli obiettivi di interesse pubblico stabiliti dalla normativa.

### 1.2. Principio di Trasparenza

La trasparenza è un principio cardine della L. 241/1990, che impone alle amministrazioni di rendere accessibili ai cittadini le informazioni e i documenti relativi alla loro attività. Questo principio si concretizza attraverso l'obbligo di pubblicazione di atti e provvedimenti, il diritto di accesso ai documenti amministrativi e l'istituzione dell'albo pretorio online.

### 1.3. Principio di Partecipazione

Il principio di partecipazione consente ai cittadini di intervenire nei procedimenti amministrativi che li riguardano, presentando osservazioni, memorie e documenti. La L. 241/1990 prevede specifiche modalità di partecipazione, finalizzate a garantire che le decisioni amministrative siano adottate tenendo conto degli interessi e delle istanze dei cittadini.

## 1.4. Principio di Imparzialità e Buon Andamento

L'imparzialità e il buon andamento sono principi costituzionali ribaditi dalla L. 241/1990. L'imparzialità assicura che l'amministrazione operi senza favoritismi, mentre il buon andamento impone un'azione amministrativa efficiente, efficace ed economica. Questi principi garantiscono che le risorse pubbliche siano utilizzate in modo ottimale e che le decisioni siano prese nell'interesse generale.

## 1.5. Principio di Proporzionalità

Il principio di proporzionalità impone che le misure adottate dall'amministrazione siano adeguate e necessarie rispetto agli obiettivi perseguiti. La L. 241/1990 integra questo principio, obbligando le amministrazioni a evitare eccessi e a scegliere le soluzioni meno gravose per i cittadini.

## 2. Norme Generali della L. 241/1990

## 2.1. Ambito di Applicazione

La L. 241/1990 si applica a tutti i procedimenti amministrativi di competenza delle amministrazioni pubbliche italiane. La legge definisce i criteri generali per l'adozione degli atti amministrativi e stabilisce le regole procedurali per garantire il corretto svolgimento dell'attività amministrativa.

## 2.2. Responsabile del Procedimento

Uno degli aspetti innovativi della L. 241/1990 è l'introduzione della figura del responsabile del procedimento. Il responsabile del procedimento è designato dall'amministrazione per coordinare e sovrintendere tutte le fasi del procedimento amministrativo, assicurando il rispetto delle norme e dei principi stabiliti dalla legge.

## 2.3. Comunicazione di Avvio del Procedimento

La legge prevede l'obbligo per l'amministrazione di comunicare l'avvio del procedimento agli interessati. La comunicazione deve contenere l'oggetto del procedimento, l'autorità competente, il responsabile del procedimento e i termini previsti per la sua conclusione. Questa disposizione è fondamentale per garantire la trasparenza e la partecipazione dei cittadini.

## 2.4. Diritto di Accesso ai Documenti Amministrativi

La L. 241/1990 riconosce ai cittadini il diritto di accedere ai documenti amministrativi, salvo i casi di segretezza o riservatezza espressamente previsti dalla legge. Il diritto di accesso consente ai cittadini di conoscere le informazioni detenute dall'amministrazione e di tutelare i propri interessi nei confronti della pubblica amministrazione.

## 2.5. Motivazione dei Provvedimenti

Un altro elemento essenziale della L. 241/1990 è l'obbligo di motivazione dei provvedimenti amministrativi. La motivazione deve specificare i fatti e le ragioni giuridiche alla base della decisione dell'amministrazione. Questo obbligo assicura la trasparenza e la controllabilità delle decisioni amministrative, permettendo ai cittadini di comprendere le ragioni alla base dei provvedimenti adottati.

## 3. Procedimento Amministrativo nella L. 241/1990

### 3.1. Fasi del Procedimento

Il procedimento amministrativo disciplinato dalla L. 241/1990 si articola in diverse fasi: iniziativa, istruttoria, decisione e comunicazione del provvedimento. Ogni fase è regolata da specifiche norme che ne disciplinano lo svolgimento e ne garantiscono la trasparenza e la correttezza.

### 3.2. Termini Procedimentali

La L. 241/1990 stabilisce termini precisi per la conclusione dei procedimenti amministrativi, al fine di evitare ritardi e inefficienze. Il mancato rispetto dei termini può comportare conseguenze negative per l'amministrazione, inclusa la responsabilità per danno ingiusto causato ai cittadini.

### 3.3. Partecipazione degli Interessati

Durante il procedimento, gli interessati hanno il diritto di presentare memorie e documenti, nonché di essere ascoltati dall'amministrazione. Questo diritto di partecipazione è fondamentale per garantire che le decisioni amministrative siano adottate tenendo conto delle esigenze e delle istanze dei cittadini.

### 3.4. Esecutività dei Provvedimenti

I provvedimenti amministrativi adottati in conformità alla L. 241/1990 sono immediatamente esecutivi, salvo diverse disposizioni della legge. L'esecutività dei provvedimenti assicura che le decisioni dell'amministrazione siano tempestivamente attuate, garantendo l'efficacia dell'azione amministrativa.

### Esempi Pratici

**1. Richiesta di Concessione Edilizia**: Un cittadino presenta una richiesta di concessione edilizia. L'amministrazione comunica l'avvio del procedimento, designa il responsabile del procedimento e svolge l'istruttoria, raccogliendo tutti i documenti necessari. Il provvedimento finale, debitamente motivato, viene notificato al richiedente.

**2. Accesso ai Documenti Amministrativi**: Un cittadino richiede l'accesso a un documento amministrativo relativo a una delibera comunale. L'amministrazione valuta la richiesta, garantendo l'accesso nei termini previsti dalla L. 241/1990, salvo eventuali motivi di riservatezza.

**3. Revoca di un Permesso**: L'amministrazione avvia un procedimento d'ufficio per la revoca di un permesso commerciale a causa di gravi violazioni delle norme. Viene comunicato l'avvio del procedimento al titolare del permesso, il quale ha diritto di presentare osservazioni. Dopo l'istruttoria, l'amministrazione adotta un provvedimento di revoca, motivato e notificato al titolare.

# 7.2. ACCESSO AI DOCUMENTI AMMINISTRATIVI

L'accesso ai documenti amministrativi rappresenta un elemento fondamentale per garantire la trasparenza e la partecipazione dei cittadini all'attività della pubblica amministrazione. La disciplina dell'accesso ai documenti amministrativi è regolata in Italia dalla Legge 7 agosto 1990, n. 241, che sancisce il diritto di ogni cittadino di conoscere gli atti e i documenti prodotti o detenuti dalle pubbliche amministrazioni. Questo diritto è espressione del principio di trasparenza e ha l'obiettivo di favorire un'amministrazione più aperta e responsabile. Attraverso l'accesso ai documenti amministrativi, i cittadini possono controllare l'operato delle amministrazioni pubbliche, tutelare i propri interessi e partecipare attivamente ai procedimenti amministrativi.

## 1. Il Diritto di Accesso

### 1.1. Definizione e Oggetto

Il diritto di accesso consiste nel diritto degli interessati di prendere visione e di estrarre copia dei documenti amministrativi. In base all'articolo 22 della L. 241/1990, per documento amministrativo si intende "qualsiasi rappresentazione grafica, fotocinematografica, elettromagnetica o di altra natura del contenuto di atti, inclusi quelli interni, creati dalle pubbliche amministrazioni o utilizzati per l'attività amministrativa".

### 1.2. Soggetti Legittimati

Il diritto di accedere ai documenti amministrativi è garantito a tutti, sia privati che pubblici, che possano dimostrare un interesse immediato, concreto e attuale alla conoscenza dei documenti, con lo scopo di tutelare situazioni giuridicamente rilevanti. Non è necessario che l'interesse sia di natura economica; è sufficiente che sia concreto e personale.

### 1.3. Limiti e Esclusioni

Nonostante l'importanza del diritto di accesso, la L. 241/1990 prevede alcune limitazioni. L'accesso può essere escluso o limitato nei casi in cui sia necessario per salvaguardare la sicurezza, la difesa nazionale, le relazioni internazionali, la politica monetaria e valutaria, l'ordine pubblico, la prevenzione e repressione della criminalità, il segreto di Stato, e la riservatezza di terzi. Inoltre, l'accesso può essere negato quando i documenti riguardino procedimenti tributari, attività di controllo, ispettive e sanzionatorie.

## 2. Procedura di Accesso

### 2.1. Presentazione della Richiesta

La richiesta di accesso ai documenti amministrativi deve essere presentata per iscritto alla pubblica amministrazione che detiene il documento. La domanda deve indicare con precisione i documenti ai quali si intende accedere e l'interesse che giustifica la richiesta. L'amministrazione ha l'obbligo di fornire una risposta entro 30 giorni dalla presentazione della richiesta.

### 2.2. Esame della Richiesta

Una volta ricevuta la richiesta, l'amministrazione è tenuta a valutare la sussistenza dell'interesse del richiedente e l'eventuale presenza di cause di esclusione o limitazione dell'accesso. Se la richiesta è accolta, l'amministrazione deve consentire la visione o la copia dei documenti richiesti. In caso di rigetto, l'amministrazione deve motivare il diniego, indicando le ragioni specifiche che giustificano il rifiuto.

### 2.3. Tutela Giurisdizionale

In caso di rifiuto totale o parziale dell'accesso, di rinvio o di assenza di risposta entro il termine di 30 giorni, il richiedente può fare ricorso al TAR (Tribunale Amministrativo Regionale) o contattare il difensore civico. Il ricorso deve essere presentato entro 30 giorni dalla notifica del diniego o dal silenzio-rifiuto.

## 3. Applicazioni Pratiche e Interpretazioni Giurisprudenziali

### 3.1. Accesso ai Documenti Urbanistici

Un esempio classico di accesso ai documenti amministrativi riguarda la richiesta di accesso ai piani urbanistici comunali da parte di un cittadino interessato a conoscere le previsioni edificatorie riguardanti un determinato lotto di terreno. L'amministrazione comunale è tenuta a consentire l'accesso a tali documenti, salvo che non sussistano motivi di esclusione previsti dalla legge.

### 3.2. Accesso agli Atti di Gara

Un'impresa che partecipa a una gara d'appalto può richiedere l'accesso agli atti di gara per verificare la regolarità della procedura e delle offerte presentate dagli altri concorrenti. Questo tipo di accesso è fondamentale per garantire la trasparenza e l'imparzialità delle procedure di affidamento dei contratti pubblici.

### 3.3. Accesso ai Documenti Sanitari

Un paziente o i suoi eredi possono richiedere l'accesso alla cartella clinica presso una struttura sanitaria. L'accesso a tali documenti è un diritto riconosciuto per consentire la tutela della salute e la verifica della correttezza delle cure ricevute.

### Esempi Pratici

**1. Accesso ai Verbali di una Riunione Comunale**: Un cittadino richiede di prendere visione dei verbali di una riunione del consiglio comunale riguardante una delibera che impatta sul suo quartiere. L'amministrazione comunale deve garantire l'accesso, salvo motivi di riservatezza.

**2. Richiesta di Accesso agli Atti di un Concorso Pubblico**: Un partecipante a un concorso pubblico chiede di accedere agli atti della procedura selettiva per verificare la regolarità delle valutazioni. L'amministrazione deve consentire l'accesso, garantendo la trasparenza del concorso.

**3. Richiesta di Accesso agli Atti di Controllo Ambientale**: Un'associazione ambientalista richiede di accedere ai rapporti di controllo ambientale effettuati dall'ARPA (Agenzia Regionale per la Protezione Ambientale) su una determinata area. L'ARPA deve garantire l'accesso, salvo eccezioni previste dalla legge.

# 7.3. RESPONSABILE DEL PROCEDIMENTO

Il responsabile del procedimento rappresenta una figura cardine nella disciplina del diritto amministrativo italiano, introdotta con la Legge 7 agosto 1990, n. 241. Questo ruolo è stato istituito per garantire la correttezza, la trasparenza e l'efficienza dell'azione amministrativa. La designazione del responsabile del procedimento mira a migliorare il rapporto tra pubblica amministrazione e cittadini, assicurando che ogni procedimento amministrativo sia gestito in modo chiaro e responsabile. Esplorare le funzioni, le responsabilità e le modalità operative del responsabile del procedimento permette di comprendere meglio come la pubblica amministrazione italiana si sforzi di promuovere un'amministrazione più aperta e partecipativa.

## 1. Designazione del Responsabile del Procedimento

### 1.1. Normativa di Riferimento

La figura del responsabile del procedimento è disciplinata dall'articolo 5 della L. 241/1990. La norma stabilisce che in ogni procedimento amministrativo vi sia un responsabile specificamente individuato, il quale può essere un funzionario o un dirigente dell'amministrazione competente. Questa designazione deve essere effettuata all'atto dell'inizio del procedimento e comunicata agli interessati.

### 1.2. Compiti e Funzioni

Il responsabile del procedimento ha il compito di curare l'istruttoria, accertare la regolarità della procedura, garantire la tempestività e la correttezza delle comunicazioni e predisporre gli atti preparatori alla decisione finale. Tra le funzioni principali vi sono:

- L'accertamento d'ufficio dei fatti e l'acquisizione delle informazioni necessarie.
- L'adozione di misure per l'istruttoria, come richieste di pareri, perizie, ispezioni.

- La convocazione di conferenze di servizi, se necessarie.
- La redazione e la sottoscrizione della relazione finale.

## 1.3. Responsabilità e Potestà

Il responsabile del procedimento risponde della correttezza e della legittimità dell'istruttoria. Egli deve garantire che tutte le fasi procedurali siano svolte secondo quanto stabilito dalla legge e dai regolamenti. Inoltre, ha il potere di adottare i provvedimenti interinali e conclusivi del procedimento, salvo diversa disposizione normativa.

## 2. Procedura di Nomina e Comunicazione

### 2.1. Modalità di Nomina

La nomina del responsabile del procedimento deve essere effettuata dal dirigente dell'unità organizzativa competente. La scelta del responsabile è fondamentale per assicurare che il procedimento sia gestito da un soggetto con adeguate competenze e capacità.

### 2.2. Comunicazione agli Interessati

La comunicazione agli interessati della nomina del responsabile del procedimento è un atto obbligatorio. Questa comunicazione deve contenere l'indicazione del responsabile, il suo ufficio di appartenenza e i recapiti utili per qualsiasi richiesta di informazione o chiarimento da parte degli interessati.

## 3. Interazione con gli Interessati

### 3.1. Diritto di Informazione

Gli interessati hanno diritto di essere informati sullo stato del procedimento e di accedere agli atti relativi. Il responsabile del procedimento deve assicurare che le informazioni siano fornite tempestivamente e in modo chiaro.

### 3.2. Partecipazione Procedimentale

Il responsabile del procedimento ha il compito di garantire la partecipazione degli interessati, invitandoli a presentare memorie, osservazioni e documenti. Questo aspetto è cruciale per assicurare che tutte le posizioni siano considerate nel processo decisionale.

### 3.3. Comunicazione degli Esiti

Al termine del procedimento, il responsabile deve comunicare l'esito agli interessati, fornendo una motivazione adeguata per le decisioni adottate. La comunicazione deve avvenire nel rispetto dei termini stabiliti dalla legge.

## 4. Problematiche e Criticità

### 4.1. Carico di Lavoro

Uno dei principali problemi che può affliggere il responsabile del procedimento è il carico di lavoro. Un'eccessiva mole di procedimenti da gestire può compromettere la qualità dell'istruttoria e la tempestività delle decisioni.

### 4.2. Conflitti di Interesse

Il responsabile del procedimento deve evitare qualsiasi situazione che possa comportare un conflitto di interesse. La presenza di conflitti di interesse può minare la fiducia degli interessati e la legittimità delle decisioni amministrative.

### 4.3. Formazione e Aggiornamento

È fondamentale che il responsabile del procedimento sia adeguatamente formato e aggiornato sulle normative e sulle prassi amministrative. La mancanza di formazione può incidere negativamente sull'efficienza e sulla correttezza dell'azione amministrativa.

# 7.4. EFFICIENZA E TRASPARENZA

L'efficienza e la trasparenza sono principi cardine del diritto amministrativo, volti a garantire che l'azione della pubblica amministrazione sia orientata al raggiungimento dei migliori risultati con l'ottimizzazione delle risorse disponibili e al contempo, sia svolta in modo aperto e accessibile ai cittadini. Questi principi sono fondamentali per instaurare un rapporto di fiducia tra amministrazione e cittadini, assicurando che ogni attività amministrativa sia svolta in maniera responsabile, tracciabile e aperta al controllo pubblico. L'integrazione di efficienza e trasparenza nella gestione pubblica contribuisce a migliorare la qualità dei servizi offerti e a prevenire fenomeni di corruzione.

## 1. Efficienza nella Pubblica Amministrazione

### 1.1. Definizione e Obiettivi

L'efficienza nella pubblica amministrazione si riferisce alla capacità di raggiungere gli obiettivi prefissati utilizzando al meglio le risorse disponibili, minimizzando gli sprechi e ottimizzando i processi operativi. Un'amministrazione efficiente è in grado di fornire servizi di qualità in tempi ragionevoli, rispondendo in modo adeguato alle esigenze dei cittadini.

### 1.2. Strumenti per l'Efficienza

Gli strumenti per garantire l'efficienza amministrativa includono:

• **Digitalizzazione dei Processi**: L'adozione di tecnologie digitali consente di semplificare e velocizzare le procedure amministrative, riducendo i tempi di attesa e migliorando l'accessibilità dei servizi.
• **Formazione e Aggiornamento del Personale**: Investire nella formazione continua

del personale amministrativo assicura che i dipendenti siano sempre aggiornati sulle normative e sulle tecniche operative più efficaci.

• **Misurazione e Valutazione delle Performance**: L'implementazione di sistemi di monitoraggio e valutazione delle performance consente di identificare aree di miglioramento e di intervenire tempestivamente per correggere eventuali inefficienze.

### 1.3. Normativa di Riferimento

Il principio di efficienza è sancito dall'articolo 97 della Costituzione Italiana, che stabilisce che i pubblici uffici devono essere organizzati secondo criteri di efficienza e imparzialità. Inoltre, la L. 241/1990 e successive modifiche promuovono l'efficienza come uno degli obiettivi principali della pubblica amministrazione.

## 2. Trasparenza nella Pubblica Amministrazione

### 2.1. Definizione e Obiettivi

La trasparenza consiste nella possibilità per i cittadini di accedere alle informazioni e ai documenti relativi all'attività amministrativa. Questo principio mira a rendere l'azione pubblica comprensibile e verificabile, favorendo la partecipazione e il controllo sociale.

### 2.2. Strumenti per la Trasparenza

Gli strumenti fondamentali per garantire la trasparenza includono:

• **Accesso ai Documenti Amministrativi**: La L. 241/1990 stabilisce il diritto di ogni cittadino di accedere agli atti e ai documenti amministrativi, favorendo la partecipazione e il controllo sull'attività della pubblica amministrazione.
• **Pubblicazione di Atti e Documenti**: Le amministrazioni pubbliche sono obbligate a pubblicare online una serie di documenti, come bilanci, bandi di gara, delibere e regolamenti, per garantire la trasparenza delle loro attività.
• **Open Data**: La diffusione di dati aperti consente ai cittadini di accedere liberamente a informazioni e dati prodotti dalla pubblica amministrazione, promuovendo l'innovazione e la partecipazione civica.

### 2.3. Normativa di Riferimento

Il principio di trasparenza è regolato da diverse normative, tra cui il D.Lgs. 33/2013, noto come "Decreto Trasparenza", che obbliga le pubbliche amministrazioni a pubblicare sul proprio sito istituzionale documenti, informazioni e dati concernenti l'organizzazione e l'attività amministrativa.

## 3. Interazione tra Efficienza e Trasparenza

### 3.1. Sinergie e Benefici

L'efficienza e la trasparenza non sono principi isolati, ma interagiscono tra loro in modo sinergico. Una pubblica amministrazione efficiente è in grado di implementare strumenti di trasparenza in modo più efficace, mentre una maggiore trasparenza contribuisce a migliorare l'efficienza grazie al controllo e alla partecipazione dei cittadini.

## 3.2. Sfide e Criticità

Implementare simultaneamente efficienza e trasparenza può presentare delle sfide, come la resistenza al cambiamento da parte del personale amministrativo, la complessità nell'integrazione dei nuovi strumenti digitali e la necessità di bilanciare l'accessibilità delle informazioni con la tutela della riservatezza e della sicurezza.

### Esempi Pratici

**1. Portale della Trasparenza**: Un comune implementa un portale online dove i cittadini possono accedere a tutte le delibere, i bilanci e i bandi di gara. Questo strumento aumenta la trasparenza e consente ai cittadini di monitorare l'operato dell'amministrazione.

**2. Digitalizzazione delle Procedure**: Un'agenzia governativa introduce un sistema di gestione documentale digitale che permette di ridurre i tempi di attesa per l'istruttoria delle pratiche, migliorando l'efficienza e la trasparenza del processo amministrativo.

**3. Performance Management**: Un'amministrazione regionale adotta un sistema di valutazione delle performance basato su indicatori chiari e misurabili. I risultati vengono pubblicati online, permettendo ai cittadini di valutare l'efficienza dell'amministrazione.

# 7.5. DIGITALIZZAZIONE DELLA PA

La digitalizzazione della Pubblica Amministrazione (PA) rappresenta uno degli sviluppi più significativi nell'evoluzione delle amministrazioni pubbliche moderne. Questo processo non riguarda semplicemente l'adozione di nuove tecnologie, ma implica una trasformazione profonda nei metodi di lavoro, nell'organizzazione interna e nei rapporti con i cittadini e le imprese. L'obiettivo principale della digitalizzazione è migliorare l'efficienza, la trasparenza e la qualità dei servizi offerti, facilitando l'accesso alle informazioni e promuovendo una maggiore partecipazione civica.

## 1. Fondamenti della Digitalizzazione

### 1.1. Definizione e Obiettivi

La digitalizzazione della PA si riferisce all'integrazione delle tecnologie dell'informazione e della comunicazione (ICT) nei processi amministrativi. Gli obiettivi fondamentali sono:

- **Efficienza**: Ridurre i tempi e i costi delle procedure amministrative.
- **Accessibilità**: Rendere i servizi pubblici più facilmente accessibili ai cittadini e alle imprese.
- **Trasparenza**: Aumentare la trasparenza dell'azione amministrativa attraverso la pubblicazione online di documenti e dati.
- **Partecipazione**: Favorire la partecipazione dei cittadini alla vita pubblica mediante strumenti digitali.

### 1.2. Normativa di Riferimento

Il quadro normativo italiano in materia di digitalizzazione della PA è stato delineato da una serie di leggi e decreti, tra cui:

• **Codice dell'Amministrazione Digitale (CAD)**, D.Lgs. 7 marzo 2005, n. 82, e successive modifiche, che costituisce la base giuridica per la digitalizzazione dei processi amministrativi.
• **Piano Triennale per l'Informatica nella Pubblica Amministrazione**, che stabilisce le linee guida e gli obiettivi per la trasformazione digitale delle PA.
• **Agenda Digitale Italiana**, che include una serie di iniziative strategiche per promuovere la digitalizzazione nel Paese.

## 2. Strumenti e Tecnologie

### 2.1. Piattaforme Digitali

Le piattaforme digitali sono strumenti essenziali per la digitalizzazione della PA. Tra queste, le più significative sono:

• **SPID (Sistema Pubblico di Identità Digitale)**: Consente ai cittadini di accedere ai servizi online della PA con un'unica identità digitale.
• **PagoPA**: Una piattaforma per i pagamenti elettronici verso la PA, che semplifica e rende trasparenti le transazioni.
• **ANPR (Anagrafe Nazionale della Popolazione Residente)**: Una banca dati centralizzata che raccoglie le informazioni anagrafiche di tutti i cittadini italiani.

### 2.2. Cloud Computing

L'adozione del cloud computing permette alle PA di gestire in modo più flessibile e sicuro i propri dati e applicazioni. I vantaggi includono:

• **Scalabilità**: La possibilità di adattare rapidamente le risorse alle esigenze.
• **Riduzione dei Costi**: Minori investimenti in infrastrutture hardware.
• **Sicurezza**: Miglioramento della sicurezza e della protezione dei dati.

### 2.3. Open Data

La pubblicazione di dati aperti (open data) favorisce la trasparenza e l'innovazione, permettendo a cittadini, imprese e ricercatori di accedere e utilizzare i dati pubblici per sviluppare nuovi servizi e soluzioni.

## 3. Processi di Digitalizzazione

### 3.1. Digitalizzazione dei Procedimenti Amministrativi

La digitalizzazione dei procedimenti amministrativi implica la conversione dei processi tradizionali in formati digitali, riducendo l'uso della carta e migliorando l'efficienza operativa. Ciò comporta:

• **Dematerializzazione**: La sostituzione dei documenti cartacei con documenti digitali.
• **Workflow Management**: L'uso di sistemi di gestione dei flussi di lavoro per automatizzare e monitorare i processi amministrativi.

• **Firma Digitale**: L'adozione di firme elettroniche per garantire la validità legale dei documenti digitali.

### 3.2. E-Government e Servizi Online

L'e-government si riferisce all'offerta di servizi pubblici tramite piattaforme digitali. Tra i principali servizi online troviamo:

• **Portali Web**: Siti internet delle amministrazioni pubbliche che forniscono informazioni e servizi ai cittadini.
• **App Mobile**: Applicazioni mobili che permettono ai cittadini di accedere ai servizi pubblici da dispositivi portatili.
• **PEC (Posta Elettronica Certificata)**: Uno strumento per la trasmissione di documenti con valore legale.

### 3.3. Formazione e Cambiamento Culturale

La digitalizzazione richiede un cambiamento culturale all'interno delle amministrazioni pubbliche, che deve essere supportato da un adeguato programma di formazione e aggiornamento per i dipendenti pubblici. È essenziale che il personale acquisisca competenze digitali e che sia motivato a utilizzare i nuovi strumenti in modo efficace.

### Esempi Pratici

**1. Comune di Milano e il Portale dei Servizi**: Il Comune di Milano ha implementato un portale online che consente ai cittadini di accedere a numerosi servizi, come la richiesta di certificati anagrafici, il pagamento di tributi e la prenotazione di appuntamenti. Questo ha notevolmente migliorato l'efficienza e la trasparenza dell'amministrazione locale.
**2. INPS e MyINPS**: L'INPS (Istituto Nazionale della Previdenza Sociale) ha sviluppato la piattaforma MyINPS, che permette agli utenti di gestire la propria posizione previdenziale, presentare domande per prestazioni e accedere a informazioni personalizzate, riducendo i tempi di attesa e semplificando le procedure.
**3. Progetto Italia Login**: Un'iniziativa del governo italiano per creare un punto di accesso unico ai servizi digitali della PA, facilitando l'interazione tra cittadini e amministrazioni e migliorando l'efficienza dei servizi offerti.

# 8. IL SISTEMA DEI CONTROLLI

Il sistema dei controlli è un elemento fondamentale del diritto amministrativo, volto a garantire la legittimità, l'efficacia e l'efficienza dell'azione della Pubblica Amministrazione (PA). Attraverso un complesso di meccanismi e procedure, i controlli consentono di verificare che l'operato delle amministrazioni pubbliche rispetti i principi di legalità, buon andamento, imparzialità e trasparenza. Tali controlli sono essenziali per prevenire abusi, inefficienze e fenomeni corruttivi, nonché per assicurare che le risorse pubbliche siano utilizzate in modo responsabile e conforme agli obiettivi di interesse generale.

## 1. Tipologie di Controlli

### 1.1. Controlli Interni

I controlli interni sono quei meccanismi di verifica che vengono esercitati all'interno della stessa amministrazione, con l'obiettivo di monitorare e migliorare i processi e le attività svolte. Questi controlli possono essere distinti in diverse categorie:

• **Controllo di Regolarità Amministrativa e Contabile**: Mira a verificare la correttezza formale degli atti e delle procedure amministrative, nonché la regolarità della gestione contabile e finanziaria.
• **Controllo di Gestione**: Valuta l'efficacia, l'efficienza e l'economicità dell'azione amministrativa, al fine di migliorare le performance e ottimizzare l'uso delle risorse.
• **Controllo Strategico**: Esamina il grado di raggiungimento degli obiettivi programmati, analizzando i risultati ottenuti rispetto alle previsioni e agli indirizzi strategici dell'ente.

### 1.2. Controlli Esterni

I controlli esterni sono effettuati da organi e istituzioni indipendenti rispetto all'amministrazione controllata, al fine di garantire un'analisi imparziale e obiettiva. Tra i principali controlli esterni troviamo:

• **Controllo della Corte dei Conti**: La Corte dei Conti esercita un controllo di legittimità e di merito sulla gestione finanziaria degli enti pubblici, verificando la regolarità e l'efficacia della gestione delle risorse pubbliche.
• **Controllo Parlamentare**: Il Parlamento esercita una funzione di controllo politico sull'attività del governo e delle amministrazioni pubbliche, attraverso interrogazioni, interpellanze e commissioni d'inchiesta.
• **Controllo delle Autorità Amministrative Indipendenti**: Enti come l'Autorità Nazionale Anticorruzione (ANAC) e il Garante per la protezione dei dati personali esercitano funzioni di vigilanza e controllo in specifici settori dell'azione amministrativa.

## 2. La Corte dei Conti

### 2.1. Funzioni e Competenze

La Corte dei Conti è l'organo costituzionale preposto al controllo sulla gestione delle finanze pubbliche e al giudizio sulla responsabilità amministrativa e contabile dei funzionari pubblici. Le sue principali funzioni includono:

• **Controllo Preventivo di Legittimità**: Verifica la conformità alla legge degli atti sottoposti al suo esame prima della loro esecuzione.
• **Controllo Successivo di Legittimità e di Merito**: Esamina gli atti e la gestione finanziaria degli enti pubblici, valutandone la regolarità, l'efficacia e l'efficienza.
• **Giudizio di Contabilità**: Giudica sulla responsabilità contabile dei funzionari pubblici, accertando eventuali danni erariali e disponendo il risarcimento a favore dell'ente danneggiato.

### 2.2. Organizzazione

La Corte dei Conti è articolata in sezioni, sia centrali che regionali, ciascuna delle quali ha competenze specifiche in materia di controllo e giurisdizione contabile. Le sezioni centrali si occupano principalmente delle questioni di rilevanza nazionale, mentre le sezioni regionali svolgono il controllo sugli enti locali.

## 3. Autorità Amministrative Indipendenti

### 3.1. Definizione e Caratteristiche

Le autorità amministrative indipendenti sono enti pubblici dotati di autonomia organizzativa e finanziaria, istituiti per garantire l'imparzialità e l'obiettività del controllo in specifici settori. Tra le principali autorità indipendenti troviamo:

• **Autorità Nazionale Anticorruzione (ANAC)**: Vigila sulla prevenzione della corruzione e sull'attuazione della trasparenza nella PA.

• **Autorità Garante della Concorrenza e del Mercato (AGCM)**: Assicura il rispetto delle norme a tutela della concorrenza e dei diritti dei consumatori.
• **Garante per la Protezione dei Dati Personali**: Tutela i diritti degli individui riguardo al trattamento dei dati personali.

### 3.2. Funzioni e Poteri

Le autorità indipendenti esercitano funzioni di regolazione, vigilanza e controllo, adottando provvedimenti vincolanti per le amministrazioni e per i soggetti privati. Esse possono svolgere attività ispettive, imporre sanzioni amministrative e promuovere azioni correttive per garantire il rispetto delle norme.

### Esempi Pratici

**1. Corte dei Conti e il Controllo sulle Spese Sanitarie**: La Corte dei Conti ha condotto un'analisi sulle spese sanitarie delle regioni italiane, evidenziando inefficienze e proponendo misure correttive per migliorare la gestione delle risorse.
**2. ANAC e la Vigilanza sugli Appalti Pubblici**: L'ANAC ha monitorato una gara d'appalto di rilevanza nazionale, riscontrando irregolarità nella procedura e disponendo l'annullamento dell'aggiudicazione per garantire la trasparenza e la legalità.
**3. AGCM e la Tutela della Concorrenza**: L'AGCM ha sanzionato un gruppo di imprese per pratiche anticoncorrenziali, imponendo modifiche nei loro comportamenti commerciali per ripristinare condizioni di mercato corrette.

# 8.1. CONTROLLI INTERNI

I controlli interni rappresentano un elemento cruciale nel sistema di governance delle amministrazioni pubbliche. Questi controlli, esercitati all'interno della stessa organizzazione amministrativa, sono progettati per assicurare la regolarità, l'efficienza e l'efficacia dei processi amministrativi, nonché la conformità alle normative vigenti. La loro funzione è di prevenire errori, frodi e abusi, migliorando al contempo la trasparenza e la responsabilità gestionale. I controlli interni costituiscono quindi un sistema complesso e articolato, fondamentale per la buona amministrazione.

### 1. Tipologie di Controlli Interni

### 1.1. Controllo di Regolarità Amministrativa e Contabile

Il controllo di regolarità amministrativa e contabile è finalizzato a verificare la conformità delle operazioni amministrative e finanziarie alle leggi e ai regolamenti. Si tratta di un controllo formale che mira a garantire che tutte le transazioni siano correttamente registrate e documentate. Le principali funzioni di questo controllo includono:

- **Verifica dei Documenti**: Esaminare la corretta compilazione e archiviazione dei documenti amministrativi e contabili.
- **Conformità Normativa**: Assicurare che tutte le operazioni siano conformi alle leggi, ai regolamenti e alle direttive interne.
- **Integrità dei Dati**: Garantire l'accuratezza e la completezza delle informazioni contabili.

### 1.2. Controllo di Gestione

Il controllo di gestione è un processo volto a valutare l'efficienza e l'efficacia dell'azione amministrativa. Questo tipo di controllo analizza le performance dell'organizzazione rispetto agli obiettivi prefissati, monitorando l'uso delle risorse e individuando eventuali aree di miglioramento. Le sue principali caratteristiche includono:

• **Analisi delle Performance**: Valutare i risultati ottenuti in relazione agli obiettivi pianificati.
• **Monitoraggio delle Risorse**: Controllare l'utilizzo efficiente ed efficace delle risorse disponibili.
• **Reporting e Feedback**: Fornire informazioni utili per la gestione e la correzione delle strategie operative.

### 1.3. Controllo Strategico

Il controllo strategico si focalizza sull'analisi e sulla valutazione delle strategie adottate dall'amministrazione per raggiungere i propri obiettivi di lungo termine. Questo controllo verifica la coerenza delle attività con le missioni e le visioni dell'ente, assicurando che le risorse siano allocate in modo ottimale per sostenere le priorità strategiche. Le principali funzioni sono:

• **Valutazione delle Strategie**: Analizzare la validità e l'attuazione delle strategie adottate.
• **Allineamento degli Obiettivi**: Assicurare che gli obiettivi operativi siano in linea con quelli strategici.
• **Aggiustamenti Strategici**: Proporre modifiche e aggiustamenti alle strategie in risposta a cambiamenti interni o esterni.

## 2. Strumenti e Metodi dei Controlli Interni

### 2.1. Audit Interno

L'audit interno è uno strumento essenziale per l'attuazione dei controlli interni. Gli auditor interni svolgono attività di verifica e valutazione indipendenti, esaminando l'efficacia dei processi di controllo e suggerendo miglioramenti. Le principali attività dell'audit interno includono:

• **Valutazione dei Rischi**: Identificare e valutare i rischi potenziali che possono influenzare l'organizzazione.
• **Verifica dei Controlli**: Esaminare l'efficacia dei controlli interni in atto.
• **Rapporti di Audit**: Fornire relazioni dettagliate con raccomandazioni per migliorare le pratiche amministrative.

### 2.2. Indicatori di Performance (KPI)

L'uso di indicatori di performance (Key Performance Indicators, KPI) è fondamentale per il controllo di gestione. I KPI sono metriche quantificabili che permettono di monitorare le performance dell'amministrazione in vari ambiti. Esempi di KPI includono:

- **Efficienza Operativa**: Tempo medio di evasione delle pratiche amministrative.
- **Qualità del Servizio**: Livello di soddisfazione degli utenti.
- **Crescita delle Risorse**: Variazione del budget disponibile per progetti strategici.

### 2.3. Sistemi Informativi Integrati

I sistemi informativi integrati facilitano il controllo interno fornendo una visione completa e aggiornata delle attività amministrative. Questi sistemi supportano la raccolta, l'elaborazione e l'analisi dei dati, migliorando la capacità decisionale. Le caratteristiche principali includono:

- **Gestione Documentale**: Archiviazione e accesso ai documenti amministrativi digitali.
- **Monitoraggio in Tempo Reale**: Accesso a informazioni aggiornate per una gestione proattiva.
- **Analisi dei Dati**: Strumenti per l'analisi dei dati che supportano il controllo di gestione e strategico.

### Esempi Pratici

**1. Audit Interno in un Comune**: Un comune ha istituito un ufficio di audit interno per valutare la regolarità dei processi di appalto. L'audit ha rilevato alcune non conformità e ha suggerito l'implementazione di nuove procedure per migliorare la trasparenza e l'efficienza degli appalti.

**2. KPI nella Sanità Pubblica**: Una ASL ha adottato KPI per monitorare i tempi di attesa nelle strutture sanitarie. L'analisi dei dati ha permesso di identificare aree critiche e di introdurre misure per ridurre i tempi di attesa e migliorare la qualità del servizio.

**3. Sistema Informativo Integrato in un Ministero**: Un ministero ha implementato un sistema informativo integrato per la gestione delle risorse umane e finanziarie. Questo ha migliorato la visibilità sui dati e ha facilitato il controllo interno, permettendo una gestione più efficiente delle risorse.

# 8.2. CONTROLLI ESTERNI

I controlli esterni rappresentano una componente essenziale del sistema di vigilanza e garanzia nell'amministrazione pubblica. Essi mirano a garantire che le attività amministrative siano svolte nel rispetto dei principi di legalità, trasparenza, efficienza ed efficacia. A differenza dei controlli interni, i controlli esterni sono condotti da enti e organismi indipendenti dall'amministrazione controllata, il che assicura una valutazione imparziale e oggettiva delle operazioni amministrative. Tali controlli non si limitano alla mera verifica della conformità delle azioni amministrative alle leggi, ma si estendono alla valutazione complessiva della gestione e dell'efficacia delle politiche pubbliche.

## 1. Tipologie di Controlli Esterni

### 1.1. Controllo della Corte dei Conti

La Corte dei Conti è uno degli organi principali deputati al controllo esterno delle amministrazioni pubbliche in Italia. Essa esercita un controllo sia preventivo che successivo, garantendo che le risorse pubbliche siano gestite in modo conforme alla legge e agli standard di efficienza ed efficacia.

- **Controllo Preventivo di Legittimità**: La Corte verifica preventivamente la legittimità degli atti di spesa pubblica, assicurandosi che essi rispettino le normative vigenti prima della loro esecuzione.
- **Controllo Successivo sulla Gestione**: Analizza la gestione finanziaria degli enti pubblici, valutando l'uso delle risorse in termini di efficienza, efficacia ed economicità. Questo controllo include l'esame di bilanci e rendiconti.
- **Giurisdizione Contabile**: La Corte dei Conti ha anche funzioni giurisdizionali, potendo giudicare la responsabilità contabile e amministrativa di funzionari e amministratori pubblici in caso di danno erariale.

## 1.2. Controllo Parlamentare

Il controllo parlamentare è esercitato dal Parlamento italiano tramite vari strumenti che consentono di monitorare l'azione del governo e delle amministrazioni pubbliche.

• **Interrogazioni e Interpellanze**: I parlamentari possono presentare interrogazioni e interpellanze per ottenere informazioni dal Governo sull'operato delle amministrazioni.
• **Commissioni di Inchiesta**: Il Parlamento può istituire commissioni di inchiesta per indagare su particolari problematiche di interesse pubblico.
• **Audizioni e Relazioni**: Le commissioni parlamentari possono svolgere audizioni di esperti, funzionari e rappresentanti della società civile per raccogliere informazioni e formulare raccomandazioni.

## 1.3. Controllo Giudiziario

Il controllo giudiziario è esercitato dai tribunali amministrativi regionali (TAR) e dal Consiglio di Stato, che hanno il compito di verificare la legittimità degli atti amministrativi.

• **Ricorsi Amministrativi**: I cittadini possono impugnare gli atti amministrativi ritenuti illegittimi attraverso ricorsi presentati ai TAR.
• **Sentenze di Annullamento**: I tribunali possono annullare atti amministrativi che risultino viziati da illegittimità.
• **Tutela dei Diritti**: Il controllo giudiziario garantisce la tutela dei diritti e degli interessi legittimi dei cittadini contro eventuali abusi o irregolarità dell'amministrazione.

## 2. Strumenti e Metodi dei Controlli Esterni

### 2.1. Relazioni e Rapporti

Gli organi di controllo, come la Corte dei Conti e le commissioni parlamentari, producono relazioni e rapporti che documentano i risultati delle verifiche effettuate. Questi documenti forniscono un'analisi dettagliata delle criticità riscontrate e suggeriscono misure correttive.

• **Analisi Critica**: Le relazioni offrono una valutazione critica delle operazioni amministrative, evidenziando eventuali irregolarità o inefficienze.
• **Raccomandazioni**: Vengono proposte azioni correttive per migliorare la gestione delle risorse pubbliche e prevenire future irregolarità.
• **Pubblicità**: La diffusione delle relazioni assicura trasparenza e informazione al pubblico, contribuendo a rafforzare la fiducia nelle istituzioni.

### 2.2. Ispezioni e Verifiche

Le ispezioni e le verifiche costituiscono un metodo diretto di controllo, permettendo agli organi competenti di esaminare sul campo le operazioni amministrative.

• **Accesso ai Documenti**: Gli ispettori hanno il diritto di accedere ai documenti amministrativi per verificare la regolarità delle operazioni.
• **Verifica delle Operazioni**: Le attività amministrative vengono controllate direttamente per valutare la conformità alle normative e agli standard di efficienza.
• **Interviste e Questionari**: Informazioni aggiuntive possono essere raccolte tramite interviste ai funzionari e questionari specifici.

### 2.3. Audizioni e Consultazioni

Le audizioni e le consultazioni permettono di raccogliere informazioni da diverse fonti e di valutare l'efficacia delle politiche pubbliche.

• **Partecipazione**: Esperti, funzionari pubblici e rappresentanti della società civile vengono coinvolti nel processo di valutazione.
• **Trasparenza**: Le audizioni possono essere pubbliche, garantendo trasparenza nel processo di controllo.
• **Raccomandazioni**: Vengono raccolti suggerimenti e proposte per migliorare l'azione amministrativa.

### Esempi Pratici

1. **Controllo della Corte dei Conti su una Regione**: La Corte dei Conti ha effettuato un controllo sulla gestione finanziaria di una regione, rilevando irregolarità nell'uso dei fondi europei e suggerendo misure correttive per evitare future sanzioni.
2. **Commissione Parlamentare su un Settore Sanitario**: Una commissione parlamentare ha indagato sulle inefficienze del sistema sanitario di una regione, raccogliendo testimonianze da esperti e funzionari, e ha proposto una riforma per migliorare la gestione delle risorse.
3. **Ispezione del Ministero dell'Istruzione**: Un'ispezione condotta dal Ministero dell'Istruzione ha rivelato carenze nella gestione delle scuole pubbliche, portando alla revisione delle procedure di allocazione dei fondi e alla formazione del personale amministrativo.

# 8.3. CORTE DEI CONTI

La Corte dei Conti è un organo costituzionale della Repubblica Italiana, responsabile delle funzioni di controllo e giurisdizionali riguardanti la contabilità pubblica. La sua attività si configura come un presidio fondamentale per garantire la legalità, la trasparenza e l'efficienza nella gestione delle risorse pubbliche. Fondata nel 1862, la Corte dei Conti ha evoluto le sue competenze e funzioni in risposta alle mutate esigenze del sistema amministrativo e alle riforme normative. Essa opera su diversi livelli di controllo, che spaziano dal controllo preventivo di legittimità alla verifica successiva della gestione finanziaria, fino all'esercizio della giurisdizione contabile.

## 1. Funzioni e Competenze

### 1.1. Controllo Preventivo di Legittimità

Il controllo preventivo di legittimità è finalizzato a verificare la conformità degli atti amministrativi alle normative vigenti prima della loro esecuzione. Questo tipo di controllo si applica principalmente agli atti di spesa delle amministrazioni pubbliche centrali e locali.

- **Oggetto del Controllo**: Gli atti soggetti a controllo preventivo comprendono contratti, decreti, e altre decisioni che comportano impegni di spesa rilevanti.
- **Procedura di Controllo**: La Corte esamina gli atti sotto il profilo della legittimità formale e sostanziale, verificando la conformità alle leggi, ai regolamenti e ai principi contabili.
- **Effetti del Controllo**: Gli atti ritenuti non conformi possono essere rinviati all'amministrazione competente per le necessarie correzioni. In caso di persistente illegittimità, la Corte può esprimere un parere negativo vincolante.

## 2. Controllo Successivo sulla Gestione

Il controllo successivo sulla gestione ha l'obiettivo di valutare l'uso delle risorse pubbliche in termini di efficacia, efficienza ed economicità. Questo controllo si svolge attraverso l'analisi dei bilanci e dei rendiconti degli enti pubblici.

- **Oggetto del Controllo**: La gestione finanziaria degli enti pubblici, inclusi ministeri, regioni, comuni e altre amministrazioni locali, nonché enti pubblici economici e aziende sanitarie.
- **Metodologia**: La Corte utilizza una metodologia basata su indicatori di performance e audit finanziari per valutare la gestione amministrativa.
- **Relazioni di Controllo**: I risultati del controllo vengono documentati in relazioni dettagliate, che evidenziano criticità e propongono raccomandazioni per migliorare la gestione delle risorse.

### 3. Giurisdizione Contabile

La giurisdizione contabile è una funzione giudiziaria che consente alla Corte dei Conti di giudicare i responsabili della gestione delle risorse pubbliche in caso di danno erariale.

- **Oggetto del Giudizio**: Il giudizio riguarda la responsabilità amministrativa e contabile di funzionari e amministratori pubblici che, attraverso atti o omissioni, abbiano causato un danno economico all'ente pubblico.
- **Procedura Giudiziaria**: La procedura si avvia su iniziativa del Pubblico Ministero presso la Corte dei Conti, che formula l'accusa di danno erariale. Il processo si svolge con modalità simili a quelle dei procedimenti civili, con la possibilità di appello e ricorso in Cassazione.
- **Sanzioni**: Le sanzioni possono consistere nel risarcimento del danno, che può essere parziale o totale, a carico dei responsabili individuati.

### 4. Controllo di Congruità delle Spese Elettorali

La Corte dei Conti svolge anche un controllo specifico sulle spese elettorali, verificando la correttezza delle rendicontazioni presentate dai candidati e dalle liste partecipanti alle elezioni.

- **Oggetto del Controllo**: Le spese sostenute per la campagna elettorale, comprese le donazioni e i contributi ricevuti.
- **Procedura di Verifica**: La Corte esamina i rendiconti finanziari presentati, assicurandosi che rispettino i limiti di spesa e le normative vigenti in materia di trasparenza e legalità.
- **Effetti del Controllo**: In caso di irregolarità, la Corte può disporre sanzioni amministrative e, in casi gravi, trasmettere gli atti all'autorità giudiziaria competente.

### Esempi Pratici

**1. Controllo della Corte dei Conti su una Regione**: Nel 2020, la Corte dei Conti ha effettuato un controllo sulla gestione finanziaria della Regione Sicilia, rilevando irregolarità nell'uso dei fondi destinati alla sanità. La relazione finale ha suggerito misure correttive per evitare future sanzioni europee.

**2. Giudizio per Danno Erariale**: Nel 2018, la Corte dei Conti ha condannato un sindaco e alcuni funzionari di un comune del Lazio al risarcimento di danni erariali per aver stipulato contratti di fornitura non conformi alle normative vigenti, causando un danno di oltre un milione di euro.

**3. Controllo di Congruità delle Spese Elettorali**: Dopo le elezioni politiche del 2019, la Corte dei Conti ha verificato le spese elettorali di vari candidati, riscontrando irregolarità in diverse rendicontazioni. Sono state imposte sanzioni amministrative e i casi più gravi sono stati segnalati alla magistratura ordinaria.

# 8.4. AUTORITÀ AMMINISTRATIVE INDIPENDENTI

Le Autorità Amministrative Indipendenti (AAI) rappresentano un elemento cruciale nell'architettura istituzionale italiana e svolgono un ruolo fondamentale nel garantire la tutela di interessi pubblici rilevanti, nonché nel promuovere la trasparenza e l'efficienza della pubblica amministrazione. Nate per rispondere all'esigenza di un controllo imparziale e tecnico su specifici settori, le AAI operano autonomamente rispetto al governo, pur rientrando nell'ordinamento amministrativo dello Stato. La loro indipendenza è essenziale per assicurare un'attività regolatoria e di controllo non influenzata da pressioni politiche.

**1. Definizione e Caratteristiche delle Autorità Amministrative Indipendenti**

## 1.1. Definizione

Le Autorità Amministrative Indipendenti sono enti pubblici dotati di autonomia organizzativa, finanziaria e gestionale, istituiti per esercitare funzioni di regolazione, vigilanza e garanzia in specifici settori di interesse pubblico. Tra le principali caratteristiche che le distinguono troviamo:

- **Autonomia**: Le AAI operano in modo indipendente dal governo e dagli organi politici, garantendo imparzialità e neutralità nelle loro decisioni.
- **Specializzazione**: Sono composte da esperti con elevate competenze tecniche nel settore di riferimento, che garantiscono un elevato livello di professionalità nelle loro attività.
- **Funzioni di regolazione e controllo**: Svolgono attività di regolazione dei mercati, vigilanza sul rispetto delle normative, tutela dei diritti dei cittadini e delle imprese.

## 1.2. Natura Giuridica

Le AAI sono qualificate come enti pubblici non economici. Questa natura giuridica consente loro di operare con un certo grado di autonomia, ma all'interno del quadro normativo che regola la pubblica amministrazione italiana. Sono soggette al controllo della Corte dei Conti e rispondono al Parlamento mediante relazioni periodiche sulle attività svolte.

### 1.3. Indipendenza e Autonomia

L'indipendenza delle AAI è assicurata attraverso diverse misure:

• **Nomina dei membri**: I membri delle autorità sono scelti mediante procedure che prevedono l'intervento di diverse istituzioni, al fine di evitare indebite influenze politiche.
• **Durata del mandato**: La durata del mandato dei membri è solitamente fissata e non coincidente con quella degli organi politici, per evitare sovrapposizioni e pressioni esterne.
• **Autonomia finanziaria**: Le AAI dispongono di bilanci autonomi, finanziati attraverso contributi di mercato o specifici fondi statali, garantendo così l'indipendenza economica.

## 2. Poteri delle Autorità Amministrative Indipendenti

### 2.1. Poteri Regolatori

Le AAI hanno il potere di emanare regolamenti e direttive vincolanti per i settori di loro competenza. Questi atti normativi sono finalizzati a disciplinare comportamenti, fissare standard qualitativi e garantire la corretta applicazione delle normative.

### 2,2, Poteri di Vigilanza e Sanzionatori

Le AAI vigilano sul rispetto delle normative e possono imporre sanzioni in caso di violazioni. I poteri sanzionatori includono:

• **Sanzioni pecuniarie**: Multe e ammende per chi viola le regole stabilite.
• **Provvedimenti inibitori**: Ordini di cessazione di attività o comportamenti non conformi.
• **Poteri ispettivi**: Facoltà di condurre ispezioni e verifiche presso le sedi delle aziende o degli enti soggetti a vigilanza.

### 2.3. Poteri di Risoluzione delle Controversie

Alcune AAI hanno competenze in materia di risoluzione delle controversie tra utenti e fornitori di servizi. Questo potere consente di offrire una soluzione rapida e imparziale ai conflitti, spesso attraverso procedure di conciliazione o arbitrato.

### 2.4. Funzioni Consultive

Le AAI forniscono pareri e consulenze tecniche al governo e al Parlamento.

Questi pareri, pur non vincolanti, sono spesso determinanti nella formazione delle politiche pubbliche e nella stesura di normative.

## 2.5. Principali Autorità Amministrative Indipendenti in Italia

In Italia, esistono diverse AAI, ciascuna operante in un settore specifico. Tra le più rilevanti si annoverano:

• **Autorità Garante della Concorrenza e del Mercato (AGCM)**: Vigila sulla concorrenza nei mercati e sulla correttezza delle pratiche commerciali.
• **Autorità per le Garanzie nelle Comunicazioni (AGCOM)**: Regola il settore delle comunicazioni, garantendo pluralismo e tutela dei consumatori.
• **Autorità Nazionale Anticorruzione (ANAC)**: Contrasta la corruzione nella pubblica amministrazione e vigila sui contratti pubblici.
• **Banca d'Italia**: Svolge funzioni di vigilanza sul sistema bancario e finanziario, pur non essendo una AAI in senso stretto, gode di un elevato grado di autonomia.

### Esempi Pratici

**1. Intervento AGCM su un Cartello**: Nel 2019, l'AGCM ha sanzionato un cartello tra diverse imprese operanti nel settore dell'energia, che avevano concordato i prezzi a discapito dei consumatori. Le sanzioni hanno incluso multe per milioni di euro e misure correttive per ristabilire la concorrenza.
**2. Regolamento AGCOM sulla Net Neutrality**: L'AGCOM ha emanato regolamenti per garantire la net neutrality, obbligando i provider di servizi internet a trattare tutto il traffico dati in modo equo, senza discriminazioni basate su contenuto, applicazioni o servizi.
**3. Indagine ANAC su Appalti Pubblici**: L'ANAC ha condotto un'indagine sui criteri di aggiudicazione degli appalti pubblici in un comune italiano, riscontrando irregolarità nei processi di selezione dei fornitori. L'autorità ha imposto modifiche procedurali per garantire trasparenza e correttezza.

# 9. GIUSTIZIA AMMINISTRATIVA

La giustizia amministrativa rappresenta una componente essenziale del sistema giuridico italiano, volta a garantire la legalità dell'azione amministrativa e la tutela dei diritti dei cittadini nei confronti della pubblica amministrazione. Attraverso un complesso di organi giurisdizionali specializzati, la giustizia amministrativa esercita un controllo di legittimità sugli atti amministrativi, assicurando il rispetto delle norme di legge e dei principi costituzionali. La sua funzione è quindi cruciale per il mantenimento dell'equilibrio tra potere esecutivo e diritti individuali, promuovendo la trasparenza e l'efficienza dell'azione pubblica.

## 1. Evoluzione Storica della Giustizia Amministrativa

### 1.1. Origini e Sviluppo

La giustizia amministrativa italiana ha origini risalenti all'età liberale, con l'istituzione della Quarta Sezione del Consiglio di Stato nel 1889, destinata a svolgere funzioni giurisdizionali. Questo modello, ispirato alla tradizione francese del Conseil d'État, è stato progressivamente affinato e consolidato, culminando nella riforma del 1971 che ha introdotto il sistema duale attuale: da un lato, il Consiglio di Stato come organo di vertice della giustizia amministrativa; dall'altro, i Tribunali Amministrativi Regionali (TAR) come giudici di primo grado.

### 1.2. Riforme Recenti

Negli ultimi decenni, numerose riforme hanno interessato la giustizia amministrativa, con l'obiettivo di aumentarne l'efficienza e l'accessibilità. Tra queste, la riforma del processo amministrativo del 2010 (D.Lgs. 104/2010) ha rappresentato un passaggio fondamentale, introducendo il Codice del processo amministrativo, che ha sistematizzato e innovato la disciplina processuale, rendendola più chiara e coerente.

## 2. Struttura e Competenza degli Organi di Giustizia Amministrativa

### 2.1. Tribunali Amministrativi Regionali (TAR)

I TAR costituiscono il primo grado di giurisdizione amministrativa. Essi sono presenti in ogni regione italiana e sono competenti a giudicare sui ricorsi contro atti amministrativi emessi dalle autorità locali e centrali, entro i limiti della loro circoscrizione territoriale. I TAR possono annullare, riformare o dichiarare nulli gli atti amministrativi impugnati, garantendo la tutela dei diritti soggettivi e degli interessi legittimi dei cittadini.

### 2.2. Consiglio di Stato

Il Consiglio di Stato è il massimo organo di giustizia amministrativa e svolge funzioni sia consultive sia giurisdizionali. In qualità di giudice di appello, il Consiglio di Stato esamina le sentenze emesse dai TAR, verificandone la correttezza e la conformità al diritto. Esso è composto da diverse sezioni, specializzate in differenti ambiti del diritto amministrativo, e può emettere decisioni che costituiscono importanti precedenti giurisprudenziali.

### 2.3. Altri Organi Giurisdizionali

Oltre ai TAR e al Consiglio di Stato, esistono altri organi con funzioni giurisdizionali amministrative, come la Corte dei conti, che giudica sulle materie contabili e finanziarie, e la giurisdizione tributaria, competente in materia fiscale.

## 3. Tipologie di Contenzioso Amministrativo

### 3.1. Ricorso per Annullamento

Il ricorso per annullamento è il mezzo principale attraverso cui i cittadini possono impugnare un atto amministrativo ritenuto illegittimo. Tale ricorso può essere presentato per violazione di legge, eccesso di potere o incompetenza. Il giudice amministrativo, accogliendo il ricorso, può annullare l'atto impugnato con effetto retroattivo.

### 3.2. Ricorso Straordinario al Presidente della Repubblica

Il ricorso straordinario al Presidente della Repubblica è un rimedio amministrativo alternativo al ricorso giurisdizionale, utilizzabile in casi specifici. Esso non prevede un vero e proprio processo, ma una decisione amministrativa su parere del Consiglio di Stato.

### 3.3. Azione di Condanna e Risarcimento del Danno

I cittadini possono richiedere il risarcimento dei danni subiti a causa di atti amministrativi illegittimi. L'azione di condanna mira a ottenere una sentenza che riconosca il diritto al risarcimento, con conseguente liquidazione del danno da parte dell'amministrazione responsabile.

### 3.4. Procedimento Giudiziario Amministrativo
### Fasi del Processo

Il procedimento giudiziario amministrativo si articola in diverse fasi:

- **Presentazione del ricorso**: Il ricorso deve essere presentato entro un termine perentorio, solitamente 60 giorni dalla notifica dell'atto impugnato.
- **Fase istruttoria**: Durante questa fase, le parti possono presentare memorie, documenti e richieste istruttorie. Il giudice può disporre ulteriori accertamenti.
- **Udienza di discussione**: Le parti espongono le loro argomentazioni davanti al giudice.
- **Decisione**: Il giudice emette la sentenza, che può confermare, annullare o modificare l'atto impugnato.

### 3.5. Strumenti di Tutela Urgente

Il sistema di giustizia amministrativa prevede strumenti di tutela urgente, come la sospensione cautelare degli effetti dell'atto impugnato, per evitare che l'esecuzione immediata possa causare danni irreparabili al ricorrente.

### Esempi Pratici

**1. Annullamento di un Bando di Gara**: Un'impresa ha impugnato un bando di gara emanato da un'amministrazione comunale, ritenendolo discriminatorio. Il TAR ha accolto il ricorso, annullando il bando e ordinando all'amministrazione di emetterne uno nuovo conforme ai principi di parità di trattamento.

**2. Risarcimento per Espropriazione Illegittima**: Un cittadino ha chiesto il risarcimento per un'espropriazione di terreno effettuata senza il rispetto delle procedure di legge. Il Consiglio di Stato ha riconosciuto l'illegittimità dell'atto, condannando l'amministrazione al risarcimento del danno.

**3. Ricorso Straordinario al Presidente della Repubblica**: Un dipendente pubblico ha presentato un ricorso straordinario contro un provvedimento disciplinare, ritenendolo ingiustificato. Il Presidente della Repubblica, su parere del Consiglio di Stato, ha accolto il ricorso, annullando il provvedimento.

# 9.1. SISTEMA DI GIUSTIZIA AMMINISTRATIVA IN ITALIA

Il sistema di giustizia amministrativa in Italia rappresenta uno degli strumenti fondamentali per garantire il controllo della legalità degli atti e dei comportamenti della pubblica amministrazione. Questo sistema consente ai cittadini di tutelare i propri diritti e interessi legittimi di fronte a provvedimenti amministrativi considerati illegittimi o ingiusti. La giustizia amministrativa, quindi, gioca un ruolo cruciale nel mantenere l'equilibrio tra l'autorità pubblica e i diritti dei singoli, promuovendo trasparenza, responsabilità e correttezza nell'azione amministrativa.

## 1. Evoluzione Storica della Giustizia Amministrativa

### 1.1. Origini e Sviluppo

La giustizia amministrativa italiana ha le sue radici nel periodo postunitario, con l'istituzione nel 1889 della Quarta Sezione del Consiglio di Stato, destinata a svolgere funzioni giurisdizionali. Prima di questa riforma, i conflitti tra cittadini e amministrazione erano risolti dalla stessa amministrazione attraverso procedimenti interni. L'introduzione di un organo giurisdizionale autonomo segnò un importante passo verso la separazione tra funzione amministrativa e funzione giurisdizionale, ispirandosi al modello francese del Conseil d'État.

### 1.2. Riforme Recenti

Nel corso del XX secolo, la giustizia amministrativa ha subito numerose riforme volte a migliorarne l'efficienza e l'accessibilità. Tra le più significative, la riforma del 1971 ha creato i Tribunali Amministrativi Regionali (TAR) come giudici di primo grado. La successiva riforma del 2010, con l'introduzione del Codice del processo amministrativo (D.Lgs. 104/2010), ha ulteriormente sistematizzato e modernizzato il processo, rendendolo più coerente e snello.

## 2. Struttura e Funzionamento degli Organi di Giustizia Amministrativa

### 2.1. Tribunali Amministrativi Regionali (TAR)

I TAR costituiscono il primo grado di giurisdizione amministrativa. Presenti in ogni regione italiana, essi hanno competenza a giudicare sui ricorsi contro atti e provvedimenti delle autorità amministrative locali e centrali. I TAR possono annullare, modificare o dichiarare nulli gli atti impugnati, garantendo la tutela dei diritti soggettivi e degli interessi legittimi.

### 2.2. Consiglio di Stato

Il Consiglio di Stato rappresenta il vertice della giustizia amministrativa in Italia. Esso svolge funzioni sia consultive che giurisdizionali. In ambito giurisdizionale, il Consiglio di Stato è competente a giudicare in secondo grado sulle decisioni dei TAR, fornendo un livello di controllo e di garanzia ulteriore. Le sue decisioni costituiscono spesso importanti precedenti giurisprudenziali.

### 2.3. Altri Organi Giurisdizionali

Altri organi giurisdizionali amministrativi includono la Corte dei conti, che giudica sulle materie contabili e finanziarie, e la giurisdizione tributaria, competente in materia fiscale. Questi organi specializzati assicurano una tutela specifica nei rispettivi ambiti di competenza.

## 3. Tipologie di Contenzioso Amministrativo

### 3.1. Ricorso per Annullamento

Il ricorso per annullamento è il principale strumento a disposizione dei cittadini per impugnare un atto amministrativo. Esso può essere presentato per violazione di legge, eccesso di potere o incompetenza. Il giudice amministrativo può annullare l'atto impugnato, con effetto retroattivo, qualora ne rilevi l'illegittimità.

### 3.2. Ricorso Straordinario al Presidente della Repubblica

Il ricorso straordinario al Presidente della Repubblica rappresenta un'alternativa al ricorso giurisdizionale, permettendo ai cittadini di ottenere una decisione amministrativa su atti ritenuti illegittimi. Questa procedura, su parere del Consiglio di Stato, offre una via di tutela meno formale rispetto al giudizio ordinario.

### 3.3. Azione di Condanna e Risarcimento del Danno

I cittadini possono anche chiedere il risarcimento dei danni derivanti da atti amministrativi illegittimi. L'azione di condanna mira a ottenere una sentenza che riconosca il diritto al risarcimento, obbligando l'amministrazione a compensare il danno subito.

## 4. Procedimento Giudiziario Amministrativo

**4.1. Fasi del Processo**

Il procedimento giudiziario amministrativo si articola in diverse fasi:

• **Presentazione del ricorso**: Il ricorso deve essere presentato entro termini perentori, solitamente 60 giorni dalla notifica dell'atto.
• **Fase istruttoria**: Durante questa fase, le parti possono presentare documenti e memorie. Il giudice può disporre ulteriori accertamenti.
• **Udienza di discussione**: Le parti espongono le proprie argomentazioni davanti al giudice.
• **Decisione**: Il giudice emette la sentenza, che può confermare, annullare o modificare l'atto impugnato.

## 5. Strumenti di Tutela Urgente

Il sistema prevede strumenti di tutela urgente, come la sospensione cautelare degli effetti dell'atto impugnato, per evitare danni irreparabili al ricorrente.

### Esempi Pratici

**1. Annullamento di un Concorso Pubblico**: Un candidato escluso da un concorso pubblico ha presentato ricorso al TAR, sostenendo che il bando violava i principi di imparzialità e trasparenza. Il TAR ha accolto il ricorso, annullando il bando e ordinando la ripetizione del concorso.

**2. Ricorso Straordinario contro una Sanzione Amministrativa**: Un'azienda ha impugnato una sanzione amministrativa per presunte violazioni ambientali attraverso un ricorso straordinario al Presidente della Repubblica. Su parere del Consiglio di Stato, il Presidente ha annullato la sanzione, ritenendola priva di fondamento giuridico.

**3. Risarcimento per Esproprio Illegittimo**: Un cittadino ha chiesto il risarcimento per un esproprio di terreno effettuato senza il rispetto delle procedure di legge. Il Consiglio di Stato ha riconosciuto l'illegittimità dell'atto, condannando l'amministrazione al risarcimento del danno.

# 9.1.1. TAR

I Tribunali Amministrativi Regionali (TAR) costituiscono il primo grado della giurisdizione amministrativa in Italia. Essi sono istituiti per garantire la tutela giurisdizionale dei cittadini contro gli atti e i provvedimenti della pubblica amministrazione che possano ledere i loro diritti o interessi legittimi. La creazione dei TAR ha rappresentato un passo fondamentale nella costruzione di un sistema di giustizia amministrativa più accessibile e vicino ai cittadini, favorendo una più efficace e tempestiva protezione dei loro diritti.

### 1. Struttura e Funzionamento dei TAR

#### 1.1. Composizione e Sedi

I TAR sono presenti in ogni regione italiana, con alcune regioni che dispongono di più sezioni per far fronte al volume di contenziosi. Ogni tribunale è composto da un presidente, da uno o più vicepresidenti e da diversi magistrati amministrativi. La loro struttura è finalizzata a garantire un'adeguata distribuzione del carico di lavoro e una specializzazione nelle diverse materie di competenza.

#### 1.2. Competenze dei TAR

I TAR hanno competenza a giudicare su una vasta gamma di materie, che includono:

- **Ricorsi contro atti amministrativi**: Annullamento di provvedimenti illegittimi emessi da autorità pubbliche.
- **Controversie elettorali**: Giudizio su questioni relative alla validità delle elezioni amministrative locali.
- **Appalti pubblici**: Risoluzione di controversie relative alle procedure di affidamento e aggiudicazione di appalti pubblici.

• **Urbanistica e edilizia**: Giudizio su questioni inerenti i piani urbanistici e i permessi di costruire.
• **Funzione pubblica**: Contenziosi riguardanti i rapporti di lavoro nel settore pubblico.

## 2. Il Processo Amministrativo di Primo Grado

### 2.1. Fasi del Procedimento

Il procedimento davanti ai TAR si articola in diverse fasi, ciascuna delle quali riveste un'importanza cruciale per la tutela dei diritti del ricorrente:

1. **Presentazione del ricorso**: Il ricorso deve essere presentato entro termini perentori, generalmente di 60 giorni dalla notifica dell'atto impugnato. Il ricorso deve indicare le ragioni per cui si ritiene che l'atto sia illegittimo.
2. **Costituzione delle parti**: Dopo la presentazione del ricorso, l'amministrazione resistente e gli eventuali controinteressati devono costituirsi in giudizio, depositando le proprie difese.
3. **Fase istruttoria**: Il giudice può disporre mezzi di prova e acquisire documenti necessari per chiarire i fatti della controversia.
4. **Udienza di discussione**: Le parti esprimono oralmente le proprie argomentazioni davanti al giudice.
5. **Sentenza**: Il giudice emette la sentenza, che può confermare, annullare o modificare l'atto impugnato.

### 2.2. Strumenti di Tutela Urgente

Il sistema prevede strumenti di tutela urgente per garantire una protezione immediata dei diritti del ricorrente. Tra questi, la sospensione cautelare dell'efficacia dell'atto impugnato, che può essere concessa qualora vi sia un danno grave e irreparabile derivante dall'esecuzione dell'atto stesso.

## 3. Impatto e Funzione dei TAR

### 3.1. Garanzia della Legalità

I TAR svolgono un ruolo essenziale nella garanzia della legalità dell'azione amministrativa, assicurando che l'attività delle pubbliche amministrazioni si svolga nel rispetto delle leggi e dei principi costituzionali. Essi rappresentano un baluardo contro l'arbitrarietà e l'abuso di potere da parte delle autorità pubbliche.

### 3.2. Accessibilità e Prossimità

La distribuzione territoriale dei TAR garantisce una maggiore accessibilità alla giustizia per i cittadini, permettendo loro di far valere i propri diritti in tempi ragionevoli e senza la necessità di affrontare lunghi e costosi spostamenti. Ciò contribuisce a rafforzare la fiducia dei cittadini nelle istituzioni e nella possibilità di ottenere una tutela effettiva dei propri diritti.

### 3.3. Evoluzione Giurisprudenziale

Le decisioni dei TAR costituiscono un'importante fonte di orientamento giurisprudenziale, influenzando l'interpretazione e l'applicazione delle norme da parte delle amministrazioni e dei giudici. La giurisprudenza dei TAR contribuisce così a delineare i confini della legittimità dell'azione amministrativa e a promuovere una maggiore uniformità e prevedibilità nelle decisioni giuridiche.

### Esempi Pratici

**1. Annullamento di un Permesso di Costruire**: Un cittadino ha impugnato un permesso di costruire rilasciato dal Comune, sostenendo che fosse in violazione delle norme urbanistiche. Il TAR ha accolto il ricorso, annullando il permesso e ordinando al Comune di riesaminare la domanda alla luce delle disposizioni normative vigenti.

**2. Controversia su un Appalto Pubblico**: Una società esclusa da una gara d'appalto ha presentato ricorso al TAR, contestando la legittimità dell'aggiudicazione. Il TAR ha ritenuto fondate le censure della ricorrente, annullando l'aggiudicazione e disponendo il rifacimento della procedura di gara.

**3. Ricorso contro una Sanzione Amministrativa**: Un'azienda ha impugnato una sanzione amministrativa irrogata dall'Autorità di vigilanza, ritenendo che fosse sproporzionata e priva di adeguata motivazione. Il TAR ha accolto il ricorso, annullando la sanzione e ordinando all'Autorità di riconsiderare la misura adottata.

# 9.1.2. CONSIGLIO DI STATO

Il Consiglio di Stato rappresenta il massimo organo di consulenza giuridico-amministrativa e di giurisdizione amministrativa in Italia. Esso svolge un ruolo cruciale sia nell'ambito consultivo, fornendo pareri obbligatori o facoltativi al Governo su questioni di grande rilevanza, sia in quello giurisdizionale, essendo la corte suprema della giustizia amministrativa. La sua funzione è quindi fondamentale per garantire la legittimità e la correttezza dell'azione amministrativa, tutelando i diritti dei cittadini e assicurando l'osservanza delle leggi da parte delle amministrazioni pubbliche.

## 1. Struttura e Composizione del Consiglio di Stato

### 1.1. Organizzazione Interna

Il Consiglio di Stato è articolato in diverse sezioni, ciascuna con specifiche competenze:

- **Sezioni Consultive**: Offrono pareri su atti normativi, regolamenti, contratti e altre questioni sottoposte dal Governo o da altre autorità.
- **Sezioni Giurisdizionali**: Si occupano del contenzioso amministrativo, fungendo da giudice d'appello per le decisioni dei Tribunali Amministrativi Regionali (TAR).

### 1.2. Componenti

Il Consiglio di Stato è composto da un Presidente, nominato dal Presidente della Repubblica su proposta del Consiglio dei Ministri, e da Consiglieri di Stato, reclutati mediante concorso pubblico o promozione interna. I Consiglieri svolgono le loro funzioni sia nelle sezioni consultive che in quelle giurisdizionali, secondo le necessità e le disposizioni organizzative.

## 2. Funzioni Consultive

### 2.1. Pareri Obbligatori e Facoltativi

Il Consiglio di Stato esprime pareri su:

• **Atti normativi del Governo**: Decreti legislativi, regolamenti e altre disposizioni di rilevanza generale.
• **Questioni amministrative**: Interpreta norme e indirizza l'azione amministrativa, garantendo coerenza e uniformità nell'applicazione delle leggi.
• **Contenziosi precontenziosi**: Fornisce soluzioni a conflitti amministrativi prima che diventino oggetto di contenzioso giudiziario.

I pareri obbligatori sono richiesti dalla legge per determinate categorie di atti, mentre i pareri facoltativi possono essere richiesti dalle amministrazioni per chiarimenti o orientamenti su questioni complesse.

### 2.2. Impatto delle Funzioni Consultive

I pareri del Consiglio di Stato, sebbene non vincolanti, hanno un peso considerevole, orientando l'operato delle amministrazioni pubbliche e contribuendo a prevenire contenziosi futuri. Essi rappresentano un punto di riferimento autorevole e consolidato per la corretta interpretazione delle norme e delle procedure amministrative.

## 3. Funzioni Giurisdizionali

### 3.1. Giurisdizione di Appello

Il Consiglio di Stato giudica in secondo grado sulle decisioni dei TAR. Le sue sentenze possono confermare, modificare o annullare le decisioni di primo grado. La sua giurisdizione di appello riguarda:

• **Ricorsi amministrativi**: Contro decisioni adottate dalle autorità amministrative.
• **Contenzioso elettorale**: Questioni relative alle elezioni amministrative.
• **Appalti pubblici**: Dispute relative alle procedure di gara e aggiudicazione.
• **Urbanistica e edilizia**: Controversie sui piani urbanistici e permessi di costruzione.

### 3.2. Giudizio di Ottemperanza

Il Consiglio di Stato è competente anche per il giudizio di ottemperanza, che mira a garantire l'esecuzione delle sue sentenze e di quelle dei TAR. Questo strumento permette di superare eventuali resistenze delle amministrazioni pubbliche nell'attuazione delle decisioni giudiziarie.

## 4. Importanza e Ruolo del Consiglio di Stato

### 4.1. Garanzia della Legalità

Il Consiglio di Stato rappresenta una garanzia fondamentale della legalità e dell'imparzialità dell'azione amministrativa. Attraverso le sue decisioni, assicura che le amministrazioni operino nel rispetto delle leggi e dei principi costituzionali, prevenendo abusi di potere e tutelando i diritti dei cittadini.

### 4.2. Uniformità Giurisprudenziale

Le decisioni del Consiglio di Stato contribuiscono a definire e uniformare l'interpretazione delle norme amministrative, creando un corpo giurisprudenziale coerente e stabile. Questo favorisce la prevedibilità delle decisioni amministrative e la certezza del diritto, elementi essenziali per la fiducia dei cittadini nelle istituzioni.

### 4.3. Consulenza Giuridica

Attraverso le sue funzioni consultive, il Consiglio di Stato offre un supporto essenziale al Governo e alle amministrazioni pubbliche, orientandone l'azione e garantendo una corretta applicazione delle norme. Questo contribuisce a migliorare l'efficienza e la trasparenza dell'azione amministrativa, riducendo il rischio di contenziosi e favorendo un'amministrazione più responsabile e consapevole.

### Esempi Pratici

**1. Parere su un Decreto Legislativo**: Il Governo ha richiesto il parere del Consiglio di Stato su un decreto legislativo riguardante la riforma della pubblica amministrazione. Il parere ha contribuito a chiarire alcuni aspetti controversi del testo, migliorandone la chiarezza e l'efficacia normativa.

**2. Sentenza su un Appalto Pubblico**: Un'impresa ha impugnato una decisione del TAR riguardante l'aggiudicazione di un appalto pubblico. Il Consiglio di Stato, in sede di appello, ha confermato la decisione del TAR, chiarendo i criteri di valutazione delle offerte e garantendo la correttezza della procedura.

**3. Giudizio di Ottemperanza**: Un cittadino ha richiesto l'ottemperanza di una sentenza del TAR che obbligava il Comune a rilasciare un permesso di costruzione. Il Consiglio di Stato ha ordinato al Comune di eseguire la sentenza, tutelando così il diritto del cittadino.

# 9.2. RICORSI AMMINISTRATIVI

I ricorsi amministrativi rappresentano uno strumento fondamentale per garantire la tutela dei diritti e degli interessi dei cittadini nei confronti delle decisioni delle amministrazioni pubbliche. Essi offrono un'alternativa al ricorso giurisdizionale, permettendo di ottenere la revisione di un atto amministrativo senza ricorrere immediatamente al giudice. Questa possibilità è cruciale per assicurare una maggiore efficienza e rapidità nella risoluzione delle controversie amministrative.

## 1. Tipologie di Ricorsi Amministrativi

I ricorsi amministrativi si suddividono in diverse categorie, ognuna con specifiche caratteristiche e modalità di proposizione. Le principali tipologie sono:

**1. Ricorso gerarchico**: È presentato all'organo gerarchicamente superiore a quello che ha emanato l'atto contestato. Questo tipo di ricorso è ammissibile solo quando esiste un rapporto di subordinazione gerarchica tra i due organi.
**2. Ricorso in opposizione**: È proposto allo stesso organo che ha emanato l'atto, richiedendo una sua revisione.
**3. Ricorso straordinario al Presidente della Repubblica**: È un ricorso amministrativo speciale che può essere presentato contro gli atti definitivi e conclusivi delle autorità amministrative, che non possono essere impugnati con ricorso giurisdizionale ordinario.

## 2. Ricorso Gerarchico

### 2.1. Caratteristiche

Il ricorso gerarchico è rivolto all'organo superiore rispetto a quello che ha emanato l'atto contestato. Può essere utilizzato solo nei casi in cui esiste una struttura gerarchica all'interno dell'amministrazione. Questo tipo di ricorso permette di ottenere una revisione completa dell'atto, sia per quanto riguarda la legittimità che il merito.

## 2.2. Procedura

**1. Presentazione del ricorso**: Deve essere presentato entro un termine specifico, solitamente di 30 giorni, dall'avvenuta conoscenza dell'atto.
**2. Esame del ricorso**: L'organo gerarchicamente superiore esamina il ricorso, valutando sia la legittimità che l'opportunità dell'atto impugnato.
**3. Decisione**: L'organo può confermare, annullare, modificare o sostituire l'atto impugnato.

### 3. Ricorso in Opposizione

## 3.1. Caratteristiche

Il ricorso in opposizione è proposto all'organo che ha emanato l'atto contestato. Questo tipo di ricorso consente di chiedere una revisione dell'atto sulla base di nuove argomentazioni o elementi di fatto non considerati precedentemente.

## 3.2. Procedura

**1. Presentazione del ricorso**: Deve essere presentato entro un termine specifico, di solito di 30 giorni, dalla notifica dell'atto.
**2. Esame del ricorso**: L'organo riesamina l'atto alla luce delle nuove argomentazioni presentate dal ricorrente.
**3. Decisione**: L'organo può decidere di confermare, annullare o modificare l'atto impugnato.

### 4. Ricorso Straordinario al Presidente della Repubblica

## 4.1. Caratteristiche

Il ricorso straordinario al Presidente della Repubblica è una forma di tutela amministrativa eccezionale, riservata agli atti amministrativi che non possono essere impugnati con i ricorsi giurisdizionali ordinari. È un ricorso che può essere proposto solo per motivi di legittimità e non di merito.

## 4.2. Procedura

**1. Presentazione del ricorso**: Deve essere presentato entro 120 giorni dalla notificazione dell'atto.
**2. Esame del ricorso**: Il Consiglio di Stato esamina il ricorso e formula un parere che viene trasmesso al Presidente della Repubblica.
**3. Decisione**: Il Presidente della Repubblica, sulla base del parere del Consiglio di Stato, emette un decreto che può confermare, annullare o modificare l'atto impugnato.

### 5. Importanza dei Ricorsi Amministrativi

### 5.1. Vantaggi

- **Efficienza**: I ricorsi amministrativi permettono una risoluzione più rapida delle controversie rispetto ai ricorsi giurisdizionali.
- **Economicità**: Sono generalmente meno costosi rispetto ai procedimenti giudiziari.
- **Specializzazione**: Le controversie vengono esaminate da organi amministrativi che possiedono una specifica competenza tecnica.

### 5.2. Limiti

- **Imparzialità**: Gli organi amministrativi potrebbero non essere percepiti come completamente imparziali.
- **Vincolatività**: Le decisioni adottate attraverso i ricorsi amministrativi potrebbero non essere vincolanti come quelle giurisdizionali.

### Esempi Pratici

**1. Ricorso gerarchico contro un'ordinanza comunale**: Un cittadino presenta un ricorso gerarchico al Prefetto contro un'ordinanza del Sindaco che ritiene illegittima. Il Prefetto, dopo aver esaminato il ricorso, annulla l'ordinanza per vizi di legittimità.

**2. Ricorso in opposizione contro una sanzione amministrativa**: Un'azienda contesta una sanzione amministrativa per violazione delle norme ambientali presentando un ricorso in opposizione all'ente che ha emesso la sanzione. L'ente, riconsiderando il caso, decide di ridurre la sanzione in base alle nuove prove fornite.

**3. Ricorso straordinario al Presidente della Repubblica**: Un dipendente pubblico presenta un ricorso straordinario contro il provvedimento di destituzione per motivi disciplinari. Il Consiglio di Stato esamina il ricorso e il Presidente della Repubblica, sulla base del parere favorevole del Consiglio, annulla il provvedimento.

# 9.2.1. RICORSO GERARCHICO

Il ricorso gerarchico rappresenta uno strumento fondamentale nell'ambito del diritto amministrativo, offrendo ai cittadini e alle imprese una via per contestare decisioni amministrative senza ricorrere immediatamente al giudice. Questo tipo di ricorso si rivolge all'organo superiore gerarchico rispetto a quello che ha emanato l'atto impugnato, permettendo una revisione sia sotto il profilo della legittimità che del merito. La possibilità di presentare un ricorso gerarchico si fonda sulla struttura organizzativa delle amministrazioni pubbliche, che spesso prevedono una catena di comando e controllo interna atta a garantire l'efficienza e la correttezza dell'azione amministrativa.

## 1. Caratteristiche del Ricorso Gerarchico

### 1.1. Ambito di Applicazione

Il ricorso gerarchico può essere proposto solo nei casi in cui esista un rapporto gerarchico tra l'organo che ha emanato l'atto e quello competente a decidere sul ricorso. Questo tipo di ricorso non è ammissibile nei confronti di atti emanati da autorità indipendenti o in assenza di una struttura gerarchica definita.

### 1.2. Effetti Sospensivi

La presentazione del ricorso gerarchico, di norma, non ha effetti sospensivi sull'atto impugnato. Tuttavia, il ricorrente può richiedere la sospensione dell'atto in questione, che può essere concessa dall'organo competente se sussistono gravi e comprovate ragioni di urgenza e di danno imminente e irreparabile.

### 1.3. Termini di Presentazione

Il ricorso deve essere presentato entro termini specifici, generalmente 30 giorni dalla notifica dell'atto o dalla sua conoscenza. Il rispetto dei termini è cruciale, poiché la loro violazione comporta l'inammissibilità del ricorso.

## 2. Procedura del Ricorso Gerarchico

### 2.1. Presentazione del Ricorso

**1. Istanza di Ricorso**: Il ricorrente deve redigere un'istanza formale di ricorso, indicando chiaramente l'atto impugnato, i motivi del ricorso e le richieste avanzate.
**2. Documentazione**: Alla domanda devono essere allegati tutti i documenti rilevanti, inclusi l'atto impugnato e qualsiasi altra documentazione probatoria.

### 2.2. Esame del Ricorso

**1. Accettazione del Ricorso**: L'organo gerarchico superiore verifica preliminarmente l'ammissibilità del ricorso, controllando la tempestività e la legittimazione del ricorrente.
**2. Istruttoria**: L'organo procede con un'istruttoria completa, che può includere l'acquisizione di ulteriori documenti, l'audizione delle parti coinvolte e, se necessario, ispezioni o verifiche sul campo.

### 2.3. Decisione sul Ricorso

**1. Valutazione del Merito**: L'organo esamina il ricorso sotto il profilo sia della legittimità che del merito, valutando la conformità dell'atto impugnato alla normativa vigente e l'appropriatezza delle scelte amministrative effettuate.
**2. Esito del Ricorso**: L'organo può decidere di:
◦ Confermare l'atto impugnato, ritenendolo legittimo e appropriato.
◦ Annullare l'atto, se rileva vizi di legittimità o inopportunità.
◦ Modificare l'atto, introducendo eventuali correttivi necessari.

## 3. Implicazioni del Ricorso Gerarchico

### 3.1. Vantaggi

• **Accessibilità**: Permette ai cittadini di contestare decisioni amministrative senza dover affrontare le complessità e i costi di un ricorso giurisdizionale.
• **Rapidità**: Generalmente, la procedura del ricorso gerarchico è più rapida rispetto a quella giudiziaria, permettendo una risoluzione più veloce delle controversie.
• **Competenza**: La decisione è affidata a un organo interno all'amministrazione, presumibilmente dotato di specifiche competenze tecniche e conoscenze approfondite della materia.

### 3.2. Limiti

• **Imparzialità**: Essendo l'organo decisionale interno alla stessa amministrazione che ha emanato l'atto, potrebbe sorgere il dubbio sulla totale imparzialità del giudizio.

• **Vincolatività**: Le decisioni del ricorso gerarchico possono essere meno vincolanti e definitive rispetto a quelle adottate da un tribunale.

**Esempi Pratici**

**1. Contestazione di una sanzione amministrativa**: Un'azienda riceve una sanzione amministrativa per violazioni delle norme ambientali e presenta un ricorso gerarchico al Ministero dell'Ambiente. Dopo un'istruttoria, il Ministero decide di annullare la sanzione, riscontrando irregolarità nel procedimento sanzionatorio.
**2. Ricorso contro il diniego di un'autorizzazione edilizia**: Un cittadino presenta un ricorso gerarchico alla Regione contro il diniego di un'autorizzazione edilizia emesso dal Comune. La Regione, rivedendo il caso, conferma il diniego, motivando la decisione con la non conformità del progetto alle normative urbanistiche vigenti.
**3. Impiego pubblico**: Un dipendente pubblico impugna il provvedimento di trasferimento emanato dal proprio dirigente, presentando un ricorso gerarchico al Direttore Generale dell'ente. Dopo aver esaminato il ricorso, il Direttore Generale annulla il trasferimento, rilevando vizi procedurali nel provvedimento originario.

239

# 9.2.2. RICORSO STRAORDINARIO AL PRESIDENTE DELLA REPUBBLICA

Il ricorso straordinario al Presidente della Repubblica rappresenta un istituto di grande rilevanza nel panorama del diritto amministrativo italiano. Questo strumento permette ai cittadini di impugnare atti amministrativi definitivi, offrendo una via alternativa rispetto al ricorso giurisdizionale presso il Tribunale Amministrativo Regionale (TAR). L'istituto, disciplinato dall'articolo 8 del D.P.R. 24 novembre 1971, n. 1199, si configura come un mezzo di tutela giuridica che consente una valutazione sia di legittimità che di merito dell'atto amministrativo impugnato, garantendo un controllo ulteriore sulla legalità dell'azione amministrativa.

## 1. Caratteristiche del Ricorso Straordinario

### 1.1. Natura Giuridica

Il ricorso straordinario al Presidente della Repubblica è un rimedio amministrativo, ma presenta caratteristiche peculiari che lo distinguono dagli altri ricorsi. Esso si colloca a metà strada tra il ricorso amministrativo gerarchico e quello giurisdizionale, avendo sia elementi di diritto sostanziale che procedurali.

### 1.2. Ambito di Applicazione

Il ricorso straordinario può essere presentato contro atti amministrativi definitivi, ovvero quelli che non possono essere impugnati con ricorso amministrativo gerarchico o in opposizione. È ammissibile per questioni di legittimità e, in taluni casi, anche per valutazioni di merito.

### 1.3. Effetti Sospensivi

Di norma, la presentazione del ricorso straordinario non sospende l'efficacia dell'atto impugnato. Tuttavia, il ricorrente può richiedere la sospensione dell'atto, che può essere concessa se sussistono gravi e comprovate ragioni di danno imminente e irreparabile.

### 1.4. Termini di Presentazione

Il ricorso deve essere presentato entro 120 giorni dalla notifica, pubblicazione o piena conoscenza dell'atto impugnato. Il rispetto di tale termine è imprescindibile, pena l'inammissibilità del ricorso.

## 2. Procedura del Ricorso Straordinario

### 2.1. Presentazione del Ricorso

**1. Istanza di Ricorso**: Il ricorrente deve redigere un'istanza formale, contenente l'indicazione dell'atto impugnato, i motivi di ricorso e le richieste avanzate.
**2. Documentazione**: Alla domanda devono essere allegati l'atto impugnato e ogni documento ritenuto utile per la valutazione del ricorso.

### 2.2. Istruttoria del Ricorso

**1. Accettazione del Ricorso**: La segreteria del Presidente della Repubblica verifica preliminarmente l'ammissibilità del ricorso, in particolare la tempestività e la legittimazione del ricorrente.
**2. Istruttoria**: Segue un'istruttoria approfondita, che può prevedere la richiesta di pareri tecnici, l'acquisizione di documenti e l'audizione delle parti coinvolte.

### 2.3. Decisione sul Ricorso

**1. Parere del Consiglio di Stato**: Il ricorso viene trasmesso al Consiglio di Stato per un parere obbligatorio, ma non vincolante. Il Consiglio di Stato valuta sia la legittimità che il merito del ricorso.
**2. Decreto Presidenziale**: Sulla base del parere del Consiglio di Stato, il Presidente della Repubblica emana un decreto che può:
◦ Confermare l'atto impugnato.
◦ Annullare l'atto, se risultano fondati i motivi di illegittimità.
◦ Modificare l'atto, se necessario.

## 3. Implicazioni del Ricorso Straordinario

### 3.1. Vantaggi

• **Accessibilità**: Consente ai cittadini di contestare atti amministrativi senza ricorrere immediatamente alla giustizia amministrativa.
• **Competenza**: La decisione beneficia del parere del Consiglio di Stato, organo di elevata competenza giuridica e amministrativa.
• **Completezza**: Offre una valutazione integrata di legittimità e merito, garantendo una tutela ampia.

## 3.2. Limiti

• **Durata**: La procedura può essere lunga, data la complessità dell'istruttoria e la necessità del parere del Consiglio di Stato.
• **Imparzialità**: Pur essendo un ricorso amministrativo, la presenza del parere del Consiglio di Stato mitiga il rischio di parzialità, ma non lo elimina del tutto.
• **Vincolatività**: La decisione del Presidente della Repubblica, pur essendo basata sul parere del Consiglio di Stato, rimane un atto amministrativo e, come tale, può essere soggetto a ulteriore impugnazione davanti al TAR.

### Esempi Pratici

1. **Annullamento di una sanzione disciplinare**: Un dipendente pubblico impugna una sanzione disciplinare emanata dal proprio ente, presentando un ricorso straordinario. Il Consiglio di Stato, nel suo parere, rileva irregolarità procedurali e il Presidente della Repubblica decide l'annullamento della sanzione.
2. **Diniego di concessione edilizia**: Un cittadino impugna il diniego di una concessione edilizia. Dopo un'istruttoria e il parere favorevole del Consiglio di Stato, il Presidente della Repubblica modifica il provvedimento, concedendo l'autorizzazione con alcune prescrizioni.
3. **Revoca di autorizzazione commerciale**: Un'azienda impugna la revoca di un'autorizzazione commerciale. Il Consiglio di Stato, nel suo parere, conferma la legittimità della revoca e il Presidente della Repubblica conferma l'atto impugnato.

# 9.3. PROCESSO AMMINISTRATIVO

Il processo amministrativo rappresenta uno degli strumenti fondamentali per la tutela dei diritti e degli interessi legittimi dei cittadini nei confronti della Pubblica Amministrazione. Esso si configura come un meccanismo giurisdizionale attraverso il quale i soggetti lesi da atti o comportamenti dell'amministrazione possono ottenere giustizia. La giurisdizione amministrativa ha radici storiche profonde e si è evoluta nel tempo per rispondere alle esigenze di un'amministrazione sempre più complessa e per garantire un equilibrio tra il potere amministrativo e i diritti dei cittadini. La sua disciplina è attualmente contenuta nel Codice del processo amministrativo, emanato con il Decreto Legislativo 2 luglio 2010, n. 104, che ha razionalizzato e sistematizzato la materia.

## 1. Caratteristiche del Processo Amministrativo

### 1.1. Natura Giurisdizionale

Il processo amministrativo ha natura giurisdizionale, essendo finalizzato alla risoluzione delle controversie tra cittadini e Pubblica Amministrazione. La giurisdizione amministrativa è esercitata dai Tribunali Amministrativi Regionali (TAR) e dal Consiglio di Stato, che sono i principali organi giudicanti in questo ambito.

### 1.2. Principi Fondamentali

I principi che governano il processo amministrativo sono molteplici e includono:

• **Principio di legalità**: Gli atti amministrativi devono essere conformi alle leggi e ai regolamenti vigenti.
• **Principio del contraddittorio**: Tutte le parti devono avere la possibilità di esporre le proprie ragioni e difendersi.

• **Principio di imparzialità e indipendenza del giudice**: I giudici amministrativi devono essere imparziali e indipendenti rispetto alle parti in causa.

### 1.3. Competenza

I TAR sono competenti in primo grado a conoscere delle controversie relative agli atti e ai comportamenti della Pubblica Amministrazione, mentre il Consiglio di Stato funge da giudice di appello. In alcuni casi specifici, come per esempio le controversie in materia di pubblico impiego privatizzato, la competenza può spettare ai giudici ordinari.

## 2. Procedura del Processo Amministrativo

### 2.1. Fasi del Processo

**1. Introduzione del Ricorso**
◦ **Presentazione del Ricorso**: Il processo amministrativo inizia con la presentazione di un ricorso da parte del soggetto leso. Il ricorso deve essere presentato entro 60 giorni dalla notifica o dalla piena conoscenza dell'atto impugnato.
◦ **Contenuto del Ricorso**: Il ricorso deve contenere l'indicazione dell'atto impugnato, i motivi di impugnazione e le richieste del ricorrente.
**2. Fase Istruttoria**
◦ **Acquisizione degli Atti**: Il giudice può richiedere alla Pubblica Amministrazione di fornire gli atti e i documenti necessari per la decisione del caso.
◦ **Audizione delle Parti**: Le parti possono essere convocate per esporre le proprie ragioni e fornire chiarimenti.
**3. Decisione del Giudice**
◦ **Sentenza**: Al termine della fase istruttoria, il giudice emette una sentenza che può confermare, annullare o modificare l'atto impugnato.
◦ **Effetti della Sentenza**: La sentenza può avere effetto immediato o essere subordinata a determinate condizioni.

### 2.2. Strumenti di Tutela

**1. Misure Cautelari**
◦ **Sospensione dell'Atto**: Il ricorrente può chiedere la sospensione dell'atto impugnato, qualora vi sia un pericolo imminente e irreparabile derivante dalla sua esecuzione.
**2. Appello**
◦ **Ricorso in Appello**: Contro le sentenze dei TAR è possibile proporre appello al Consiglio di Stato entro 30 giorni dalla notifica della sentenza.

### 2.3. Specificità del Processo Amministrativo

**1. Giudizio di Ottemperanza**
◦ **Esecuzione delle Sentenze**: Il giudizio di ottemperanza è lo strumento attraverso il quale si assicura l'esecuzione delle sentenze amministrative, qualora la Pubblica Amministrazione non vi adempia spontaneamente.
**2. Giudizi Speciali**

◦ **Ambiti Specifici**: Esistono giudizi amministrativi speciali per particolari materie, come gli appalti pubblici e l'urbanistica, che seguono procedure parzialmente diverse.

**Esempi Pratici**

**1. Annullamento di un concorso pubblico**: Un candidato escluso da un concorso pubblico presenta ricorso al TAR contestando la legittimità della procedura di selezione. Il TAR, dopo aver acquisito gli atti e ascoltato le parti, annulla il concorso per violazione delle norme sulla trasparenza.

**2. Ricorso contro una concessione edilizia**: Un cittadino impugna una concessione edilizia rilasciata dal comune ritenendola in contrasto con il piano regolatore. Il TAR, accogliendo il ricorso, annulla la concessione edilizia per violazione delle norme urbanistiche.

**3. Sospensione di un provvedimento disciplinare**: Un dipendente pubblico sospeso dal servizio per motivi disciplinari presenta ricorso chiedendo la sospensione del provvedimento. Il TAR, in sede cautelare, sospende l'efficacia del provvedimento in attesa della decisione di merito.

# 9.3.1. FASI DEL PROCESSO

Il processo amministrativo è un elemento cardine del diritto pubblico, essenziale per la tutela dei diritti e degli interessi legittimi dei cittadini nei confronti dell'azione amministrativa. Esso si configura come il mezzo attraverso cui i soggetti possono contestare gli atti o i comportamenti della Pubblica Amministrazione davanti a un giudice. Il processo amministrativo italiano è disciplinato principalmente dal Codice del Processo Amministrativo (CPA), emanato con il Decreto Legislativo 2 luglio 2010, n. 104, che ha razionalizzato la materia, fornendo una struttura coerente e sistematica.

### 1. Fasi del Processo Amministrativo

### 1.1. Fase Introduttiva

**Presentazione del Ricorso** Il processo amministrativo prende avvio con la presentazione del ricorso da parte del soggetto leso (ricorrente) contro un atto o un provvedimento amministrativo. Il ricorso deve essere presentato entro un termine perentorio di 60 giorni dalla notifica o dalla conoscenza dell'atto stesso.
**Contenuto del Ricorso** Il ricorso deve contenere:
• Indicazione dell'atto impugnato.
• Esposizione dei fatti e dei motivi di diritto sui quali si basa la domanda.
• Richieste del ricorrente, tra cui l'annullamento dell'atto impugnato o la condanna dell'amministrazione ad un determinato comportamento.

### 1.2. Fase Istruttoria

**Notifica del Ricorso** Una volta depositato, il ricorso deve essere notificato alle altre parti (amministrazione resistente e eventuali controinteressati) entro 30 giorni dal deposito.
**Memorie Difensive** Le parti resistenti e i controinteressati possono presentare

memorie difensive entro un termine fissato dal giudice. In queste memorie, le parti possono controbattere alle argomentazioni del ricorrente e presentare documenti a sostegno delle proprie tesi.

**Istruzione Probatoria** Il giudice può disporre la produzione di documenti, ordinare l'acquisizione di atti amministrativi, nominare consulenti tecnici e disporre ispezioni. Questa fase è cruciale per la raccolta di tutti gli elementi necessari per la decisione del giudice.

### 1.3. Fase Decisionale

**Udienza di Discussione** Dopo la chiusura dell'istruttoria, il processo giunge all'udienza di discussione, durante la quale le parti possono esporre oralmente le proprie argomentazioni. L'udienza si conclude con la riserva del giudice di decidere la controversia.

**Sentenza** La decisione del giudice amministrativo è formalizzata in una sentenza, che può:

- Accogliere il ricorso e annullare l'atto impugnato.
- Respingere il ricorso, confermando la legittimità dell'atto amministrativo.
- Dichiarare il ricorso inammissibile o improcedibile.

**Effetti della Sentenza** La sentenza produce effetti immediati tra le parti e, se prevede l'annullamento dell'atto, determina la cessazione della sua efficacia con effetto retroattivo. Le parti possono impugnare la sentenza davanti al Consiglio di Stato.

### 1.4. Fase di Esecuzione

**Giudizio di Ottemperanza** Se l'amministrazione non dà esecuzione alla sentenza, il ricorrente può promuovere un giudizio di ottemperanza, che mira a ottenere l'esecuzione forzata della decisione del giudice.

### Esempi Pratici

**1. Annullamento di un Atto di Esproprio** Un proprietario di un terreno impugna l'atto di esproprio emanato dal Comune, sostenendo che l'atto sia stato adottato senza rispettare le procedure previste dalla legge. Il TAR accoglie il ricorso e annulla l'atto di esproprio per violazione delle norme procedurali.

**2. Sospensione di un Provvedimento Disciplinare** Un dipendente pubblico sospeso dal servizio per motivi disciplinari presenta ricorso, chiedendo la sospensione del provvedimento. Il TAR, in sede cautelare, sospende l'efficacia del provvedimento in attesa della decisione di merito.

**3. Impugnazione di una Gara d'Appalto** Una società esclusa da una gara d'appalto pubblica presenta ricorso, sostenendo che l'esclusione è illegittima per violazione dei principi di trasparenza e parità di trattamento. Il TAR accoglie il ricorso, annullando l'esclusione e disponendo la riammissione della società alla gara.

# 9.3.2. IMPUGNAZIONE DEGLI ATTI AMMINISTRATIVI

L'impugnazione degli atti amministrativi rappresenta un elemento cruciale del sistema giuridico italiano, offrendo ai cittadini e alle imprese uno strumento di tutela contro eventuali abusi o irregolarità della Pubblica Amministrazione. Questo meccanismo consente di contestare atti ritenuti illegittimi, inopportuni o dannosi, garantendo così il rispetto dei principi di legalità, imparzialità e buon andamento dell'azione amministrativa. L'impugnazione degli atti amministrativi si sviluppa attraverso un percorso giuridico ben definito, che prevede diverse modalità di ricorso e un articolato iter processuale.

## 1. Tipologie di Ricorsi Amministrativi

### 1.1. Ricorso Gerarchico

**Definizione e Ambito di Applicazione** Il ricorso gerarchico è uno strumento di impugnazione interna alla Pubblica Amministrazione. Esso consente al soggetto leso di rivolgersi a un organo gerarchicamente superiore rispetto a quello che ha emesso l'atto contestato. Tale ricorso è generalmente previsto nei regolamenti interni degli enti amministrativi.

**Procedura e Tempi** Il ricorso deve essere presentato entro 30 giorni dalla notifica dell'atto. L'organo superiore è tenuto a esaminare il ricorso e a pronunciarsi entro 90 giorni, salvo diverse disposizioni normative. In caso di mancata risposta, il ricorso si intende respinto per silenzio-rigetto.

### 1.2. Ricorso Straordinario al Presidente della Repubblica

**Caratteristiche e Procedura** Il ricorso straordinario al Presidente della Repubblica è un mezzo di tutela amministrativa alternativa alla giurisdizione ordinaria. Esso può essere presentato contro atti definitivi non ulteriormente impugnabili in via gerarchica. La domanda deve essere inoltrata entro 120 giorni dalla notifica dell'atto impugnato.

**Decisione e Effetti** Il Presidente della Repubblica si avvale del parere del Consiglio di Stato, che esamina la legittimità dell'atto. La decisione del Presidente ha natura sostanzialmente giurisdizionale e può confermare, annullare o modificare l'atto impugnato.

### 1.3. Ricorso Giurisdizionale

**TAR e Consiglio di Stato** Il ricorso giurisdizionale rappresenta il principale mezzo di impugnazione degli atti amministrativi. Esso può essere presentato al Tribunale Amministrativo Regionale (TAR) competente per territorio. Contro le decisioni del TAR è possibile ricorrere al Consiglio di Stato.

**Termini e Procedure** Il ricorso deve essere presentato entro 60 giorni dalla notifica dell'atto. Il TAR esamina il ricorso e decide in primo grado. La sentenza del TAR può essere impugnata davanti al Consiglio di Stato entro 30 giorni dalla notifica della stessa.

## 2. Fondamenti dell'Impugnazione

### 2.1. Legittimazione e Interesse

**Legittimazione Attiva** Per presentare un ricorso, il soggetto deve essere legittimato, ossia deve avere un interesse concreto e attuale a contestare l'atto amministrativo. L'interesse deve essere personale, diretto e differenziato rispetto alla generalità dei cittadini.

**Legittimazione Passiva** L'atto impugnato deve essere attribuibile a un'autorità amministrativa. La legittimazione passiva spetta quindi all'amministrazione che ha emanato l'atto oggetto di contestazione.

### 2.2. Motivi di Impugnazione

**Violazione di Legge** Il ricorso può essere fondato su violazioni di legge, ossia su atti che contravvengono alle norme giuridiche vigenti. Questo motivo di impugnazione è molto ampio e può includere violazioni procedurali, formali o sostanziali.

**Eccesso di Potere** L'eccesso di potere si verifica quando l'amministrazione utilizza il suo potere discrezionale in modo arbitrario o irragionevole, causando un danno ingiusto al ricorrente. Questo può includere casi di sviamento di potere, disparità di trattamento, manifesta ingiustizia e contraddittorietà.

**Incompetenza** Un atto amministrativo può essere impugnato per incompetenza se è stato emesso da un organo privo del potere di adottarlo. Questo vizio può riguardare sia la competenza territoriale sia quella per materia.

### Esempi Pratici

**1. Imposizione di Sanzioni Amministrative** Un commerciante riceve una sanzione per presunte irregolarità nel rispetto delle norme igieniche. Ritenendo ingiustificata la sanzione, presenta un ricorso gerarchico all'organo superiore del dipartimento sanitario, ottenendo l'annullamento della sanzione per carenza di motivazione.

**2. Esclusione da una Gara d'Appalto** Una società viene esclusa da una gara d'appalto pubblica per presunte irregolarità nella documentazione presentata. La società impugna la decisione davanti al TAR, che annulla l'esclusione per violazione del principio di parità di trattamento.

**3. Revoca di una Concessione** Un imprenditore si vede revocare una concessione edilizia per presunti abusi edilizi. Presenta un ricorso straordinario al Presidente della Repubblica, che, su parere del Consiglio di Stato, annulla il provvedimento per difetto di istruttoria.

# 9.4. TUTELA CAUTELARE

La tutela cautelare nel diritto amministrativo è un istituto fondamentale che consente di garantire una protezione immediata e temporanea ai diritti dei cittadini e delle imprese in attesa della decisione finale nel merito della controversia. Questo strumento giuridico mira a prevenire danni irreparabili che potrebbero derivare dall'esecuzione di atti amministrativi illegittimi o dall'inazione della Pubblica Amministrazione. La tutela cautelare si colloca nell'ambito della giurisdizione amministrativa e può essere richiesta sia durante il processo amministrativo principale che in situazioni urgenti e di estrema necessità.

## 1. Tipologie di Tutela Cautelare

### 1.1. Sospensione dell'Efficacia dell'Atto Amministrativo

**Definizione e Finalità** La sospensione dell'efficacia dell'atto amministrativo è una misura cautelare che consiste nel bloccare temporaneamente l'esecuzione di un provvedimento amministrativo impugnato, al fine di evitare che produca effetti dannosi irreparabili per il ricorrente. Questo tipo di tutela è particolarmente rilevante quando l'atto impugnato potrebbe arrecare un danno grave e immediato.
**Procedura e Requisiti** Per ottenere la sospensione, il ricorrente deve presentare un'istanza al giudice amministrativo dimostrando l'esistenza di due requisiti fondamentali: il fumus boni iuris (presunzione di fondatezza delle proprie ragioni) e il periculum in mora (pericolo di danno grave e irreparabile in caso di ritardo nella decisione). Il giudice decide sull'istanza con un'ordinanza motivata.

### 1.2. Misure Cautelari Atipiche

**Caratteristiche e Ambito di Applicazione** Oltre alla sospensione dell'efficacia dell'atto, il giudice amministrativo può disporre altre misure cautelari atipiche che ritiene necessarie per assicurare una tutela efficace e tempestiva dei diritti del ricorrente. Queste misure possono includere ordini di fare o non fare, provvedimenti interdittivi o altri interventi specifici.

**Iter Procedurale** Le misure cautelari atipiche seguono un iter procedurale simile a quello della sospensione dell'efficacia dell'atto. Anche in questo caso, il ricorrente deve dimostrare il fumus boni iuris e il periculum in mora. Il giudice emette un'ordinanza motivata che dispone le misure ritenute più idonee a prevenire il danno.

## 1.3. Misure Cautelari Ante Causam

**Definizione e Scopo** Le misure cautelari ante causam sono provvedimenti adottati dal giudice amministrativo prima dell'inizio del giudizio di merito. Questo tipo di tutela cautelare è previsto per situazioni di estrema urgenza, dove il danno imminente richiede un intervento immediato senza attendere i tempi ordinari del processo.

**Procedura** Il ricorrente deve presentare un'istanza motivata al giudice amministrativo, illustrando l'urgenza e la necessità della misura cautelare richiesta. Il giudice decide con un decreto motivato, che può essere confermato, modificato o revocato nel corso del successivo giudizio di merito.

## 2. Fondamenti della Tutela Cautelare

### 2.1. Fumus Boni Iuris

**Concetto e Importanza** Il fumus boni iuris rappresenta la presunzione di fondatezza delle pretese del ricorrente. Questo requisito implica che il ricorrente deve dimostrare, in modo sommario, che le proprie ragioni appaiono verosimilmente fondate e che l'atto impugnato potrebbe essere illegittimo.

**Prova e Valutazione** Il giudice amministrativo effettua una valutazione preliminare delle prove e delle argomentazioni presentate dal ricorrente. Non è necessaria una prova piena, ma una sufficiente dimostrazione della plausibilità delle pretese.

### 2.2. Periculum in Mora

**Definizione e Requisiti** Il periculum in mora consiste nel pericolo di subire un danno grave e irreparabile a causa del ritardo nella decisione di merito. Questo requisito è essenziale per giustificare l'adozione di misure cautelari urgenti e immediate.

**Dimostrazione del Danno** Il ricorrente deve dimostrare che il danno paventato è concreto, attuale e non rimediabile attraverso una semplice risarcimento economico. Il giudice valuta l'urgenza e la gravità del pericolo in base alle circostanze del caso concreto.

### Esempi Pratici

**1. Sospensione di un Ordine di Demolizione** Un cittadino riceve un ordine di demolizione per presunte irregolarità edilizie. Ritenendo l'atto illegittimo, presenta un ricorso al TAR con istanza di sospensione dell'ordine. Il giudice, rilevando il fumus boni iuris e il periculum in mora, dispone la sospensione dell'ordine in attesa della decisione di merito.

**2. Misure Cautelari per la Tutela dell'Ambiente** Un'associazione ambientalista impugna un provvedimento che autorizza la costruzione di un impianto industriale in un'area protetta. Il giudice amministrativo, riconoscendo il rischio di danno irreparabile all'ambiente, emette un'ordinanza cautelare che sospende l'efficacia del provvedimento autorizzativo.

**3. Ordine di Sospensione di un Concorso Pubblico** Un candidato escluso da un concorso pubblico per presunte irregolarità nella procedura di selezione presenta un ricorso con richiesta di misura cautelare. Il giudice, considerando la fondatezza delle ragioni e il pericolo di danno irreparabile per il candidato, sospende temporaneamente la procedura concorsuale.

# 10. LA RESPONSABILITÀ DELLA PUBBLICA AMMINISTRAZIONE

La responsabilità della Pubblica Amministrazione (PA) è un tema di cruciale importanza nel diritto amministrativo, in quanto riguarda il regime giuridico applicabile ai comportamenti dell'Amministrazione che causano danni ai cittadini. La responsabilità può derivare da atti illegittimi, omissioni, negligenze o comportamenti scorretti posti in essere dai funzionari pubblici. Tale responsabilità si manifesta in diverse forme, principalmente quella civile, penale, contabile e amministrativa, ciascuna con proprie peculiarità e procedure. Analizzare e comprendere queste forme di responsabilità è essenziale per garantire il corretto funzionamento della macchina amministrativa e tutelare i diritti dei cittadini.

## 1. Tipologie di Responsabilità

### 1.1. Responsabilità Civile

**Definizione e Fondamenti** La responsabilità civile della PA si verifica quando un comportamento illecito, doloso o colposo, dell'Amministrazione provoca un danno ingiusto ai cittadini. Questo tipo di responsabilità è regolata dalle norme del codice civile, in particolare dagli articoli 2043 e seguenti.
**Elementi Costitutivi** Gli elementi costitutivi della responsabilità civile sono il danno, il nesso di causalità e l'elemento soggettivo (dolo o colpa). Il danno può essere patrimoniale o non patrimoniale, mentre il nesso di causalità deve dimostrare che il danno è stato effettivamente causato dall'azione o omissione della PA.
**Procedura di Risarcimento** Il cittadino che ha subito un danno può chiedere il risarcimento mediante un'azione civile davanti al giudice ordinario. È necessario provare il danno subito, la colpa dell'Amministrazione e il nesso causale tra la condotta e il danno.

### 1.2. Responsabilità Penale

**Definizione e Ambito di Applicazione** La responsabilità penale si riferisce alle condotte della PA che configurano reati previsti dal codice penale o da leggi speciali. I funzionari pubblici possono essere perseguiti penalmente per atti commessi nell'esercizio delle loro funzioni.

**Principali Reati** I reati tipici che possono configurare la responsabilità penale includono la corruzione, la concussione, l'abuso d'ufficio, il peculato e il falso ideologico. Ogni reato ha proprie specificità e sanzioni previste dal codice penale.

**Procedura e Sanzioni** La responsabilità penale è personale e comporta sanzioni che vanno dalla multa alla reclusione. La procedura penale segue il codice di procedura penale, e l'azione è promossa dal Pubblico Ministero.

## 1.3. Responsabilità Contabile

**Definizione e Scopo** La responsabilità contabile riguarda i danni erariali, ossia i danni economici arrecati al patrimonio pubblico a causa di comportamenti dolosi o colposi dei funzionari pubblici.

**Ruolo della Corte dei Conti** La Corte dei Conti è l'organo giurisdizionale competente a giudicare sulla responsabilità contabile. Essa valuta se vi sia stato un danno erariale e se i funzionari abbiano agito con dolo o colpa grave.

**Procedura e Sanzioni** I procedimenti di responsabilità contabile sono avviati dal Pubblico Ministero contabile e possono concludersi con la condanna al risarcimento del danno erariale. Le sanzioni possono includere anche interdizioni temporanee dai pubblici uffici.

## 1.4. Responsabilità Amministrativa

**Concetto e Normativa di Riferimento** La responsabilità amministrativa si riferisce alla violazione di obblighi derivanti da norme amministrative. È disciplinata principalmente dal decreto legislativo 231/2001, che prevede la responsabilità degli enti per reati commessi nel loro interesse o a loro vantaggio da persone che rivestono funzioni di rappresentanza, amministrazione o direzione.

**Ambito di Applicazione** Questa forma di responsabilità può riguardare enti pubblici economici e società partecipate, e include sanzioni pecuniarie, interdittive e patrimoniali.

**Procedura di Accertamento** L'accertamento della responsabilità amministrativa avviene attraverso un procedimento giurisdizionale, dove l'ente può essere chiamato a rispondere dei reati commessi da propri rappresentanti.

### Esempi Pratici

**1. Risarcimento per Danno da Espropriazione Illegittima** Un cittadino subisce l'espropriazione illegittima di un terreno da parte del Comune. Egli può richiedere il risarcimento per il danno subito dimostrando l'illegittimità dell'atto espropriativo, il danno economico subito e il nesso di causalità tra l'atto e il danno.

**2. Condanna per Corruzione di un Funzionario Pubblico** Un funzionario pubblico accetta una somma di denaro in cambio del rilascio di un'autorizzazione edilizia. Viene perseguito penalmente per corruzione, con conseguente condanna a pena detentiva e interdizione dai pubblici uffici.

**3. Danno Erariale per Malagestione di Fondi Pubblici** Un dirigente di un ente pubblico economico utilizza in modo improprio fondi destinati a un progetto infrastrutturale. La Corte dei Conti avvia un procedimento per danno erariale e il dirigente viene condannato al risarcimento del danno.

# 10.1. RESPONSABILITÀ CIVILE

La responsabilità civile è una componente essenziale del diritto amministrativo, in quanto disciplina le conseguenze giuridiche derivanti dai danni causati dalla Pubblica Amministrazione (PA) nell'esercizio delle sue funzioni. La sua finalità principale è garantire il risarcimento dei danni subiti dai cittadini a causa di comportamenti illeciti, negligenti o colposi da parte della PA. Questo tema è cruciale non solo per la tutela dei diritti individuali, ma anche per assicurare la legittimità e l'efficienza dell'azione amministrativa.

### 1. Nozione e Fondamenti della Responsabilità Civile

La responsabilità civile della PA trova il suo fondamento normativo negli articoli 2043 e seguenti del Codice Civile, che disciplinano il risarcimento del danno ingiusto. Ai sensi dell'art. 2043, "chiunque compia un atto doloso o colposo che provochi un danno ingiusto ad altri è tenuto a risarcire il danno causato". Applicando questo principio alla PA, si stabilisce che l'Amministrazione è tenuta a risarcire i danni provocati ai cittadini da atti o comportamenti illeciti compiuti dai suoi agenti nell'esercizio delle loro funzioni.

### 2. Elementi Costitutivi della Responsabilità Civile

La responsabilità civile della PA si basa su tre elementi costitutivi principali:

**1. Danno**: Il danno deve essere effettivo, certo e attuale, e può essere di natura patrimoniale o non patrimoniale.
**2. Nesso di Causalità**: Deve esistere un nesso causale diretto tra l'atto o il comportamento della PA e il danno subito dal cittadino.
**3. Elemento Soggettivo (Dolo o Colpa)**: È necessario che l'atto o il comportamento della PA sia stato compiuto con dolo o colpa, intendendo per dolo la volontà di causare il danno e per colpa la mancanza di diligenza, prudenza o perizia.

<h1 align="center">3. Tipologie di Responsabilità Civile</h1>

## 3.1. Responsabilità Contrattuale

La responsabilità contrattuale della PA si verifica quando il danno deriva dalla violazione di obblighi derivanti da un contratto stipulato tra la PA e un privato. In tali casi, si applicano le norme del Codice Civile relative all'inadempimento contrattuale (artt. 1218 e seguenti).

## 3.2. Responsabilità Extracontrattuale

La responsabilità extracontrattuale, o aquiliana, è quella che si verifica in assenza di un rapporto contrattuale preesistente tra la PA e il danneggiato. È disciplinata dagli articoli 2043 e seguenti del Codice Civile e richiede la presenza di un fatto illecito, un danno ingiusto e il nesso di causalità.

## 3.3. Responsabilità Oggettiva

In alcuni casi, la PA può essere chiamata a rispondere del danno anche in assenza di dolo o colpa, in virtù del principio di responsabilità oggettiva. Questo principio trova applicazione, ad esempio, nel caso di danni derivanti da attività pericolose ai sensi dell'art. 2050 del Codice Civile.

**Procedura di Risarcimento** Per ottenere il risarcimento del danno, il cittadino danneggiato deve promuovere un'azione civile davanti al giudice ordinario, dimostrando il danno subito, la colpa della PA e il nesso causale tra la condotta e il danno. È inoltre possibile ricorrere ai mezzi di tutela amministrativa, come il ricorso straordinario al Presidente della Repubblica, in alcuni casi specifici.
**Giurisprudenza Rilevante** La giurisprudenza ha consolidato numerosi principi in materia di responsabilità civile della PA, chiarendo aspetti cruciali come l'individuazione della colpa, la quantificazione del danno e l'applicazione del nesso di causalità. Le sentenze della Corte di Cassazione e del Consiglio di Stato costituiscono punti di riferimento fondamentali per l'interpretazione delle norme in questa materia.

Esempi Pratici

**1. Risarcimento per Danno da Espropriazione Illegittima** Un cittadino subisce un'espropriazione illegittima di un terreno da parte del Comune. Il cittadino può richiedere il risarcimento per il danno subito dimostrando l'illegittimità dell'atto espropriativo, il danno economico subito e il nesso di causalità tra l'atto e il danno.
**2. Danno da Malfunzionamento di Servizi Pubblici** Un cittadino subisce un danno a causa del malfunzionamento del servizio di fornitura di acqua potabile. In questo caso, può richiedere il risarcimento del danno provando la negligenza della PA nella gestione del servizio e il nesso di causalità tra il malfunzionamento e il danno subito.
**3. Danno da Comportamento Illegittimo di un Funzionario** Un funzionario pubblico adotta un comportamento vessatorio nei confronti di un cittadino,

causando un danno morale. Il cittadino può agire per ottenere il risarcimento, dimostrando il comportamento illecito del funzionario, il danno subito e il nesso causale.

# 10.2. RESPONSABILITÀ PENALE

La responsabilità penale della Pubblica Amministrazione (PA) è un aspetto cruciale del diritto amministrativo, poiché attiene alle conseguenze giuridiche che derivano da comportamenti penalmente rilevanti posti in essere dai funzionari pubblici o dagli stessi enti pubblici. Questo ambito di responsabilità non solo mira a sanzionare i comportamenti illeciti, ma anche a prevenire la commissione di reati, tutelando così l'integrità e la legalità dell'azione amministrativa. La comprensione della responsabilità penale è essenziale per garantire un'amministrazione pubblica trasparente, efficiente e conforme ai principi di legalità.

### 1. Fondamenti della Responsabilità Penale

La responsabilità penale è disciplinata principalmente dal Codice Penale e da leggi speciali che definiscono le fattispecie di reato, le pene applicabili e le procedure per l'accertamento della responsabilità. A differenza della responsabilità civile, che mira al risarcimento del danno, la responsabilità penale è finalizzata alla punizione del colpevole e alla prevenzione di ulteriori comportamenti illeciti.

### 2. Elementi Costitutivi della Responsabilità Penale

Perché si configuri la responsabilità penale, devono sussistere i seguenti elementi:

1. **Condotta**: Un'azione o omissione che costituisce reato secondo la legge.
2. **Elemento Soggettivo (Doloso o Colposo)**: L'intenzione di commettere il reato (dolo) o la negligenza, imprudenza o imperizia (colpa).
3. **Nesso di Causalità**: Il rapporto di causa-effetto tra la condotta e l'evento dannoso o pericoloso.
4. **Antigiuridicità**: La condotta deve essere contraria alla legge senza cause di giustificazione.

### 3. Tipologie di Reati nella Pubblica Amministrazione

### 3.1. Reati contro la Pubblica Amministrazione

I reati contro la PA sono disciplinati dal Codice Penale e includono:

- **Corruzione (artt. 318-322 c.p.)**: Comportamento di un pubblico ufficiale che riceve o accetta la promessa di denaro o altri vantaggi per compiere o omettere atti contrari ai doveri d'ufficio.
- **Concussione (art. 317 c.p.)**: Il pubblico ufficiale che, sfruttando la sua posizione o i suoi poteri, obbliga o persuade qualcuno a dare o promettere denaro o altri benefici in modo illecito.
- **Peculato (art. 314 c.p.)**: Appropriazione da parte di un pubblico ufficiale di denaro o beni della PA.
- **Abuso d'Ufficio (art. 323 c.p.)**: Il pubblico ufficiale che, nell'esercizio delle sue funzioni, intenzionalmente ottiene per sé o per altri un illecito vantaggio economico o causa ad altri un danno ingiusto.

### 3.2. Responsabilità Penale degli Enti

Il Decreto Legislativo 8 giugno 2001, n. 231, ha introdotto in Italia la responsabilità amministrativa degli enti per reati commessi nel loro interesse o a loro vantaggio da persone che rivestono funzioni di rappresentanza, amministrazione o direzione. Gli enti possono essere sanzionati con pene pecuniarie, interdittive, confisca e pubblicazione della sentenza.

### 3.3. Procedura di Accertamento della Responsabilità Penale

L'accertamento della responsabilità penale segue una procedura rigorosa, che si articola nelle seguenti fasi:

1. **Indagini Preliminari**: Svolte dal pubblico ministero con l'ausilio della polizia giudiziaria.
2. **Udienza Preliminare**: Verifica della sussistenza di sufficienti elementi per il rinvio a giudizio.
3. **Giudizio**: Processo penale con l'eventuale condanna o assoluzione dell'imputato.

#### Esempi Pratici

1. **Caso di Corruzione** Un funzionario comunale riceve una tangente da un imprenditore per agevolare l'assegnazione di un appalto pubblico. Le indagini rivelano scambi di denaro e messaggi compromettenti, portando alla condanna del funzionario per corruzione.
2. **Caso di Peculato** Un dirigente pubblico si appropria indebitamente di fondi destinati a un progetto sociale, utilizzandoli per scopi personali. A seguito di un audit finanziario, viene avviata un'inchiesta che porta alla sua incriminazione per peculato.
3. **Caso di Concussione** Un pubblico ufficiale minaccia un imprenditore di ostacolare la sua attività commerciale a meno che non gli venga versata una somma di

denaro. L'imprenditore denuncia l'accaduto e, attraverso intercettazioni telefoniche, si raccolgono prove sufficienti per il rinvio a giudizio e la successiva condanna del funzionario.

# 10.3. RESPONSABILITÀ AMMINISTRATIVA E CONTABILE

La responsabilità amministrativa e contabile è un aspetto cruciale del diritto amministrativo che concerne le conseguenze giuridiche derivanti dalla gestione delle risorse pubbliche da parte di funzionari e dipendenti della Pubblica Amministrazione (PA). Questa responsabilità mira a garantire la correttezza, la trasparenza e l'efficienza nella gestione delle risorse finanziarie e patrimoniali dello Stato, prevenendo e sanzionando comportamenti illeciti e negligenti. Comprendere le dinamiche di questa responsabilità è essenziale per chi opera nel settore pubblico, poiché contribuisce a tutelare gli interessi pubblici e a promuovere la fiducia dei cittadini nelle istituzioni.

### 1. Fondamenti della Responsabilità Amministrativa e Contabile

La responsabilità amministrativa e contabile si fonda su due principi essenziali:

**1. Principio di Legalità:** Gli atti e le azioni dei pubblici funzionari devono essere conformi alle leggi e ai regolamenti.
**2. Principio di Buon Andamento e Imparzialità:** La gestione delle risorse pubbliche deve essere caratterizzata da efficienza, efficacia ed economicità, evitando favoritismi e sprechi.

### 2. Elementi Costitutivi della Responsabilità Amministrativa e Contabile

La responsabilità amministrativa e contabile si concretizza quando sussistono i seguenti elementi:

**1. Condotta Illecita:** Un'azione o omissione contraria ai doveri d'ufficio.
**2. Danno Erariale:** Un pregiudizio economico causato al patrimonio pubblico.
**3. Nesso di Causalità:** La relazione diretta tra la condotta illecita e il danno erariale.

**4. Colpa o Dolo**: L'intenzionalità o la negligenza nell'azione del funzionario pubblico.

## 3. Tipologie di Responsabilità

### 3.1. Responsabilità Amministrativa

La responsabilità amministrativa riguarda la violazione di doveri di servizio che causano un danno alla PA o a terzi. Essa comporta sanzioni disciplinari e amministrative per i funzionari coinvolti.

### 3.2. Responsabilità Contabile

La responsabilità contabile è specificamente collegata alla gestione delle risorse finanziarie e patrimoniali della PA. Essa implica un obbligo risarcitorio a carico del funzionario che, con dolo o colpa grave, ha provocato un danno erariale. Questo tipo di responsabilità è di competenza della Corte dei Conti.

### 3.3. Procedura di Accertamento

L'accertamento della responsabilità amministrativa e contabile segue una procedura articolata in diverse fasi:

**1. Denuncia o Segnalazione**: La notizia di danno erariale può pervenire da diversi soggetti, inclusi organi di controllo, cittadini o autorità giudiziarie.
**2. Istruttoria**: La Corte dei Conti avvia un'istruttoria per accertare la sussistenza degli elementi costitutivi della responsabilità.
**3. Giudizio di Responsabilità**: La Corte dei Conti, attraverso un processo contabile, determina l'effettiva responsabilità del funzionario e la quantificazione del danno.
**4. Sentenza**: La sentenza della Corte dei Conti può disporre il risarcimento del danno erariale e l'applicazione di sanzioni accessorie.

### Esempi Pratici

**1. Caso di Danno Erariale per Acquisti Inutili** Un dirigente pubblico acquista attrezzature informatiche non necessarie, causando un esborso ingiustificato di denaro pubblico. A seguito di un controllo della Corte dei Conti, viene accertata la responsabilità contabile del dirigente, che viene condannato a risarcire il danno.
**2. Caso di Mancata Riscossione di Entrate** Un responsabile finanziario di un comune omette di riscuotere tasse e tributi dovuti, causando un significativo ammanco nelle casse comunali. La Corte dei Conti avvia un procedimento contabile, accertando la colpa grave del funzionario, che viene condannato a restituire l'importo non incassato.
**3. Caso di Utilizzo Improprio di Fondi Pubblici** Un funzionario utilizza fondi destinati a un progetto sociale per fini personali. Le indagini contabili rivelano l'appropriazione indebita e la Corte dei Conti dispone il risarcimento del danno erariale e l'applicazione di sanzioni accessorie.

# 11. DIGITALIZZAZIONE DELLA PUBBLICA AMMINISTRAZIONE

La digitalizzazione della Pubblica Amministrazione (PA) rappresenta una delle sfide più importanti e ambiziose del nostro tempo. Con l'avvento delle tecnologie digitali, la PA è chiamata a trasformarsi per migliorare l'efficienza, la trasparenza e la qualità dei servizi offerti ai cittadini e alle imprese. La Pubblica Amministrazione Digitale (PAD) non è solo un insieme di strumenti e tecnologie, ma un vero e proprio cambiamento culturale e organizzativo che coinvolge tutti i livelli della PA. Questo processo di trasformazione mira a rendere la PA più moderna, accessibile e inclusiva, in linea con le aspettative di una società sempre più connessa e digitalizzata.

### 1. Obiettivi della Pubblica Amministrazione Digitale

**1. Efficienza e Risparmio**: Ridurre i costi operativi e migliorare l'efficienza dei processi amministrativi attraverso l'automazione e l'informatizzazione.
**2. Trasparenza e Partecipazione**: Aumentare la trasparenza dell'azione amministrativa e favorire la partecipazione dei cittadini attraverso l'accesso ai dati e alle informazioni pubbliche.
**3. Qualità dei Servizi**: Migliorare la qualità e la tempestività dei servizi offerti ai cittadini e alle imprese, facilitando l'accesso e la fruizione tramite canali digitali.
**4. Sicurezza e Protezione dei Dati**: Garantire la sicurezza delle informazioni e la protezione dei dati personali, conformemente alle normative vigenti.

### 2. Strumenti e Tecnologie della Digitalizzazione

**1. Servizi Online**: La digitalizzazione dei servizi pubblici prevede la possibilità di accedere e fruire dei servizi della PA tramite piattaforme online. Questo include servizi come il pagamento di tributi, la richiesta di certificati e la gestione di pratiche amministrative.
**2. Identità Digitale (SPID)**: Il Sistema Pubblico di Identità Digitale (SPID) permette

ai cittadini di accedere ai servizi online della PA e dei privati aderenti con un'unica identità digitale, garantendo sicurezza e semplicità d'uso.

**3. Anagrafe Nazionale della Popolazione Residente (ANPR)**: L'ANPR è un database centralizzato che raccoglie le informazioni anagrafiche di tutti i cittadini residenti in Italia, semplificando e unificando la gestione delle informazioni anagrafiche.

**4. PagoPA**: PagoPA è una piattaforma che consente di effettuare pagamenti elettronici verso la PA in modo sicuro e trasparente, migliorando l'efficienza della riscossione e riducendo i costi di gestione.

**5. Firma Digitale e PEC**: La firma digitale e la Posta Elettronica Certificata (PEC) sono strumenti che garantiscono la validità legale dei documenti digitali e delle comunicazioni elettroniche, equiparandoli a quelli tradizionali cartacei.

**6. App IO e Sistema IT-Wallet** L'app IO consente ai cittadini di interagire con la PA tramite smartphone, ricevendo notifiche e accedendo a vari servizi pubblici. Il Sistema IT-Wallet è uno strumento che permette la gestione digitale dei documenti e delle identità digitali, facilitando l'accesso ai servizi pubblici e privati.

### 3. Normativa di Riferimento

La normativa italiana ed europea ha stabilito una serie di obblighi e direttive per la digitalizzazione della PA, tra cui:

**1. Codice dell'Amministrazione Digitale (CAD)**: Stabilisce i principi e le regole per la digitalizzazione della PA e l'uso delle tecnologie dell'informazione e della comunicazione.

**2. Regolamento eIDAS**: Il regolamento europeo che disciplina l'identificazione elettronica e i servizi fiduciari per le transazioni elettroniche nel mercato interno.

**3. Piano Triennale per l'Informatica nella Pubblica Amministrazione**: Definisce le strategie e le azioni da intraprendere per la digitalizzazione della PA nel triennio di riferimento.

### 4. Sfide e Opportunità

La transizione verso una PA digitale presenta diverse sfide, tra cui:

- **Resistenza al Cambiamento**: La trasformazione digitale richiede un cambiamento culturale e organizzativo significativo, che può incontrare resistenze interne.
- **Competenze Digitali**: La necessità di formare il personale della PA per l'uso efficace delle nuove tecnologie.
- **Investimenti**: La digitalizzazione richiede investimenti significativi in infrastrutture tecnologiche e formazione.

Le opportunità offerte dalla PAD sono immense, tra cui:

- **Miglioramento della Trasparenza**: Una maggiore accessibilità alle informazioni e ai dati pubblici.
- **Partecipazione dei Cittadini**: Strumenti che facilitano la partecipazione dei cittadini alle decisioni pubbliche.

• **Innovazione nei Servizi**: Nuovi servizi e modalità di interazione che migliorano l'esperienza degli utenti.

**Esempi Pratici**

**1. Pagamento di Tributi Online**: Un comune introduce un portale per il pagamento dei tributi locali tramite PagoPA, permettendo ai cittadini di effettuare pagamenti comodamente da casa e migliorando l'efficienza della riscossione.
**2. Gestione Digitale delle Pratiche Amministrative**: Una regione implementa una piattaforma online per la gestione delle pratiche edilizie, riducendo i tempi di approvazione e migliorando la trasparenza del processo.
**3. Accesso ai Servizi Sanitari**: Una ASL sviluppa un sistema di prenotazione online per visite mediche e esami diagnostici, semplificando l'accesso ai servizi sanitari e riducendo le code agli sportelli.

# 11.1. E-GOVERNMENT E INNOVAZIONE DIGITALE

L'E-Government, o governo elettronico, rappresenta l'uso delle tecnologie dell'informazione e della comunicazione (ICT) per migliorare le attività della Pubblica Amministrazione (PA). Questo concetto è strettamente legato all'innovazione digitale, che implica l'introduzione di nuove tecnologie e metodologie per rendere i processi amministrativi più efficienti, trasparenti e accessibili. L'obiettivo principale dell'E-Government è trasformare il modo in cui i servizi pubblici sono forniti, facilitando l'interazione tra cittadini, imprese e istituzioni.

### 1. Obiettivi dell'E-Government

**1. Miglioramento dell'Efficienza**: Ridurre i tempi e i costi dei processi amministrativi attraverso l'automazione e la digitalizzazione.
**2. Aumento della Trasparenza**: Consentire un accesso più facile e trasparente alle informazioni pubbliche.
**3. Accessibilità e Inclusione**: Garantire che tutti i cittadini, indipendentemente dalle loro capacità tecniche, possano accedere ai servizi pubblici.
**4. Partecipazione Cittadina**: Facilitare la partecipazione dei cittadini ai processi decisionali e amministrativi attraverso piattaforme digitali.

### 2. Strumenti e Tecnologie dell'E-Government

**1. Portali Web Istituzionali**: I portali web delle amministrazioni pubbliche sono piattaforme centrali che offrono una gamma di servizi e informazioni ai cittadini. Questi portali permettono di accedere a modulistica, informazioni su bandi e concorsi, e servizi di pagamento online.
**2. Identità Digitale (SPID)**: Il Sistema Pubblico di Identità Digitale (SPID) è un meccanismo che permette ai cittadini di usufruire dei servizi telematici della PA utilizzando un'unica identità digitale, semplificando il processo di autenticazione.

3. **Open Data**: L'Open Data si riferisce alla pubblicazione di dati pubblici in formati aperti e accessibili, che possono essere liberamente utilizzati e distribuiti. Questo favorisce la trasparenza e l'innovazione, permettendo a sviluppatori e aziende di creare nuovi servizi basati sui dati pubblici.

4. **Servizi di Pagamento Digitale**: Piattaforme come PagoPA facilitano i pagamenti elettronici verso la PA, rendendo il processo più semplice e sicuro per i cittadini.

5. **Blockchain e Smart Contracts**: L'uso della blockchain nella PA può migliorare la sicurezza e la trasparenza delle transazioni pubbliche. Gli smart contracts, basati su tecnologia blockchain, possono automatizzare l'esecuzione di contratti e ridurre i tempi di elaborazione.

### 3. Normativa di Riferimento

La normativa italiana ed europea fornisce un quadro regolamentare per l'implementazione dell'E-Government, tra cui:

1. **Codice dell'Amministrazione Digitale (CAD)**: Stabilisce le norme per l'uso delle tecnologie digitali nella PA.

2. **Regolamento eIDAS**: Normativa europea che disciplina l'identificazione elettronica e i servizi fiduciari.

3. **Legge 241/1990**: Disposizioni sulla trasparenza amministrativa e l'accesso ai documenti.

### 4. Sfide e Opportunità

La transizione verso l'E-Government presenta diverse sfide, come:

- **Resistenza al Cambiamento**: Le modifiche culturali e organizzative necessarie possono incontrare resistenze interne.
- **Digital Divide**: La necessità di garantire che tutti i cittadini abbiano accesso alle tecnologie digitali.
- **Sicurezza Informatica**: Proteggere i dati e le informazioni contro le minacce cibernetiche.

Le opportunità includono:

- **Miglioramento dell'Accesso ai Servizi**: Servizi pubblici più accessibili e user-friendly.
- **Innovazione e Crescita Economica**: Nuove opportunità per le imprese tecnologiche e una maggiore efficienza economica.
- **Partecipazione Democratica**: Strumenti che facilitano la partecipazione dei cittadini ai processi decisionali.

### Esempi Pratici

1. **Portale della Salute Digitale**: Un portale che permette ai cittadini di accedere ai propri dati sanitari, prenotare visite mediche e ricevere prescrizioni elettroniche, migliorando l'efficienza del sistema sanitario.

2. **Sistema di Voto Elettronico**: Implementazione di un sistema di voto elettronico per facilitare la partecipazione alle elezioni, garantendo sicurezza e trasparenza nel processo elettorale.

**3. Gestione Digitale delle Pratiche Edilizie**: Una piattaforma online che consente di presentare e gestire le pratiche edilizie, riducendo i tempi di attesa e migliorando la trasparenza del processo.

# 11.2. CODICE DELL'AMMINISTRAZIONE DIGITALE

Il Codice dell'Amministrazione Digitale (CAD) rappresenta uno dei pilastri fondamentali del processo di digitalizzazione della Pubblica Amministrazione (PA) in Italia. Nato con il decreto legislativo n. 82 del 7 marzo 2005, il CAD disciplina l'uso delle tecnologie digitali nell'amministrazione pubblica, con l'obiettivo di rendere i servizi pubblici più efficienti, trasparenti e accessibili. Esso fornisce un quadro normativo volto a promuovere l'innovazione e la modernizzazione della PA, incoraggiando l'adozione di strumenti digitali che facilitino l'interazione tra cittadini, imprese e istituzioni.

## 1. Principi Fondamentali

Il CAD si basa su una serie di principi fondamentali che guidano l'azione della PA nel contesto della digitalizzazione:

**1. Diritto all'uso delle tecnologie**: Cittadini e imprese hanno il diritto di interagire con la PA tramite strumenti digitali.
**2. Efficienza e Trasparenza**: L'uso delle tecnologie digitali deve migliorare l'efficienza della PA e garantire la trasparenza delle sue attività.
**3. Sicurezza Informatica**: La protezione dei dati e delle informazioni è un principio essenziale per garantire la fiducia dei cittadini nell'uso delle tecnologie digitali.
**4. Accessibilità e Inclusione**: I servizi digitali devono essere accessibili a tutti, inclusi i soggetti con disabilità.
**5. Interoperabilità**: I sistemi informatici della PA devono essere in grado di comunicare e scambiare dati tra loro in modo efficiente.

## 2. Strumenti e Tecnologie del CAD

**1. Firma Digitale**: La firma digitale è uno strumento che permette di garantire l'autenticità, l'integrità e la validità legale dei documenti digitali. Il CAD disciplina l'uso della firma digitale, rendendola equiparata alla firma autografa su carta.

**2. Posta Elettronica Certificata (PEC)**: La PEC è un sistema di posta elettronica che permette di inviare e ricevere email con valore legale, garantendo la certezza dell'invio e della ricezione dei messaggi.

**3. Sistema Pubblico di Identità Digitale (SPID)**: Lo SPID è un sistema che consente ai cittadini di accedere ai servizi online della PA con un'unica identità digitale, semplificando il processo di autenticazione e aumentando la sicurezza.

**4. Anagrafe Nazionale della Popolazione Residente (ANPR)**: L'ANPR è un sistema centralizzato che raccoglie e gestisce i dati anagrafici dei cittadini italiani, consentendo una gestione più efficiente e integrata delle informazioni.

**5. PagoPA**: PagoPA è una piattaforma che consente ai cittadini di effettuare pagamenti elettronici verso la PA in modo sicuro, trasparente e tracciabile.

### 3. Normativa di Riferimento

Il CAD è stato soggetto a diverse modifiche e aggiornamenti nel corso degli anni per adeguarsi all'evoluzione tecnologica e alle esigenze della società. Le principali normative di riferimento includono:

• **Decreto Legislativo n. 179 del 26 agosto 2016**: Introduzione di misure per la crescita digitale nel CAD.
• **Decreto Legislativo n. 217 del 13 dicembre 2017**: Modifiche e integrazioni al CAD per favorire la trasformazione digitale.
• **Regolamento eIDAS**: Normativa europea che disciplina l'identificazione elettronica e i servizi fiduciari.

### 4. Sfide e Opportunità

La transizione verso l'implementazione del CAD presenta diverse sfide, come:

• **Resistenza al Cambiamento**: Le innovazioni digitali spesso incontrano resistenze culturali e organizzative all'interno della PA.
• **Digital Divide**: La necessità di garantire l'accesso alle tecnologie digitali a tutta la popolazione.
• **Sicurezza Informatica**: Proteggere i dati e le informazioni da cyber attacchi e violazioni.
Le opportunità includono:
• **Miglioramento dell'Efficienza**: Processi amministrativi più rapidi e meno costosi grazie all'automazione e alla digitalizzazione.
• **Partecipazione Democratica**: Maggiore coinvolgimento dei cittadini nei processi decisionali grazie a strumenti digitali.
• **Innovazione e Crescita**: Creazione di nuove opportunità economiche e sviluppo di servizi innovativi basati sui dati pubblici.

### Esempi Pratici

**1. Implementazione della PEC**: Una Pubblica Amministrazione locale implementa la PEC per tutte le comunicazioni ufficiali, riducendo i tempi e i costi della corri-spondenza tradizionale e garantendo la tracciabilità delle comunicazioni.

**2. Uso dello SPID per i Servizi Comunali**: Un comune italiano adotta lo SPID per l'accesso ai servizi online come l'iscrizione scolastica e la richiesta di certificati anagrafici, migliorando l'accessibilità e la sicurezza dei servizi.

**3. Introduzione di PagoPA**: Un'azienda sanitaria locale introduce PagoPA per il pagamento delle prestazioni sanitarie, semplificando il processo di pagamento per i cittadini e migliorando la gestione finanziaria dell'ente.

# 11.3. TRASPARENZA E PRIVACY

La trasparenza e la privacy rappresentano due principi cardine nel diritto amministrativo contemporaneo, fondamentali per garantire il corretto funzionamento della Pubblica Amministrazione (PA) e per tutelare i diritti dei cittadini. La trasparenza è essenziale per promuovere l'integrità, la responsabilità e la fiducia nelle istituzioni pubbliche, mentre la privacy è cruciale per proteggere i dati personali e garantire il diritto alla riservatezza. La sfida per le amministrazioni pubbliche è bilanciare questi due principi, assicurando la massima apertura delle proprie attività senza compromettere la protezione dei dati personali.

### 1. La Trasparenza Amministrativa

### 2.1. Definizione e Principi Fondamentali

La trasparenza amministrativa si riferisce alla possibilità per i cittadini di accedere liberamente alle informazioni e ai documenti detenuti dalla PA. Questo principio è stabilito dall'articolo 97 della Costituzione italiana e viene attuato tramite il decreto legislativo n. 33 del 14 marzo 2013, conosciuto come "Decreto Trasparenza". I principali obiettivi della trasparenza sono:

- Garantire l'accesso alle informazioni pubbliche.
- Favorire la partecipazione e il controllo democratico.
- Promuovere l'integrità e prevenire la corruzione.

### 2.2. Strumenti di Trasparenza

Gli strumenti principali attraverso i quali si realizza la trasparenza amministrativa includono:

• **Accesso Civico**: Consente a chiunque di richiedere documenti, informazioni o dati che le amministrazioni sono obbligate a pubblicare.
• **Pubblicazione Obbligatoria**: Le amministrazioni pubbliche devono pubblicare specifici documenti, informazioni e dati sui propri siti web istituzionali.
• **Amministrazione Trasparente**: Una sezione specifica del sito web istituzionale dedicata alla trasparenza, accessibile a tutti i cittadini.

## 2.3. Obblighi di Pubblicazione

Le amministrazioni sono tenute a pubblicare informazioni riguardanti:

• Organizzazione e attività.
• Consulenze e collaborazioni.
• Bandi di gara e contratti.
• Bilanci e rendiconti.
• Atti di concessione di vantaggi economici.

## 3. La Privacy e la Tutela dei Dati Personali

## 3.1. Quadro Normativo

La protezione dei dati personali è regolata dal Regolamento (UE) 2016/679 (General Data Protection Regulation, GDPR), applicabile dal 25 maggio 2018, e dal Codice in materia di protezione dei dati personali (decreto legislativo n. 196 del 30 giugno 2003, aggiornato dal decreto legislativo n. 101 del 10 agosto 2018). Il GDPR stabilisce norme rigorose per il trattamento dei dati personali, imponendo obblighi specifici ai titolari e ai responsabili del trattamento.

## 3.2. Principi di Protezione dei Dati

I principali principi del GDPR includono:

• **Liceità, correttezza e trasparenza**: I dati devono essere trattati in modo lecito, corretto e trasparente nei confronti dell'interessato.
• **Limitazione delle finalità**: I dati devono essere raccolti per finalità determinate, esplicite e legittime.
• **Minimizzazione dei dati**: I dati devono essere adeguati, pertinenti e limitati a quanto necessario rispetto alle finalità per cui sono trattati.
• **Esattezza**: I dati devono essere esatti e aggiornati.
• **Limitazione della conservazione**: I dati devono essere conservati per un periodo non superiore a quello necessario per il conseguimento delle finalità.
• **Integrità e riservatezza**: I dati devono essere trattati in modo da garantire un'adeguata sicurezza, inclusa la protezione contro trattamenti non autorizzati o illeciti e contro la perdita, la distruzione o il danno accidentale.

## 3.3. Diritti degli Interessati

Il GDPR conferisce agli interessati vari diritti, tra cui:

• **Diritto di accesso**: Gli interessati hanno il diritto di ottenere la conferma che sia o meno in corso un trattamento di dati personali che li riguardano e, in tal caso, di accedere ai dati stessi.
• **Diritto di rettifica**: Gli interessati hanno il diritto di richiedere la correzione dei propri dati personali inesatti.
• **Diritto alla cancellazione**: Gli interessati hanno il diritto di richiedere la cancellazione dei propri dati personali nei casi previsti dalla legge.
• **Diritto di limitazione di trattamento**: Gli interessati hanno il diritto di richiedere la limitazione del trattamento dei propri dati personali nei casi stabiliti dalla legge.
• **Diritto alla portabilità dei dati**: Gli interessati hanno il diritto di ottenere i propri dati personali, forniti a un titolare del trattamento, in un formato sistematico, di uso comune e leggibile da dispositivi automatici.
• **Diritto di opposizione**: Gli interessati hanno il diritto di opporsi in qualsiasi momento al trattamento dei propri dati personali per motivi legati alla loro situazione specifica.

## 4. Bilanciamento tra Trasparenza e Privacy

La sfida per le amministrazioni pubbliche è trovare un equilibrio tra il principio di trasparenza e il diritto alla privacy. Il GDPR e il Decreto Trasparenza forniscono un quadro normativo che consente di bilanciare questi due principi, imponendo alle amministrazioni l'adozione di misure tecniche e organizzative adeguate per garantire la protezione dei dati personali durante la pubblicazione delle informazioni.

## Esempi Pratici

**1. Accesso Civico e Privacy** Un cittadino richiede l'accesso a documenti amministrativi contenenti dati personali. L'amministrazione deve garantire la trasparenza, ma allo stesso tempo oscurare le informazioni personali non rilevanti per tutelare la privacy degli individui coinvolti.
**2. Pubblicazione dei Redditi dei Dirigenti** La pubblicazione obbligatoria dei redditi dei dirigenti pubblici deve avvenire nel rispetto delle norme sulla privacy, garantendo che le informazioni siano accessibili solo nei limiti previsti dalla legge.
**3. Utilizzo di Dati Personali per Finalità di Interesse Pubblico** Un'amministrazione utilizza dati personali per finalità di interesse pubblico, come la gestione delle emergenze sanitarie. In questo contesto, è necessario garantire che il trattamento dei dati avvenga nel rispetto dei principi di minimizzazione e proporzionalità.

# 11.4. PROCEDIMENTI DIGITALI

L'avvento della tecnologia digitale ha trasformato radicalmente il modo in cui la Pubblica Amministrazione (PA) opera, portando a una digitalizzazione dei procedimenti amministrativi. Questa evoluzione mira a rendere l'amministrazione più efficiente, trasparente e accessibile, migliorando il rapporto tra cittadini e istituzioni. I procedimenti digitali sono quindi fondamentali per una PA moderna, in grado di rispondere rapidamente alle esigenze della società contemporanea. Questo capitolo esamina i principali aspetti dei procedimenti digitali, le normative di riferimento, e i benefici e le sfide associate alla loro implementazione.

## 1. Normativa di Riferimento

### 1.1. Codice dell'Amministrazione Digitale (CAD)

Il Codice dell'Amministrazione Digitale, emanato con decreto legislativo n. 82 del 7 marzo 2005 e successive modifiche, rappresenta la principale fonte normativa in materia di digitalizzazione della PA in Italia. Il CAD stabilisce i principi e le regole per l'uso delle tecnologie digitali nei processi amministrativi, con l'obiettivo di:

• Migliorare l'efficienza e l'efficacia delle amministrazioni pubbliche.
• Promuovere la trasparenza e la partecipazione dei cittadini.
• Garantire la sicurezza e la protezione dei dati.

### 1.2. Regolamento eIDAS

Il Regolamento (UE) n. 910/2014, noto come eIDAS (Electronic Identification, Authentication and Trust Services), stabilisce un quadro giuridico comune per le firme elettroniche, i sigilli elettronici, i servizi fiduciari e l'autenticazione elettronica, facilitando le interazioni elettroniche sicure tra cittadini, imprese e autorità pubbliche.

## 2. Elementi dei Procedimenti Digitali

### 2.1. Firma Digitale

La firma digitale è uno strumento essenziale nei procedimenti digitali, in quanto garantisce l'autenticità, l'integrità e la non ripudiabilità dei documenti elettronici. Essa è equiparata alla firma autografa tradizionale e trova ampio impiego nella sottoscrizione di atti e contratti digitali.

### 2.2. Posta Elettronica Certificata (PEC)

La PEC è un sistema di posta elettronica che consente l'invio di comunicazioni con valore legale, equiparabile alla raccomandata con ricevuta di ritorno. È uno strumento fondamentale per le comunicazioni ufficiali tra cittadini, imprese e PA.

### 2.3. Protocollo Informatico

Il protocollo informatico è il sistema utilizzato dalle amministrazioni pubbliche per la gestione digitale dei documenti, assicurando la loro tracciabilità e conservazione. Esso garantisce la trasparenza e l'efficienza nella gestione documentale.

### 2.4. Piattaforme Digitali

Le piattaforme digitali, come il Sistema Pubblico di Identità Digitale (SPID) e l'Anagrafe Nazionale della Popolazione Residente (ANPR), rappresentano infrastrutture cruciali per l'accesso e la gestione dei servizi digitali offerti dalla PA. SPID consente l'autenticazione unica per accedere ai servizi online della PA, mentre ANPR centralizza le anagrafi comunali, migliorando la qualità e la disponibilità dei dati.

## 3. Benefici dei Procedimenti Digitali

### 2.1. Efficienza e Risparmio di Tempo

I procedimenti digitali riducono significativamente i tempi di esecuzione delle pratiche amministrative, eliminando la necessità di spostamenti fisici e la gestione di documenti cartacei.

### 3.2. Trasparenza e Accessibilità

La digitalizzazione facilita la pubblicazione e l'accesso alle informazioni, promuovendo la trasparenza e la partecipazione dei cittadini. Le piattaforme online consentono ai cittadini di seguire l'iter delle loro pratiche in tempo reale.

### 3.3. Riduzione dei Costi

L'adozione di tecnologie digitali riduce i costi operativi delle amministrazioni pubbliche, abbattendo le spese legate alla gestione e archiviazione di documenti cartacei e migliorando l'efficienza dei processi.

### 3.4. Sostenibilità Ambientale

La riduzione dell'uso della carta e dei trasporti fisici contribuisce alla sostenibilità ambientale, diminuendo l'impatto ecologico delle attività amministrative.

## 4. Sfide e Criticità

### 4.1. Sicurezza Informatica

La protezione dei dati e la sicurezza delle infrastrutture digitali rappresentano una delle principali sfide per la PA. Gli attacchi informatici e le violazioni della privacy sono rischi concreti che richiedono misure di sicurezza avanzate e aggiornate.

### 4.2. Digital Divide

Il divario digitale tra diverse fasce della popolazione può limitare l'accesso ai servizi digitali. È essenziale adottare politiche inclusive che garantiscano l'accesso alle tecnologie e ai servizi digitali a tutti i cittadini.

### 4.3. Formazione e Cultura Digitale

La formazione del personale della PA e la promozione di una cultura digitale tra i cittadini sono fondamentali per il successo della digitalizzazione. Investire in programmi di formazione continua e sensibilizzazione è cruciale per una transizione digitale efficace.

### Esempi Pratici

**1. Accesso ai Servizi Online tramite SPID** Un cittadino utilizza SPID per accedere ai servizi online del proprio comune, come la richiesta di certificati anagrafici o la presentazione di domande per contributi economici. La procedura è rapida, sicura e può essere completata interamente online.

**2. Firma Digitale per Contratti di Lavoro** Un'amministrazione pubblica utilizza la firma digitale per la sottoscrizione di contratti di lavoro con i dipendenti. Questo metodo assicura l'autenticità dei documenti e velocizza il processo di formalizzazione dei contratti.

**3. Gestione Documentale tramite Protocollo Informatico** Un ente pubblico adotta il protocollo informatico per la gestione dei propri documenti. Questo sistema permette di tracciare ogni fase del ciclo di vita dei documenti, garantendo trasparenza e sicurezza nella gestione delle pratiche amministrative.

# 11.5. PNRR E DIGITALIZZAZIONE

Il Piano Nazionale di Ripresa e Resilienza (PNRR) rappresenta un'opportunità unica per l'Italia di rinnovare e potenziare le sue infrastrutture, con un'enfasi particolare sulla digitalizzazione. Questo piano, frutto dell'accordo con l'Unione Europea nell'ambito del programma Next Generation EU, mira a modernizzare il Paese attraverso investimenti strategici e riforme strutturali. La digitalizzazione, in questo contesto, assume un ruolo centrale per migliorare l'efficienza della Pubblica Amministrazione (PA), stimolare l'innovazione e promuovere la competitività del sistema economico. Questo capitolo esplora in dettaglio gli obiettivi, le strategie e le misure previste dal PNRR per la digitalizzazione, nonché i benefici e le sfide che ne derivano.

## 1. Obiettivi del PNRR per la Digitalizzazione

### 1.1. Modernizzazione della Pubblica Amministrazione

Uno degli obiettivi principali del PNRR è rendere la PA più efficiente e accessibile. La digitalizzazione dei processi amministrativi mira a ridurre i tempi di attesa, semplificare le procedure e migliorare la qualità dei servizi offerti ai cittadini e alle imprese.

### 1.2. Connettività e Infrastrutture Digitali

Il PNRR prevede investimenti significativi nelle infrastrutture digitali, inclusa la banda larga e il 5G, per garantire una connettività diffusa e di alta qualità su tutto il territorio nazionale. Questa misura è essenziale per sostenere la transizione digitale e promuovere l'inclusione digitale.

### 1.3. Competenze Digitali

Promuovere l'alfabetizzazione digitale e migliorare le competenze digitali della popolazione sono obiettivi cruciali del PNRR. Ciò include programmi di formazione per i dipendenti pubblici e iniziative per colmare il divario digitale tra diverse fasce della popolazione.

## 2. Strategie e Misure del PNRR per la Digitalizzazione

### 2.1. Digitalizzazione dei Servizi Pubblici

Il PNRR prevede la digitalizzazione di numerosi servizi pubblici, inclusi quelli sanitari, giudiziari e amministrativi. L'obiettivo è rendere questi servizi più accessibili e user-friendly, migliorando l'interazione tra cittadini e PA.

### 2.2. Piattaforme Digitali e Cloud

La creazione e il potenziamento di piattaforme digitali, come il Sistema Pubblico di Identità Digitale (SPID) e l'Anagrafe Nazionale della Popolazione Residente (ANPR), sono fondamentali. Inoltre, il PNRR promuove l'adozione del cloud per garantire una gestione sicura ed efficiente dei dati pubblici.

### 2.3. Cybersecurity

Rafforzare la sicurezza informatica è una priorità del PNRR. Le misure previste includono investimenti in tecnologie avanzate di cybersecurity, la creazione di un'agenzia nazionale per la sicurezza informatica e la promozione di una cultura della sicurezza tra cittadini e istituzioni.

### 2.4. Innovazione e Ricerca

Il PNRR sostiene l'innovazione e la ricerca attraverso investimenti in tecnologie emergenti come l'intelligenza artificiale, la blockchain e l'Internet of Things (IoT). Questi investimenti mirano a stimolare l'ecosistema dell'innovazione e a promuovere la competitività delle imprese italiane.

## 3. Benefici della Digitalizzazione nel PNRR

### 3.1. Efficienza e Risparmio di Tempo

La digitalizzazione dei processi amministrativi riduce i tempi di attesa e semplifica le procedure, rendendo la PA più efficiente e reattiva.

### 3.2. Trasparenza e Accessibilità

L'adozione di tecnologie digitali promuove la trasparenza e l'accessibilità delle informazioni, facilitando l'interazione tra cittadini e istituzioni.

### 3.3. Inclusione Digitale

Gli investimenti in connettività e competenze digitali aiutano a colmare il divario digitale, garantendo a tutti i cittadini l'accesso alle opportunità offerte dalla trasformazione digitale.

### 3.4. Crescita Economica

La digitalizzazione stimola l'innovazione e la competitività, creando nuove opportunità di lavoro e promuovendo la crescita economica sostenibile.

## 4. Sfide della Digitalizzazione nel PNRR

### 4.1. Sicurezza Informatica

Garantire la sicurezza dei dati e delle infrastrutture digitali è una delle principali sfide. È essenziale adottare misure di cybersecurity avanzate per proteggere le informazioni sensibili.

### 4.2. Resistenza al Cambiamento

La transizione verso un'amministrazione digitale richiede un cambiamento culturale significativo. Superare la resistenza al cambiamento tra i dipendenti pubblici e i cittadini è fondamentale per il successo del PNRR.

### 4.3. Coordinamento e Integrazione

Coordinare e integrare le diverse iniziative digitali a livello nazionale e locale è una sfida complessa. È necessario un approccio strategico e coordinato per garantire l'efficacia delle misure previste dal PNRR.

# 12. IL DIRITTO URBANISTICO E DELL'AMBIENTE

Il diritto urbanistico e dell'ambiente rappresenta una branca fondamentale del diritto amministrativo, dedicata alla regolamentazione e gestione del territorio e delle risorse naturali. Questa disciplina si occupa di pianificare l'uso del suolo, garantire uno sviluppo urbano sostenibile e proteggere l'ambiente attraverso strumenti normativi e amministrativi. L'aumento della consapevolezza sulle problematiche ambientali e l'esigenza di uno sviluppo sostenibile rendono questo argomento estremamente rilevante. Esplorare il diritto urbanistico e ambientale significa comprendere i principi, le normative, gli strumenti di pianificazione e le politiche volte a promuovere un equilibrio tra sviluppo e tutela ambientale.

## 1. Principi Generali del Diritto Urbanistico

### 1.1. Pianificazione e Governo del Territorio

La pianificazione urbanistica è l'insieme delle attività amministrative volte a organizzare e gestire l'uso del suolo e lo sviluppo urbano. Gli strumenti principali di pianificazione sono il piano regolatore generale (PRG) e i piani urbanistici attuativi (PUA), che stabiliscono le modalità di utilizzo delle diverse aree del territorio.

### 1.2. Principio di Sostenibilità

La sostenibilità è un principio cardine del diritto urbanistico, volto a garantire che lo sviluppo del territorio avvenga nel rispetto delle risorse naturali e senza compromettere le esigenze delle future generazioni. Questo principio implica un approccio integrato che consideri aspetti ambientali, sociali ed economici.

### 1.3. Partecipazione dei Cittadini

La partecipazione pubblica è essenziale nel processo di pianificazione urbanistica. Coinvolgere i cittadini nelle decisioni relative al territorio garantisce trasparenza e democrazia, facilitando una maggiore accettazione delle scelte urbanistiche.

## 2. Strumenti di Pianificazione Urbanistica

### 2.1. Piano Regolatore Generale (PRG)

Il PRG è lo strumento principale di pianificazione territoriale a livello comunale. Esso delinea le destinazioni d'uso del territorio, le aree edificabili, le zone di verde pubblico e le infrastrutture necessarie per lo sviluppo urbano.

### 2.2. Piani Urbanistici Attuativi (PUA)

I PUA specificano e attuano le previsioni del PRG. Sono strumenti più dettagliati che definiscono interventi urbanistici specifici, come nuovi quartieri residenziali, zone industriali o commerciali.

### 2.3. Valutazione Ambientale Strategica (VAS)

La VAS è uno strumento di valutazione preventiva degli effetti ambientali dei piani e programmi urbanistici. Essa assicura che le decisioni di pianificazione tengano conto delle potenziali conseguenze sull'ambiente.

## 3. Normativa Ambientale

### 3.1. Codice dell'Ambiente (D.Lgs. 152/2006)

Il Codice dell'Ambiente rappresenta il corpus normativo principale in materia ambientale in Italia. Esso raccoglie e coordina diverse leggi riguardanti la tutela dell'ambiente, la gestione dei rifiuti, la protezione delle acque e dell'aria, e la valutazione dell'impatto ambientale.

### 3.2. Direttive Europee

L'Italia è tenuta ad adottare le direttive europee in materia ambientale. Queste direttive stabiliscono obiettivi comuni per la protezione dell'ambiente e richiedono agli Stati membri di integrare tali obiettivi nelle rispettive normative nazionali.

### 3.3. Leggi Regionali e Locali

Oltre alle normative nazionali ed europee, le regioni e i comuni italiani hanno competenze in materia di tutela ambientale. Le leggi regionali e i regolamenti comunali possono prevedere misure specifiche per la protezione del territorio e delle risorse naturali a livello locale.

## 4. Strumenti di Tutela Ambientale

### 4.1. Valutazione di Impatto Ambientale (VIA)

La VIA è un processo che valuta le conseguenze ambientali di progetti specifici, come la costruzione di infrastrutture o impianti industriali. Essa mira a prevenire danni ambientali significativi, assicurando che i progetti siano compatibili con la tutela dell'ambiente.

## 4.2. Autorizzazioni Ambientali

Le autorizzazioni ambientali sono permessi necessari per svolgere attività che possono avere un impatto sull'ambiente, come lo scarico di acque reflue, le emissioni in atmosfera e la gestione dei rifiuti. Esse assicurano che tali attività rispettino le normative ambientali vigenti.

## 4.3. Piani di Risanamento Ambientale

I piani di risanamento ambientale sono interventi pianificati per la bonifica e il recupero di aree inquinate. Essi mirano a ripristinare la qualità dell'ambiente, garantendo la salute pubblica e la conservazione degli ecosistemi.

### Esempi Pratici

**1. Progetto di Risanamento di un Sito Industriale Inquinato** Un comune avvia un piano di risanamento per bonificare un sito industriale dismesso, contaminato da sostanze chimiche. Il progetto prevede la rimozione dei rifiuti tossici, la decontaminazione del suolo e la riqualificazione dell'area per nuovi usi, come parchi pubblici o aree residenziali.

**2. Realizzazione di una Nuova Area Residenziale** Un comune adotta un PUA per lo sviluppo di una nuova area residenziale. Il piano prevede la costruzione di abitazioni, scuole, aree verdi e infrastrutture di servizio, garantendo al contempo il rispetto delle normative ambientali e la sostenibilità del progetto.

**3. Implementazione di un Sistema di Raccolta Differenziata dei Rifiuti** Un'amministrazione comunale introduce un sistema di raccolta differenziata dei rifiuti per ridurre l'impatto ambientale e promuovere il riciclo. La misura è accompagnata da campagne di sensibilizzazione per educare i cittadini sulle pratiche di gestione dei rifiuti.

# 12.1. PIANIFICAZIONE URBANISTICA

La pianificazione urbanistica è un elemento centrale del diritto amministrativo, che si occupa di organizzare e regolamentare l'uso del territorio al fine di promuovere uno sviluppo equilibrato e sostenibile delle aree urbane e rurali. Essa comprende l'insieme delle attività volte a definire l'uso del suolo, a gestire le risorse naturali e a garantire una crescita urbana ordinata e funzionale. La pianificazione urbanistica si avvale di strumenti normativi e tecnici per raggiungere obiettivi di interesse pubblico, quali la tutela dell'ambiente, la qualità della vita, la coesione sociale e lo sviluppo economico.

## 1. Principi Generali della Pianificazione Urbanistica

### 1.1. Sostenibilità

Il principio di sostenibilità guida la pianificazione urbanistica, promuovendo uno sviluppo che soddisfi le esigenze attuali senza compromettere quelle delle future generazioni. La sostenibilità implica un equilibrio tra sviluppo economico, tutela dell'ambiente e benessere sociale.

### 1.2. Partecipazione Pubblica

La partecipazione dei cittadini nei processi di pianificazione urbanistica è fondamentale per garantire trasparenza, democrazia e accettazione delle decisioni prese. Strumenti di partecipazione pubblica includono consultazioni, audizioni pubbliche e la possibilità di presentare osservazioni sui piani urbanistici.

### 1.3. Integrazione

L'integrazione tra le diverse politiche settoriali (trasporti, ambiente, economia, ecc.) è essenziale per una pianificazione urbanistica efficace. L'approccio integrato assicura che le decisioni urbanistiche siano coerenti e sinergiche con gli obiettivi delle altre politiche pubbliche.

## 2. Strumenti della Pianificazione Urbanistica

### 2.1. Piano Regolatore Generale (PRG)

Il PRG è il principale strumento di pianificazione territoriale a livello comunale. Esso definisce la destinazione d'uso delle diverse aree del territorio comunale, stabilendo le zone edificabili, le aree verdi, le infrastrutture e i servizi pubblici. Il PRG è uno strumento di lungo periodo, solitamente con un orizzonte temporale di 10-20 anni.

### 2.2. Piani Urbanistici Attuativi (PUA)

I PUA sono strumenti operativi che attuano le previsioni del PRG in modo dettagliato. Essi includono piani particolareggiati, piani di lottizzazione, piani di recupero e piani di insediamenti produttivi. I PUA definiscono con precisione gli interventi urbanistici specifici, come la realizzazione di nuovi quartieri, aree commerciali o industriali.

### 2.3. Piano Territoriale di Coordinamento Provinciale (PTCP)

Il PTCP è uno strumento di pianificazione a livello provinciale che coordina le politiche urbanistiche dei comuni, armonizzando le scelte di sviluppo territoriale con le esigenze di area vasta. Esso definisce le linee guida per la tutela dell'ambiente, la gestione delle risorse naturali e la promozione dello sviluppo economico.

## 3. Procedure di Adozione e Approvazione dei Piani Urbanistici

### 3.1. Elaborazione e Adozione

La procedura di elaborazione di un piano urbanistico inizia con la predisposizione di uno schema di piano da parte dell'amministrazione comunale, spesso in collaborazione con consulenti tecnici. Successivamente, il piano viene adottato dal consiglio comunale e pubblicato per la consultazione pubblica.

### 3.2. Osservazioni e Controdeduzioni

Durante il periodo di consultazione pubblica, cittadini, enti e associazioni possono presentare osservazioni e proposte di modifica al piano adottato. L'amministrazione comunale valuta le osservazioni e predispone le controdeduzioni, modificando eventualmente il piano in base ai contributi ricevuti.

### 3.3. Approvazione Finale

Il piano urbanistico, integrato dalle controdeduzioni, viene infine approvato dal consiglio comunale. In alcuni casi, la Regione o la Provincia devono esprimere un parere o approvare il piano prima della sua entrata in vigore.

## 4. Valutazione Ambientale Strategica (VAS)

La VAS è un processo di valutazione preventiva che analizza gli effetti ambientali dei piani e programmi urbanistici. Essa ha l'obiettivo di integrare considerazioni ambientali nelle decisioni di pianificazione, garantendo che gli impatti negativi sull'ambiente siano prevenuti o mitigati. La VAS prevede la redazione di un rapporto ambientale, la consultazione del pubblico e delle autorità competenti, e la valutazione dei contributi ricevuti.

### Esempi Pratici

**1. Riqualificazione di una Zona Industriale Disattivata** Un comune avvia un progetto di riqualificazione di un'ex zona industriale dismessa, trasformandola in un'area residenziale e commerciale. Il progetto include la bonifica del suolo, la realizzazione di spazi verdi e la costruzione di nuove infrastrutture.
**2. Sviluppo di una Nuova Area Residenziale Sostenibile** Un'amministrazione comunale adotta un PUA per la realizzazione di un nuovo quartiere residenziale che integra criteri di sostenibilità, come l'efficienza energetica degli edifici, la mobilità sostenibile e la gestione delle acque piovane.
**3. Piano Territoriale di Coordinamento Provinciale** Una provincia elabora un PTCP che coordina le politiche urbanistiche dei comuni, promuovendo lo sviluppo equilibrato del territorio, la tutela delle risorse naturali e la valorizzazione delle aree rurali.

# 12.2. EDILIZIA E TUTELA DEL PAESAGGIO

Il tema dell'edilizia e della tutela del paesaggio rappresenta un aspetto cruciale del diritto amministrativo, in quanto coinvolge la regolamentazione delle costruzioni e la protezione dell'ambiente naturale e culturale. La normativa in materia è volta a garantire uno sviluppo edilizio sostenibile, rispettoso delle caratteristiche paesaggistiche e ambientali dei territori, e a prevenire interventi che possano deturpare o compromettere il patrimonio paesaggistico nazionale. La tutela del paesaggio, infatti, non riguarda solo la conservazione delle bellezze naturali, ma anche la valorizzazione e la gestione del territorio in modo equilibrato e sostenibile.

## 1. Principi Generali

### 1.1. Sostenibilità Ambientale

Il principio della sostenibilità ambientale impone che l'attività edilizia sia pianificata e realizzata in modo da non compromettere l'equilibrio ecologico e paesaggistico del territorio. Questo principio si traduce in norme e procedure che mirano a ridurre l'impatto ambientale delle costruzioni, promuovendo l'uso di tecnologie ecocompatibili e materiali sostenibili.

### 1.2. Tutela del Patrimonio Culturale e Paesaggistico

La tutela del patrimonio culturale e paesaggistico è garantita da una serie di norme volte a preservare e valorizzare i beni culturali e paesaggistici. Questa tutela si esplica attraverso vincoli paesaggistici, piani paesaggistici e autorizzazioni specifiche che regolano gli interventi edilizi nelle aree di particolare interesse culturale e paesaggistico.

### 1.3. Partecipazione Pubblica

La partecipazione dei cittadini e delle associazioni nella pianificazione e nella gestione del territorio è essenziale per garantire la trasparenza e la democraticità dei processi decisionali. La normativa prevede strumenti di partecipazione, come consultazioni pubbliche e audizioni, che consentono ai cittadini di esprimere la propria opinione sugli interventi edilizi e sulle politiche di tutela del paesaggio.

## 2. Strumenti di Pianificazione Edilizia e Paesaggistica

### 2.1. Piani Regolatori Generali (PRG)

Il PRG è lo strumento principale di pianificazione urbanistica a livello comunale. Esso definisce le aree destinate all'edilizia, le zone di tutela paesaggistica e le aree agricole, stabilendo le norme che regolano l'uso del suolo. Il PRG deve essere coerente con i piani paesaggistici e con le norme di tutela ambientale.

### 2.2. Piani Paesaggistici Regionali (PPR)

I PPR sono strumenti di pianificazione territoriale a livello regionale, che individuano le aree di interesse paesaggistico e stabiliscono le norme per la loro tutela e valorizzazione. I PPR devono essere approvati in accordo con il Ministero della Cultura e costituiscono un riferimento obbligatorio per la redazione dei PRG.

### 2.3. Vincoli Paesaggistici

I vincoli paesaggistici sono imposizioni legali che limitano l'uso e la trasformazione di determinate aree, allo scopo di proteggerne le caratteristiche paesaggistiche. Essi possono derivare da leggi nazionali, regionali o locali e comportano l'obbligo di ottenere specifiche autorizzazioni per gli interventi edilizi.

## 3. Procedimenti Amministrativi

### 3.1. Autorizzazione Paesaggistica

L'autorizzazione paesaggistica è un atto amministrativo necessario per l'esecuzione di interventi edilizi nelle aree soggette a vincolo paesaggistico. Essa viene rilasciata dalla Soprintendenza per i beni culturali e paesaggistici, previo parere della commissione locale per il paesaggio. L'autorizzazione verifica la compatibilità dell'intervento con i valori paesaggistici tutelati.

### 3.2. Permesso di Costruire

Il permesso di costruire è l'atto amministrativo che consente di realizzare nuove costruzioni o modificare quelle esistenti. Esso viene rilasciato dall'ente comunale, previa verifica della conformità del progetto alle norme urbanistiche e edilizie. Nei casi di interventi in aree vincolate, il permesso di costruire deve essere accompagnato dall'autorizzazione paesaggistica.

### 3.3. Valutazione di Impatto Ambientale (VIA)

La VIA è una procedura di valutazione preventiva degli effetti ambientali di determinati progetti edilizi. Essa mira a identificare, descrivere e valutare i potenziali impatti ambientali di un progetto, prevedendo misure di mitigazione e compensazione. La VIA è obbligatoria per progetti di grande rilevanza e viene svolta dall'autorità competente.

### Esempi Pratici

**1. Costruzione di un Complesso Residenziale in Zona Vincolata** Un comune riceve una richiesta di permesso di costruire per un complesso residenziale in una zona soggetta a vincolo paesaggistico. La Soprintendenza esamina il progetto e rilascia l'autorizzazione paesaggistica con prescrizioni specifiche per la tutela del paesaggio. Successivamente, il comune rilascia il permesso di costruire.

**2. Riqualificazione di un Centro Storico** Un'amministrazione comunale avvia un progetto di riqualificazione del centro storico, che prevede il restauro di edifici storici e la valorizzazione degli spazi pubblici. Il progetto richiede l'autorizzazione paesaggistica e il parere della commissione locale per il paesaggio, che valutano l'impatto degli interventi sui valori storici e culturali dell'area.

**3. Realizzazione di un Parco Fotovoltaico** Una società presenta un progetto per la realizzazione di un parco fotovoltaico in un'area rurale. La procedura di VIA viene avviata per valutare gli impatti ambientali del progetto. La valutazione identifica le misure necessarie per mitigare gli effetti negativi sul paesaggio e sull'ecosistema locale.

# 12.3. LEGISLAZIONE AMBIENTALE

La legislazione ambientale rappresenta un insieme di norme, regolamenti e principi giuridici volti a proteggere e preservare l'ambiente naturale. Questo ambito normativo è cruciale per la gestione sostenibile delle risorse naturali e per garantire un equilibrio tra sviluppo economico e tutela ambientale. La legislazione ambientale coinvolge diverse aree, quali la gestione dei rifiuti, la protezione dell'aria e delle acque, la conservazione della biodiversità e la gestione del territorio. La sua applicazione è essenziale per affrontare le sfide ambientali globali, come il cambiamento climatico, la perdita di biodiversità e l'inquinamento.

## 1. Principi Generali della Legislazione Ambientale

### 1.1. Principio di Precauzione

Il principio di precauzione implica che, in presenza di rischi potenziali per l'ambiente o la salute umana, le autorità devono adottare misure preventive anche in assenza di certezza scientifica. Questo principio guida le decisioni politiche e amministrative per evitare danni irreversibili all'ambiente.

### 1.2. Principio dello Sviluppo Sostenibile

Lo sviluppo sostenibile mira a soddisfare i bisogni delle generazioni presenti senza compromettere la capacità delle generazioni future di soddisfare i propri bisogni. Questo principio integra considerazioni ambientali, economiche e sociali nelle politiche pubbliche.

### 1.3. Principio "Chi Inquina Paga"

Secondo questo principio, chi causa un danno ambientale deve sopportarne i costi di prevenzione, riparazione e compensazione. Questo principio è fondamentale per responsabilizzare gli inquinatori e promuovere comportamenti più rispettosi dell'ambiente.

### 1.4. Principio di Partecipazione

Il principio di partecipazione garantisce che i cittadini e le organizzazioni della società civile possano prendere parte ai processi decisionali che riguardano l'ambiente. La trasparenza e l'accesso alle informazioni ambientali sono componenti essenziali di questo principio.

## 2. Normativa Nazionale ed Europea

### 2.1. Normativa Nazionale

La legislazione ambientale italiana si articola in una serie di leggi, decreti legislativi e regolamenti. Tra le normative più rilevanti vi è il Decreto Legislativo 3 aprile 2006, n. 152 (Testo Unico Ambientale), che disciplina la gestione dei rifiuti, la tutela delle acque dall'inquinamento, la bonifica dei siti contaminati, l'inquinamento atmosferico e altre materie ambientali.

### 2.2. Normativa Europea

L'Unione Europea svolge un ruolo chiave nella legislazione ambientale, emanando direttive e regolamenti vincolanti per gli Stati membri. Tra le direttive principali vi sono la Direttiva 2008/98/CE sui rifiuti, la Direttiva 2000/60/CE (Direttiva Quadro sulle Acque) e la Direttiva 92/43/CEE (Direttiva Habitat). Queste normative stabiliscono obiettivi e standard minimi per la protezione ambientale che gli Stati membri devono recepire e attuare.

## 2. Settori Specifici della Legislazione Ambientale

### 3.1. Gestione dei Rifiuti

La normativa in materia di rifiuti si propone di prevenire la produzione di rifiuti, promuovere il riutilizzo, il riciclaggio e il recupero, e garantire una gestione sicura dei rifiuti pericolosi. Il Testo Unico Ambientale e la Direttiva 2008/98/CE sono i principali riferimenti normativi.

### 3.2. Tutela delle Acque

La protezione delle acque interne, costiere e marine è disciplinata dal Testo Unico Ambientale e dalla Direttiva Quadro sulle Acque. Le normative mirano a prevenire l'inquinamento, garantire un uso sostenibile delle risorse idriche e promuovere la bonifica dei corpi idrici contaminati.

### 3.3. Qualità dell'Aria

La legislazione sulla qualità dell'aria stabilisce limiti e soglie per le emissioni inquinanti, promuove l'uso di tecnologie pulite e prevede piani di azione per migliorare la qualità dell'aria nelle aree urbane e industriali. Tra le principali normative vi sono il Testo Unico Ambientale e la Direttiva 2008/50/CE sulla qualità dell'aria ambiente.

### 3.4. Conservazione della Biodiversità

La conservazione della biodiversità è regolata dalla Direttiva Habitat e dalla Direttiva Uccelli (Direttiva 2009/147/CE). Queste direttive stabiliscono misure per proteggere gli habitat naturali e le specie selvatiche, creando reti di aree protette (Natura 2000) e promuovendo la gestione sostenibile delle risorse naturali.

Esempi Pratici

**1. Gestione dei Rifiuti Urbani** Un comune implementa un sistema di raccolta differenziata dei rifiuti per ridurre la quantità di rifiuti indifferenziati e promuovere il riciclaggio. La normativa nazionale ed europea richiede la separazione dei rifiuti organici, plastici, cartacei e metallici, e prevede sanzioni per il mancato rispetto delle regole.

**2. Bonifica di un Sito Contaminato** Una ex area industriale viene identificata come sito contaminato a causa della presenza di sostanze pericolose nel suolo e nelle acque sotterranee. Le autorità competenti avviano un piano di bonifica secondo le disposizioni del Testo Unico Ambientale, che include la rimozione dei contaminanti e il monitoraggio ambientale.

**3. Progetto di Parco Eolico** Un progetto per la costruzione di un parco eolico richiede una Valutazione di Impatto Ambientale (VIA) per valutare gli effetti potenziali sulle specie locali e sugli habitat. La VIA identifica le misure di mitigazione necessarie per minimizzare gli impatti negativi e garantire la compatibilità del progetto con la tutela ambientale.

# 12.4. VALUTAZIONE DI IMPATTO AMBIENTALE

La Valutazione di Impatto Ambientale (VIA) è un procedimento tecnico-amministrativo che consente di prevedere, analizzare e valutare gli effetti che determinate attività antropiche possono avere sull'ambiente. La VIA è uno strumento fondamentale per garantire che i progetti di sviluppo siano compatibili con la protezione dell'ambiente, promuovendo un equilibrio tra esigenze economiche e tutela del patrimonio naturale. Questo processo coinvolge diverse fasi, dalle indagini preliminari alla consultazione pubblica, fino alla decisione finale delle autorità competenti. La sua importanza risiede nella capacità di prevenire e mitigare impatti negativi, migliorando così la qualità della vita e preservando le risorse naturali per le generazioni future.

## 1. Fondamenti Normativi

### 1.1. Normativa Internazionale

La base giuridica della VIA a livello internazionale si trova in diverse convenzioni e accordi, tra cui la Convenzione di Espoo del 1991 sulla valutazione dell'impatto ambientale in un contesto transfrontaliero, che stabilisce principi e procedure per la valutazione degli impatti ambientali di progetti che possono avere effetti oltre i confini nazionali.

### 1.2. Normativa Europea

L'Unione Europea ha emanato la Direttiva 2011/92/UE, successivamente modificata dalla Direttiva 2014/52/UE, che disciplina la VIA negli Stati membri. Queste direttive stabiliscono il quadro normativo per garantire che i progetti pubblici e privati che potrebbero avere un impatto significativo sull'ambiente siano sottoposti a una valutazione preventiva.

## 1.3. Normativa Nazionale

In Italia, la disciplina della VIA è principalmente regolata dal Decreto Legislativo 3 aprile 2006, n. 152 (Testo Unico Ambientale), che recepisce le direttive europee e stabilisce le procedure specifiche per la valutazione dell'impatto ambientale a livello nazionale e regionale.

## 2. Procedura di Valutazione di Impatto Ambientale

### 2.1. Screening

La fase di screening determina se un progetto necessita di una VIA completa. Questa fase coinvolge una valutazione preliminare per identificare i potenziali impatti ambientali e decidere se sono sufficientemente significativi da richiedere una valutazione dettagliata.

### 2.2. Scoping

La fase di scoping definisce l'ambito e il livello di dettaglio della valutazione di impatto ambientale. Questo processo include l'identificazione delle principali questioni ambientali da affrontare, delle alternative al progetto proposto e dei metodi di valutazione appropriati.

### 2.3. Studio di Impatto Ambientale (SIA)

Il SIA è un documento tecnico-scientifico che descrive in dettaglio il progetto, gli impatti ambientali previsti e le misure di mitigazione proposte. Il SIA è elaborato dal proponente del progetto e rappresenta la base per la valutazione delle autorità competenti.

### 2.4. Consultazione Pubblica

La consultazione pubblica è una fase essenziale della VIA, che garantisce la partecipazione dei cittadini e delle organizzazioni interessate. Durante questa fase, il pubblico può esaminare il SIA e presentare osservazioni e suggerimenti che devono essere presi in considerazione dalle autorità competenti.

### 2.5. Decisione

Le autorità competenti esaminano il SIA, le osservazioni pubbliche e altri elementi rilevanti per emettere un giudizio finale sull'accettabilità del progetto. La decisione può includere l'approvazione, il rifiuto o l'approvazione condizionata del progetto, basata sulle misure di mitigazione proposte.

### 2.6. Monitoraggio

Una volta approvato, il progetto deve essere monitorato per garantire che le misure di mitigazione siano efficaci e che gli impatti ambientali siano controllati. Il monitoraggio continuo è essenziale per verificare la conformità alle condizioni dell'approvazione e per adattare le misure di gestione ambientale se necessario.

## Esempi Pratici

**1. Costruzione di un Aeroporto** Un nuovo aeroporto è proposto in una zona sensibile dal punto di vista ecologico. La VIA include lo studio degli impatti sul rumore, sulla qualità dell'aria, sulle acque sotterranee e sugli habitat naturali. Le misure di mitigazione possono includere l'installazione di barriere antirumore, la gestione delle acque reflue e la creazione di aree di compensazione ecologica.

**2. Progetto di Energia Rinnovabile** Un progetto per un parco eolico offshore richiede una VIA per valutare gli effetti sulle specie marine, sugli uccelli migratori e sul paesaggio costiero. La consultazione pubblica coinvolge i pescatori locali, le comunità costiere e le organizzazioni ambientaliste, che contribuiscono a definire le misure di mitigazione.

**3. Piano di Urbanizzazione** Un piano di sviluppo urbano prevede la costruzione di un nuovo quartiere residenziale in un'area periurbana. La VIA valuta gli impatti sul traffico, sulla qualità dell'aria e sulla gestione delle acque piovane. Le misure di mitigazione includono la realizzazione di spazi verdi, sistemi di trasporto sostenibile e infrastrutture per la gestione delle acque meteoriche.

# 12.5. TRANSIZIONE ECOLOGICA

La transizione ecologica rappresenta un processo fondamentale attraverso il quale le società contemporanee mirano a trasformare i loro sistemi economici, sociali e ambientali verso modelli più sostenibili. Questo concetto implica una profonda ristrutturazione delle modalità di produzione, consumo e gestione delle risorse naturali, con l'obiettivo di ridurre l'impatto ambientale, mitigare i cambiamenti climatici e promuovere un uso efficiente delle risorse. La transizione ecologica si basa su principi di economia circolare, energie rinnovabili, tutela della biodiversità e innovazione tecnologica, e richiede un approccio integrato che coinvolge governi, imprese, comunità e individui.

## 1. Fondamenti Normativi e Principi

### 1.1. Normativa Internazionale

A livello internazionale, la transizione ecologica è guidata da vari accordi e trattati, tra cui l'Accordo di Parigi del 2015, che mira a limitare il riscaldamento globale al di sotto dei 2°C rispetto ai livelli preindustriali, e la Agenda 2030 delle Nazioni Unite, che stabilisce obiettivi di sviluppo sostenibile (SDGs) integrati per la protezione dell'ambiente, la crescita economica e l'inclusione sociale.

### 1.2. Normativa Europea

L'Unione Europea ha adottato il Green Deal europeo, una strategia di crescita che mira a trasformare l'Europa nel primo continente a impatto climatico zero entro il 2050. Questo piano include misure legislative e finanziarie per la decarbonizzazione dell'economia, la promozione dell'economia circolare, la protezione della biodiversità e l'adozione di tecnologie pulite.

### 1.3. Normativa Nazionale

In Italia, la transizione ecologica è regolata da una serie di normative che recepiscono gli indirizzi europei e internazionali. Tra queste, il Piano Nazionale Integrato per l'Energia e il Clima (PNIEC) e il Piano Nazionale di Ripresa e Resilienza (PNRR) rappresentano i principali strumenti strategici per la decarbonizzazione, l'efficienza energetica, l'innovazione e la sostenibilità.

## 2. Strumenti della Transizione Ecologica

### 2.1. Economia Circolare

L'economia circolare è un modello economico che mira a ridurre al minimo gli sprechi e a valorizzare le risorse attraverso il riutilizzo, il riciclo e la rigenerazione. Questo approccio si contrappone al tradizionale modello lineare di "prendi, produci, smaltisci" e promuove cicli produttivi chiusi in cui i materiali sono costantemente riutilizzati.

### 2.2. Energie Rinnovabili

La transizione ecologica richiede una significativa riduzione dell'uso di combustibili fossili a favore delle energie rinnovabili, come l'energia solare, eolica, idroelettrica e geotermica. L'adozione diffusa delle energie rinnovabili è essenziale per ridurre le emissioni di gas serra e combattere il cambiamento climatico.

### 2.3. Efficienza Energetica

L'efficienza energetica riguarda l'uso ottimale delle risorse energetiche per ridurre i consumi e le emissioni. Questo obiettivo può essere raggiunto attraverso tecnologie avanzate, infrastrutture intelligenti e comportamenti sostenibili. Le misure di efficienza energetica includono la riqualificazione degli edifici, l'adozione di tecnologie a basso consumo e l'ottimizzazione dei processi industriali.

### 2.4. Mobilità Sostenibile

La mobilità sostenibile è un elemento chiave della transizione ecologica e comprende lo sviluppo di sistemi di trasporto che minimizzano l'impatto ambientale. Questo include l'adozione di veicoli elettrici, il potenziamento dei trasporti pubblici, la promozione della mobilità dolce (biciclette e pedonalità) e l'implementazione di infrastrutture per la mobilità condivisa.

### 2.5. Tutela della Biodiversità

La protezione della biodiversità è essenziale per mantenere l'equilibrio degli ecosistemi e garantire la resilienza ambientale. La transizione ecologica prevede azioni concrete per la conservazione degli habitat naturali, la gestione sostenibile delle risorse naturali e la promozione di pratiche agricole e forestali sostenibili.

# 13. IL DIRITTO DEI CONTRATTI PUBBLICI

Il diritto dei contratti pubblici rappresenta un settore fondamentale del diritto amministrativo, volto a regolamentare le procedure attraverso cui le amministrazioni pubbliche stipulano contratti con soggetti privati per la fornitura di beni, servizi e lavori. Tale normativa risponde all'esigenza di garantire trasparenza, concorrenza, parità di trattamento e buon andamento nell'utilizzo delle risorse pubbliche. Questo ambito giuridico è disciplinato da una serie di norme nazionali ed europee, che mirano a armonizzare e standardizzare le procedure di appalto nei diversi Stati membri dell'Unione Europea.

## 1. Fondamenti Normativi

### 1.1. Normativa Europea

A livello europeo, la regolamentazione dei contratti pubblici è disciplinata da diverse direttive, tra cui la Direttiva 2014/24/UE riguardante gli appalti pubblici e la Direttiva 2014/25/UE che si applica alle procedure di appalto nei settori dell'acqua, dell'energia, dei trasporti e dei servizi postali. Queste direttive sono finalizzate a promuovere la concorrenza e a prevenire le discriminazioni tra operatori economici dei vari Stati membri.

### 1.2. Normativa Nazionale

In Italia, la normativa sui contratti pubblici è principalmente contenuta nel Codice dei contratti pubblici (D.Lgs. 18 aprile 2016, n. 50), che recepisce le direttive europee e stabilisce le procedure per l'aggiudicazione dei contratti pubblici di lavori, servizi e forniture. Il Codice è periodicamente aggiornato per adeguarsi alle nuove direttive comunitarie e per migliorare l'efficienza e la trasparenza delle procedure di appalto.

# 2. Principi Generali

## 2.1. Trasparenza

La trasparenza è un principio cardine che impone alle amministrazioni pubbliche di rendere pubbliche tutte le informazioni relative alle procedure di appalto, incluse le modalità di selezione dei contraenti e i criteri di aggiudicazione. Questo principio mira a garantire che tutte le parti interessate possano avere accesso alle informazioni rilevanti e che le decisioni siano prese in modo chiaro e comprensibile.

## 2.2. Parità di Trattamento e Non Discriminazione

Le amministrazioni pubbliche devono garantire parità di trattamento e non discriminazione tra gli operatori economici, indipendentemente dalla loro nazionalità. Questo principio è volto a favorire una concorrenza leale e a prevenire pratiche discriminatorie che potrebbero avvantaggiare alcuni operatori a scapito di altri.

## 2.3. Proporzionalità

Le misure adottate dalle amministrazioni pubbliche nelle procedure di appalto devono essere proporzionate agli obiettivi perseguiti. Ciò significa che i requisiti e le condizioni imposte agli operatori economici devono essere strettamente necessari e adeguati rispetto alla natura e all'importanza del contratto.

## 2.4. Efficienza e Economicità

Le amministrazioni pubbliche devono perseguire l'efficienza e l'economicità nell'utilizzo delle risorse pubbliche. Questo implica la scelta della soluzione più vantaggiosa in termini di rapporto qualità/prezzo e l'ottimizzazione dei processi di selezione e gestione dei contratti.

# 3. Procedure di Affidamento

## 3.1. Procedura Aperta

Nella procedura aperta, tutti gli operatori economici interessati possono presentare un'offerta. Questo tipo di procedura è caratterizzato dalla massima trasparenza e concorrenza, poiché non vi sono limiti al numero di partecipanti.

## 3.2. Procedura Ristretta

La procedura ristretta prevede che solo gli operatori economici invitati dalla stazione appaltante possano presentare un'offerta. Gli operatori interessati devono prima presentare una domanda di partecipazione, sulla base della quale la stazione appaltante seleziona i candidati ammessi a presentare un'offerta.

## 3.3. Procedura Negoziata

La procedura negoziata consente alla stazione appaltante di negoziare direttamente le condizioni del contratto con uno o più operatori economici. Questo tipo di procedura è utilizzato in casi particolari, ad esempio quando non è possibile determinare in anticipo tutti i requisiti del contratto.

### 3.4. Dialogo Competitivo

Il dialogo competitivo è una procedura utilizzata per i contratti particolarmente complessi, in cui la stazione appaltante dialoga con i candidati selezionati per definire le soluzioni che meglio rispondono alle proprie esigenze.

Esempi Pratici

**1. Appalto per la Costruzione di un Ospedale** Un'amministrazione comunale avvia una procedura aperta per l'affidamento dei lavori di costruzione di un nuovo ospedale. La trasparenza del processo garantisce che tutti gli operatori economici interessati possano partecipare, e il criterio di aggiudicazione basato sul miglior rapporto qualità/prezzo assicura l'efficienza nell'utilizzo delle risorse pubbliche.
**2. Servizi di Pulizia per Edifici Pubblici** Un ministero utilizza una procedura ristretta per l'affidamento dei servizi di pulizia per i propri edifici. Solo gli operatori economici che soddisfano determinati requisiti di capacità tecnica e finanziaria vengono invitati a presentare un'offerta, garantendo così un livello adeguato di qualità e affidabilità del servizio.
**3. Fornitura di Attrezzature Informatiche** Un'università adotta una procedura negoziata per l'acquisto di attrezzature informatiche, poiché le specifiche tecniche del contratto richiedono una personalizzazione che può essere definita solo attraverso una negoziazione diretta con i fornitori.

# 13.1. CODICE DEI CONTRATTI PUBBLICI

Il Codice dei Contratti Pubblici rappresenta una delle principali normative italiane in materia di appalti e concessioni pubbliche. Nato dall'esigenza di conformarsi alle direttive comunitarie, esso regola le procedure attraverso cui le amministrazioni pubbliche e altri enti aggiudicatori stipulano contratti per l'acquisizione di beni, servizi e lavori. La finalità principale del Codice è garantire la trasparenza, la concorrenza e l'efficienza nell'uso delle risorse pubbliche, promuovendo al contempo il rispetto dei principi di legalità e buon andamento amministrativo.

## 1. Fondamenti Normativi

### 1.1. Normativa Europea

Il quadro normativo europeo relativo agli appalti pubblici è stato recentemente riformato con l'adozione delle direttive 2014/24/UE e 2014/25/UE, che disciplinano rispettivamente gli appalti pubblici e le procedure di appalto negli specifici settori dell'acqua, dell'energia, dei trasporti e dei servizi postali. Queste direttive mirano a uniformare le procedure di appalto tra gli Stati membri, facilitando la libera circolazione dei beni e servizi e la concorrenza tra operatori economici.

### 1.2. Normativa Nazionale

In Italia, la disciplina degli appalti pubblici è contenuta nel Decreto Legislativo 18 aprile 2016, n. 50, noto come Codice dei Contratti Pubblici. Questo codice recepisce le direttive europee e stabilisce le regole per la programmazione, affidamento ed esecuzione dei contratti pubblici di lavori, servizi e forniture.

## 2. Principi Generali del Codice dei Contratti Pubblici

### 2.1. Trasparenza

Il principio di trasparenza impone alle amministrazioni pubbliche di rendere accessibili le informazioni relative alle procedure di appalto, dalle fasi preliminari alla conclusione del contratto. Tale trasparenza è garantita attraverso la pubblicazione di bandi di gara, avvisi e verbali delle commissioni di gara.

### 2.2. Parità di Trattamento e Non Discriminazione

Questo principio assicura che tutti gli operatori economici siano trattati in modo equo e imparziale, senza discriminazioni basate sulla nazionalità o altre caratteristiche. La parità di trattamento è essenziale per garantire una concorrenza leale e l'apertura del mercato.

### 2.3. Proporzionalità

Le misure adottate nelle procedure di appalto devono essere adeguate e necessarie rispetto agli obiettivi perseguiti. Ciò significa che le condizioni di partecipazione devono essere proporzionate alla natura e alla complessità del contratto da affidare.

### 2.4. Economicità ed Efficienza

Le amministrazioni pubbliche devono perseguire la massima efficienza e economicità nell'utilizzo delle risorse pubbliche. Questo implica la scelta della soluzione più vantaggiosa in termini di rapporto qualità/prezzo e l'adozione di procedure che minimizzino i costi e i tempi di esecuzione.

## 3. Procedure di Affidamento

### 3.1. Procedura Aperta

Nella procedura aperta, qualsiasi operatore economico interessato può presentare un'offerta. Questo tipo di procedura è caratterizzato da un elevato grado di trasparenza e competitività, poiché non vi sono limitazioni al numero di partecipanti.

### 3.2. Procedura Ristretta

La procedura ristretta prevede che solo gli operatori economici invitati dalla stazione appaltante possano presentare un'offerta. La selezione avviene sulla base di una precedente valutazione delle capacità tecniche e finanziarie dei candidati.

### 3.3. Procedura Negoziata

La procedura negoziata consente alla stazione appaltante di negoziare direttamente le condizioni del contratto con uno o più operatori economici. È utilizzata in casi particolari, ad esempio quando le specifiche del contratto non possono essere definite con sufficiente precisione in anticipo.

### 3.4. Dialogo Competitivo

Il dialogo competitivo è utilizzato per contratti particolarmente complessi. In questa procedura, la stazione appaltante dialoga con i candidati selezionati per sviluppare le soluzioni più adeguate alle proprie esigenze.

### 3.5. Esecuzione dei Contratti

La fase di esecuzione del contratto è regolata da specifiche disposizioni che mirano a garantire il rispetto delle condizioni contrattuali e la qualità delle prestazioni. La stazione appaltante è tenuta a monitorare l'andamento dei lavori, servizi o forniture e a intervenire in caso di inadempienze.

### Esempi Pratici

**1. Costruzione di un Ospedale** Un'amministrazione comunale avvia una procedura aperta per la costruzione di un nuovo ospedale. La pubblicazione del bando di gara e la trasparenza del processo assicurano che tutti gli operatori economici interessati possano partecipare, garantendo una competizione leale e la scelta dell'offerta più vantaggiosa.

**2. Fornitura di Materiale Informatico** Un'università utilizza una procedura ristretta per l'acquisto di materiale informatico necessario per i propri laboratori. Solo gli operatori che dimostrano di possedere adeguate capacità tecniche vengono invitati a presentare un'offerta, garantendo così la qualità e l'affidabilità delle forniture.

**3. Servizi di Manutenzione Stradale** Un ente locale adotta una procedura negoziata per l'affidamento dei servizi di manutenzione stradale, dato che le condizioni del contratto richiedono una flessibilità operativa che può essere ottenuta solo attraverso la negoziazione diretta con i fornitori.

# 13.2. PROCEDURE DI GARA

Le procedure di gara rappresentano un elemento cruciale nell'ambito del diritto amministrativo, in quanto disciplinano il modo in cui le amministrazioni pubbliche selezionano i contraenti per l'acquisizione di beni, servizi e lavori. L'obiettivo principale delle procedure di gara è garantire la trasparenza, la concorrenza e l'economicità nell'utilizzo delle risorse pubbliche, assicurando che le operazioni si svolgano secondo principi di parità di trattamento e non discriminazione. Questo capitolo fornisce una panoramica dettagliata delle diverse procedure di gara, evidenziando le loro caratteristiche principali, i vantaggi e gli aspetti critici.

### 1. Principi Generali delle Procedure di Gara

#### 1.1. Trasparenza

La trasparenza nelle procedure di gara è fondamentale per garantire che tutti gli operatori economici possano partecipare con pari opportunità. Ciò implica la pubblicazione dei bandi di gara e la disponibilità di tutte le informazioni necessarie per consentire una partecipazione informata.

#### 1.2. Concorrenza

La concorrenza è essenziale per ottenere offerte vantaggiose e promuovere l'efficienza economica. Le procedure di gara devono essere strutturate in modo da favorire la partecipazione del maggior numero possibile di operatori economici, evitando discriminazioni e restrizioni ingiustificate.

#### 1.3. Economicità

L'economicità si riferisce all'uso efficiente e parsimonioso delle risorse pubbliche. Le procedure di gara devono mirare a ottenere il miglior rapporto qualità/prezzo, garantendo che i fondi pubblici siano spesi in modo ottimale.

### 1.4. Parità di Trattamento e Non Discriminazione

Questi principi assicurano che tutti i partecipanti siano trattati in modo equo e imparziale. Le condizioni di gara devono essere chiare, obiettive e non discriminatorie, per garantire che nessun operatore economico sia avvantaggiato o svantaggiato.

## 2. Tipologie di Procedure di Gara

### 2.1. Procedura Aperta

La procedura aperta è caratterizzata dalla possibilità per qualsiasi operatore economico di presentare un'offerta. Questo tipo di procedura è particolarmente indicato per garantire un elevato livello di concorrenza e trasparenza, poiché non vi sono restrizioni alla partecipazione.

### 2.2. Procedura Ristretta

Nella procedura ristretta, solo gli operatori economici invitati dalla stazione appaltante possono presentare un'offerta. La selezione dei candidati avviene sulla base di criteri predefiniti che valutano la capacità tecnica ed economica dei partecipanti.

### 2.3. Procedura Negoziata

La procedura negoziata consente alla stazione appaltante di negoziare direttamente con uno o più operatori economici. È utilizzata in casi specifici, come ad esempio quando le specifiche del contratto non possono essere definite con sufficiente precisione o in situazioni di urgenza.

### 2.4. Dialogo Competitivo

Il dialogo competitivo è una procedura utilizzata per contratti particolarmente complessi. Consente alla stazione appaltante di dialogare con i candidati selezionati al fine di sviluppare soluzioni che soddisfino al meglio le esigenze dell'amministrazione.

### 2.5. Procedura Competitiva con Negoziazione

Questa procedura combina elementi della procedura aperta e della negoziata, permettendo alla stazione appaltante di negoziare con i candidati che hanno presentato le migliori offerte preliminari, con l'obiettivo di migliorare le proposte.

## 3. Fasi delle Procedure di Gara

### 3.1. Pubblicazione del Bando

La pubblicazione del bando è il primo passo per avviare una procedura di gara. Il bando deve contenere tutte le informazioni necessarie per consentire agli operatori economici di comprendere la natura e l'ambito del contratto, i requisiti di partecipazione e le modalità di presentazione delle offerte.

## 3.2. Presentazione delle Offerte

Gli operatori economici interessati presentano le loro offerte in conformità con le specifiche del bando. Le offerte devono essere sigillate e presentate entro il termine stabilito per garantire l'integrità del processo.

## 3.3. Apertura e Valutazione delle Offerte

Le offerte sono aperte e valutate da una commissione di gara. La valutazione avviene sulla base dei criteri stabiliti nel bando di gara, che possono includere il prezzo, la qualità, l'esperienza e altre specifiche rilevanti.

## 3.4. Aggiudicazione

Una volta completata la valutazione, la commissione di gara procede all'aggiudicazione del contratto all'offerente che ha presentato la proposta più vantaggiosa in termini di rapporto qualità/prezzo.

## 3.5. Stipulazione del Contratto

Dopo l'aggiudicazione, viene stipulato il contratto tra la stazione appaltante e l'operatore economico aggiudicatario. Il contratto deve essere conforme alle condizioni stabilite nel bando di gara e nelle offerte presentate.

### Esempi Pratici

**1. Realizzazione di una Scuola** Un comune decide di costruire una nuova scuola e utilizza la procedura aperta per selezionare l'impresa costruttrice. La pubblicazione del bando di gara e la trasparenza del processo assicurano una partecipazione ampia e competitiva.

**2. Fornitura di Servizi Informatici** Un ente pubblico ha bisogno di servizi informatici specializzati e opta per una procedura ristretta. Solo le aziende con comprovata esperienza e capacità tecniche vengono invitate a presentare offerte, garantendo così la qualità del servizio.

**3. Manutenzione di Strade** A causa di un'emergenza, una regione adotta la procedura negoziata per la manutenzione delle strade. Questo permette di negoziare rapidamente con fornitori qualificati e di avviare i lavori senza ritardi.

# 13.3. APPALTI PUBBLICI

Gli appalti pubblici rappresentano uno degli strumenti fondamentali attraverso i quali le amministrazioni pubbliche acquisiscono beni, servizi e lavori necessari per il funzionamento della macchina amministrativa e per la realizzazione di opere pubbliche. Questo istituto si colloca al crocevia tra diritto pubblico e diritto privato, regolando il modo in cui i contratti vengono stipulati con soggetti privati. La disciplina degli appalti pubblici mira a garantire trasparenza, concorrenza, economicità ed efficienza nell'utilizzo delle risorse pubbliche, prevenendo fenomeni di corruzione e favoritismi.

## 1. Principi Generali degli Appalti Pubblici

### 1.1. Trasparenza

La trasparenza negli appalti pubblici è fondamentale per assicurare che tutte le fasi del processo di gara siano visibili e comprensibili per tutti i soggetti interessati. La pubblicazione dei bandi di gara, la chiarezza delle condizioni contrattuali e l'accesso alle informazioni da parte dei partecipanti sono elementi chiave per mantenere la fiducia nel sistema degli appalti.

### 1.2. Concorrenza

La concorrenza è essenziale per promuovere l'efficienza e l'innovazione. Le procedure di gara devono essere aperte al maggior numero possibile di operatori economici, favorendo la partecipazione e la competizione tra di essi.

### 1.3. Economicità

L'economicità si riferisce all'ottimizzazione delle risorse pubbliche, ottenendo il miglior rapporto qualità/prezzo. Questo principio guida l'intero processo di approvvigionamento, dalla definizione dei requisiti all'aggiudicazione del contratto.

### 1.4. Parità di Trattamento e Non Discriminazione

Tutti i partecipanti devono essere trattati in modo equo e imparziale. Le regole della gara devono essere chiare e applicate uniformemente, senza favorire o svantaggiare nessuno dei concorrenti.

### 1.5. Proporzionalità

Le misure adottate dall'amministrazione nel corso delle procedure di gara devono essere proporzionate agli obiettivi da raggiungere, evitando oneri eccessivi o ingiustificati per i partecipanti.

## 2. Tipologie di Procedure di Gara

### 2.1. Procedura Aperta

Nella procedura aperta, qualsiasi operatore economico può presentare un'offerta. Questo tipo di procedura è utilizzato quando è necessario garantire la massima partecipazione possibile, assicurando un elevato grado di trasparenza e concorrenza.

### 2.2. Procedura Ristretta

Solo gli operatori economici selezionati dall'amministrazione possono presentare un'offerta. La selezione degli invitati avviene sulla base di criteri predefiniti che valutano la capacità tecnica ed economica dei candidati.

### 2.3. Procedura Negoziata

Utilizzata in situazioni particolari, come l'urgenza o la specificità tecnica, questa procedura permette all'amministrazione di negoziare direttamente con uno o più operatori economici, dopo una selezione preliminare.

### 2.4. Dialogo Competitivo

Indicato per appalti complessi, questa procedura consente all'amministrazione di avviare un dialogo con i candidati selezionati per sviluppare soluzioni che meglio rispondano alle esigenze pubbliche.

### 2.5. Procedura Competitiva con Negoziazione

Combina elementi della procedura aperta e della negoziata. Dopo una prima fase di raccolta delle offerte, l'amministrazione negozia con i candidati migliori per ottimizzare le proposte ricevute.

## 3. Fasi delle Procedure di Gara

### 3.1. Pubblicazione del Bando

Il bando di gara è pubblicato per informare i potenziali partecipanti. Deve contenere tutte le informazioni necessarie sulla natura del contratto, i requisiti di partecipazione, i criteri di aggiudicazione e le modalità di presentazione delle offerte.

### 3.2. Presentazione delle Offerte

Gli operatori economici presentano le loro offerte entro un termine specificato. Le offerte devono essere conformi alle condizioni stabilite nel bando e presentate in modalità sigillata per garantire la riservatezza.

### 3.3. Apertura e Valutazione delle Offerte

Le offerte vengono aperte e valutate da una commissione di gara. La valutazione si basa sui criteri indicati nel bando, come il prezzo, la qualità e altri fattori specifici del progetto.

### 3.4. Aggiudicazione

Il contratto è aggiudicato all'operatore economico che ha presentato l'offerta più vantaggiosa in termini di rapporto qualità/prezzo. La decisione deve essere motivata e comunicata a tutti i partecipanti.

### 3.5. Stipulazione del Contratto

Dopo l'aggiudicazione, viene stipulato il contratto tra l'amministrazione e l'operatore economico aggiudicatario. Il contratto deve essere conforme alle condizioni stabilite nel bando e nelle offerte presentate.

**Esempi Pratici**

**1. Costruzione di una Scuola** Un comune utilizza una procedura aperta per la costruzione di una nuova scuola. La trasparenza del processo di gara e la partecipazione di diverse imprese assicurano che il progetto venga realizzato al miglior prezzo e con elevati standard di qualità.

**2. Fornitura di Servizi IT** Un'agenzia governativa necessita di servizi informatici avanzati e utilizza una procedura ristretta per selezionare un fornitore altamente qualificato. Solo le aziende con una comprovata esperienza e competenza tecnica vengono invitate a partecipare.

**3. Manutenzione Stradale Urgente** A causa di un'emergenza, una regione adotta una procedura negoziata per la manutenzione urgente delle strade. Questa scelta permette di selezionare rapidamente un fornitore affidabile e di avviare i lavori senza ritardi.

# 13.4. CONCESSIONI E PARTENARIATI PUBBLICO-PRIVATI

Le concessioni e i partenariati pubblico-privati (PPP) rappresentano strumenti fondamentali attraverso i quali le amministrazioni pubbliche possono realizzare opere pubbliche e gestire servizi pubblici coinvolgendo il settore privato. Questi istituti consentono di sfruttare le risorse e le competenze del settore privato per soddisfare esigenze pubbliche, ottimizzando l'efficienza e l'innovazione. La disciplina giuridica di concessioni e PPP è complessa e articolata, finalizzata a garantire trasparenza, concorrenza e il miglior utilizzo delle risorse pubbliche.

## 1. Concessioni

### 1.1. Definizione e Caratteristiche

La concessione è un contratto attraverso il quale un ente pubblico affida a un soggetto privato la realizzazione e la gestione di opere pubbliche o la gestione di servizi pubblici, trasferendo i rischi operativi al concessionario. La remunerazione del concessionario avviene generalmente attraverso i proventi derivanti dalla gestione dell'opera o del servizio.

### 1.2. Tipologie di Concessione

• **Concessione di Lavori Pubblici**: Il concessionario realizza un'opera pubblica e ne gestisce l'uso economico per un periodo stabilito, recuperando l'investimento attraverso i proventi derivanti dalla gestione.
• **Concessione di Servizi**: Il concessionario gestisce un servizio pubblico, assumendo i rischi operativi e finanziari, e si remunera attraverso le tariffe pagate dagli utenti.

### 1.3. Procedura di Affidamento

La concessione deve essere affidata attraverso una procedura di gara che garantisca trasparenza e concorrenza. Le principali fasi della procedura includono:

- **Pubblicazione del Bando**: Il bando deve contenere tutte le informazioni necessarie per partecipare alla gara, incluse le caratteristiche del progetto e i criteri di selezione.
- **Presentazione delle Offerte**: Gli operatori economici interessati presentano le loro offerte, che devono essere valutate sulla base di criteri predefiniti.
- **Valutazione e Aggiudicazione**: Le offerte sono valutate da una commissione di gara, che seleziona l'offerta economicamente più vantaggiosa.

## 2. Partenariati Pubblico-Privati (PPP)

### 2.1. Definizione e Finalità

I PPP sono forme di cooperazione tra pubblico e privato finalizzate alla realizzazione e gestione di opere e servizi pubblici. I PPP permettono di condividere rischi, costi e benefici tra le parti coinvolte, migliorando l'efficienza e l'innovazione nei progetti pubblici.

### 2.2. Tipologie di PPP

- **Build-Operate-Transfer (BOT)**: Il privato costruisce l'opera, la gestisce per un periodo definito e poi la trasferisce all'ente pubblico.
- **Build-Own-Operate (BOO)**: Il privato costruisce e gestisce l'opera senza obbligo di trasferimento all'ente pubblico.
- **Design-Build-Finance-Operate (DBFO)**: Il privato progetta, costruisce, finanzia e gestisce l'opera.

### 2.3. Vantaggi e Criticità

I PPP offrono numerosi vantaggi, tra cui l'accesso a competenze e risorse del settore privato, la possibilità di realizzare progetti complessi con un minor impatto sul bilancio pubblico e la promozione dell'innovazione. Tuttavia, presentano anche criticità, come la complessità nella gestione dei contratti, il rischio di squilibri nei rapporti tra pubblico e privato e la necessità di una rigorosa vigilanza e regolamentazione.

### Esempi Pratici

**1. Realizzazione di un'Ospedale** Un'amministrazione locale affida la costruzione e la gestione di un nuovo ospedale attraverso una concessione di lavori pubblici. Il concessionario finanzia e costruisce l'ospedale, gestendolo per un periodo di 30 anni, durante il quale recupera l'investimento attraverso le tariffe pagate dai pazienti e dai servizi offerti.

**2. Gestione dei Rifiuti Urbani** Una città adotta un PPP per la gestione integrata dei rifiuti urbani. Una società privata si occupa della raccolta, del trattamento e dello smaltimento dei rifiuti, assumendo i rischi operativi e finanziari, e remunerandosi attraverso le tariffe applicate ai cittadini.

**3. Costruzione di una Strada a Pedaggio** Un consorzio privato costruisce una nuova autostrada sotto un contratto BOT. Il consorzio finanzia, costruisce e gestisce l'autostrada per 20 anni, recuperando l'investimento attraverso i pedaggi pagati dagli utenti. Al termine del periodo di gestione, l'autostrada viene trasferita all'ente pubblico.

# 13.5. REVISIONE DEL CODICE DEGLI APPALTI

La revisione del Codice degli Appalti rappresenta un momento cruciale per il sistema dei contratti pubblici in Italia, introducendo significative modifiche e aggiornamenti volti a migliorare l'efficienza, la trasparenza e la competitività delle procedure di gara. Questo intervento normativo mira a superare le criticità emerse negli anni, allineando il quadro giuridico nazionale alle migliori prassi europee e internazionali. La riforma coinvolge vari aspetti, tra cui la semplificazione delle procedure, l'adozione di strumenti digitali, e il rafforzamento dei controlli e delle misure anticorruzione.

### 1. Contesto e Obiettivi della Riforma

### 1.1. Contesto Normativo e Necessità di Revisione

La revisione del Codice degli Appalti è stata guidata dalla necessità di rispondere alle criticità riscontrate nell'applicazione pratica delle norme, nonché di adeguare il quadro normativo italiano agli sviluppi europei e alle raccomandazioni internazionali. Il contesto economico e sociale ha evidenziato l'urgenza di rendere le procedure di gara più snelle e accessibili, promuovendo al contempo la trasparenza e l'efficienza amministrativa.

### 1.2. Principali Obiettivi della Revisione

- **Semplificazione delle Procedure**: Ridurre la complessità burocratica per accelerare i tempi di aggiudicazione e realizzazione dei progetti.
- **Digitalizzazione**: Promuovere l'uso di piattaforme digitali per tutte le fasi del procedimento di gara, dalla pubblicazione del bando alla gestione dei contratti.
- **Trasparenza e Anticorruzione**: Rafforzare i meccanismi di controllo e trasparenza per prevenire fenomeni corruttivi e garantire l'integrità delle procedure.

• **Competitività e Accesso al Mercato**: Favorire la partecipazione delle piccole e medie imprese (PMI) e promuovere una concorrenza leale tra gli operatori economici.

## 2. Modifiche Principali al Codice degli Appalti

### 2.1. Semplificazione delle Procedure

La revisione introduce diverse misure per semplificare le procedure di gara, tra cui:

• **Riduzione dei Termini di Gara**: I termini per la presentazione delle offerte e per l'aggiudicazione delle gare sono stati ridotti per accelerare il processo.
• **Unificazione dei Documenti di Gara**: Introduzione di modelli standardizzati per i documenti di gara, riducendo la variabilità e le incertezze interpretative.
• **Procedure Semplificate per Contratti Sotto-Soglia**: Adozione di procedure più snelle per i contratti di importo inferiore alle soglie comunitarie, al fine di agevolare la partecipazione delle PMI.

### 2.2. Digitalizzazione del Processo di Gara

La riforma prevede l'obbligo di utilizzare piattaforme digitali per tutte le fasi della procedura di gara, migliorando l'efficienza e la trasparenza. Tra le principali novità:

• **Portale Unico delle Gare**: Creazione di un portale unico dove vengono pubblicati tutti i bandi di gara e le relative documentazioni.
• **Firma Digitale e Documenti Elettronici**: Obbligo di utilizzo della firma digitale e della documentazione elettronica per la presentazione delle offerte e la gestione dei contratti.

### 2.3. Rafforzamento dei Controlli e Misure Anticorruzione

Per garantire la trasparenza e prevenire fenomeni corruttivi, la riforma introduce:

• **Obblighi di Trasparenza**: Maggiore trasparenza sui criteri di aggiudicazione e sulle decisioni prese dalle commissioni di gara.
• **Sistemi di Monitoraggio e Controllo**: Rafforzamento dei sistemi di monitoraggio delle procedure di gara e dei contratti, con la creazione di un'agenzia nazionale dedicata.
• **Formazione e Codice Etico per i Commissari di Gara**: Introduzione di requisiti formativi specifici e di un codice etico per i membri delle commissioni di gara.

### 2.4. Promozione della Competitività e Accesso al Mercato

Le novità normative mirano a facilitare l'accesso delle PMI e a promuovere la concorrenza:

• **Lotti Funzionali e Geografici**: Suddivisione dei contratti in lotti funzionali e/o geografici per permettere alle PMI di partecipare.

• **Clausole Sociali e Ambientali**: Introduzione di clausole che incentivano la sostenibilità sociale e ambientale nei contratti pubblici.

# 14. ANTICORRUZIONE E TRASPARENZA

Il tema dell'anticorruzione e della trasparenza è cruciale nel contesto del diritto amministrativo, poiché rappresenta un pilastro fondamentale per il funzionamento efficiente e corretto delle pubbliche amministrazioni. La prevenzione della corruzione e la promozione della trasparenza sono essenziali per garantire la fiducia dei cittadini nelle istituzioni pubbliche, migliorare la qualità dei servizi pubblici e assicurare un uso appropriato delle risorse pubbliche. Questo argomento, pertanto, non solo interessa gli operatori del diritto, ma anche i cittadini, che sono i destinatari finali delle politiche di trasparenza e anticorruzione.

## 1. Quadro Normativo di Riferimento

### 1.1. Normativa Nazionale

Il principale riferimento normativo in materia di anticorruzione e trasparenza in Italia è rappresentato dalla Legge n. 190 del 6 novembre 2012, nota come "Legge Anticorruzione". Questa legge ha introdotto importanti misure per la prevenzione e il contrasto della corruzione nelle pubbliche amministrazioni. La legge è stata integrata da vari decreti legislativi, tra cui il D.lgs. 33/2013 sulla trasparenza e il D.lgs. 39/2013 sul conferimento degli incarichi nelle pubbliche amministrazioni.

### 1.2. Normativa Europea

A livello europeo, le politiche di anticorruzione sono coordinate principalmente attraverso la Convenzione delle Nazioni Unite contro la corruzione (UNCAC) e le direttive europee che stabiliscono standard e pratiche comuni per la prevenzione e il contrasto della corruzione nei paesi membri.

## 2. Principi Fondamentali dell'Anticorruzione

## 2.1. Prevenzione

La prevenzione della corruzione si basa su un approccio sistemico che mira a identificare e mitigare i rischi di corruzione attraverso l'adozione di piani e strategie specifiche. Il Piano Nazionale Anticorruzione (PNA) è uno strumento chiave in questo ambito, che fornisce linee guida per la gestione dei rischi e la promozione dell'integrità nelle amministrazioni pubbliche.

## 2.2. Trasparenza

La trasparenza è un principio cardine che impone alle pubbliche amministrazioni di rendere accessibili al pubblico le informazioni relative alla loro attività. Questo principio è finalizzato a garantire il controllo sociale sull'operato delle amministrazioni e a prevenire fenomeni corruttivi. Il D.lgs. 33/2013 stabilisce gli obblighi di pubblicazione dei dati e delle informazioni da parte delle amministrazioni pubbliche.

## 2.3. Integrità

L'integrità nella pubblica amministrazione implica il rispetto di elevati standard etici e comportamentali da parte dei funzionari pubblici. Le norme anticorruzione prevedono specifici obblighi per prevenire conflitti di interesse e garantire la trasparenza nelle procedure di assunzione e conferimento degli incarichi.

### 3. Strumenti e Misure Anticorruzione

### 3.1. Piano Triennale per la Prevenzione della Corruzione e la Trasparenza (PTPCT)

Ogni amministrazione pubblica è tenuta a redigere un Piano Triennale per la Prevenzione della Corruzione e la Trasparenza (PTPCT), che include misure specifiche per la prevenzione della corruzione e per garantire la trasparenza dell'operato amministrativo.

### 3.2. Responsabile della Prevenzione della Corruzione e della Trasparenza (RPCT)

Il RPCT è una figura centrale nel sistema di prevenzione della corruzione, incaricata di coordinare l'implementazione del PTPCT e di vigilare sul rispetto degli obblighi di trasparenza.

### 3.3. Codice di Comportamento dei Dipendenti Pubblici

Il Codice di Comportamento stabilisce i principi etici e le regole di condotta che devono essere seguiti dai dipendenti pubblici, al fine di garantire l'integrità e la trasparenza nell'esercizio delle loro funzioni.

### Esempi Pratici

**1. Applicazione del PTPCT** Un comune italiano adotta un Piano Triennale per la

Prevenzione della Corruzione e della Trasparenza che prevede la rotazione periodica dei dirigenti nelle posizioni più esposte al rischio di corruzione, per evitare la formazione di rapporti collusivi.

**2. Intervento del RPCT** In una regione, il Responsabile della Prevenzione della Corruzione e della Trasparenza avvia un'indagine interna in seguito a una segnalazione anonima di un possibile conflitto di interesse in un appalto pubblico. L'indagine porta alla risoluzione del contratto e all'adozione di nuove misure preventive.

**3. Implementazione del Codice di Comportamento** Un ente pubblico organizza corsi di formazione obbligatoria per tutti i suoi dipendenti sul Codice di Comportamento, focalizzando l'attenzione su casi pratici di conflitto di interesse e sulle modalità di segnalazione di condotte illecite.

# 14.1. NORMATIVE CONTRO LA CORRUZIONE

La corruzione rappresenta uno dei più gravi ostacoli al buon funzionamento delle istituzioni pubbliche, minando la fiducia dei cittadini, alterando la concorrenza e compromettendo l'efficacia delle politiche pubbliche. Per contrastare questo fenomeno, è stato sviluppato un complesso quadro normativo sia a livello nazionale che internazionale, volto a prevenire, individuare e reprimere le pratiche corruttive. Analizzare e comprendere queste normative è fondamentale per assicurare una pubblica amministrazione trasparente, efficiente e responsabile.

## 1. Quadro Normativo Nazionale

### 1.1. Legge n. 190 del 6 novembre 2012 (Legge Anticorruzione)

La Legge n. 190/2012 rappresenta il pilastro della normativa anticorruzione in Italia. Questa legge ha introdotto una serie di misure innovative per la prevenzione e il contrasto della corruzione nella pubblica amministrazione, tra cui l'obbligo per tutte le amministrazioni pubbliche di adottare Piani Triennali di Prevenzione della Corruzione (PTPC).

### 1.2. Decreto Legislativo n. 33 del 14 marzo 2013 (Decreto Trasparenza)

Il D.lgs. 33/2013 ha rafforzato gli obblighi di pubblicazione e trasparenza delle amministrazioni pubbliche, rendendo accessibili al pubblico le informazioni relative alla loro organizzazione, alle attività svolte e all'uso delle risorse pubbliche. Questo decreto è fondamentale per garantire il controllo sociale e prevenire la corruzione.

### 1.3. Decreto Legislativo n. 39 dell'8 aprile 2013

Il D.lgs. 39/2013 disciplina il conferimento di incarichi nelle pubbliche amministrazioni e negli enti privati in controllo pubblico, introducendo norme stringenti per prevenire conflitti di interesse e assicurare l'integrità e l'imparzialità dei funzionari pubblici.

## 1.4. Piano Nazionale Anticorruzione (PNA)

Il PNA è un documento strategico adottato dall'Autorità Nazionale Anticorruzione (ANAC) che fornisce linee guida per l'implementazione delle misure di prevenzione della corruzione a livello nazionale. Il piano è soggetto a periodiche revisioni e aggiornamenti per rispondere alle nuove sfide e alle mutate esigenze della pubblica amministrazione.

## 2. Quadro Normativo Internazionale

### 2.1. Convenzione delle Nazioni Unite contro la Corruzione (UNCAC)

La Convenzione delle Nazioni Unite contro la Corruzione, adottata nel 2003 e ratificata dall'Italia con la Legge n. 116/2009, rappresenta il primo strumento giuridico globale vincolante per la prevenzione e il contrasto della corruzione. La convenzione stabilisce una serie di obblighi per gli Stati membri in materia di prevenzione, criminalizzazione, cooperazione internazionale e recupero dei beni.

### 2.2. Convenzione OCSE contro la Corruzione dei Pubblici Ufficiali Esteri

La Convenzione OCSE contro la corruzione dei pubblici ufficiali stranieri nelle operazioni economiche internazionali, adottata nel 1997, impegna i paesi membri a criminalizzare la corruzione di funzionari pubblici stranieri e a promuovere la cooperazione internazionale nel perseguimento dei reati corruttivi.

### 2.3. Convenzione del Consiglio d'Europa contro la Corruzione

La Convenzione penale del Consiglio d'Europa sulla corruzione, ratificata dall'Italia con la Legge n. 110/2012, richiede agli Stati membri di adottare misure legislative e altre azioni necessarie per prevenire, individuare e punire la corruzione, nonché di cooperare tra loro in materia di assistenza legale reciproca.

## 3. Strumenti e Misure di Prevenzione

### 3.1. Piano Triennale per la Prevenzione della Corruzione e la Trasparenza (PTPCT)

Il PTPCT è un documento che ogni amministrazione pubblica deve adottare, contenente le misure e le strategie specifiche per prevenire la corruzione e promuovere la trasparenza. Il piano deve essere aggiornato annualmente e prevedere un'analisi dei rischi e le relative azioni correttive.

### 3.2. Responsabile della Prevenzione della Corruzione e della Trasparenza (RPCT)

Il RPCT è una figura chiave designata all'interno di ogni amministrazione per coordinare l'attuazione delle misure anticorruzione e di trasparenza, monitorare l'efficacia delle politiche adottate e promuovere una cultura della legalità.

### 3.3. Codici di Comportamento

I codici di comportamento stabiliscono i principi etici e le regole di condotta che i dipendenti pubblici devono seguire. Tali codici sono strumenti essenziali per promuovere l'integrità e prevenire conflitti di interesse e pratiche corruttive.

### Esempi Pratici

**1. Implementazione del PTPCT** Una regione italiana adotta un PTCP che include una mappatura dettagliata delle aree a rischio di corruzione, come gli appalti pubblici e le concessioni edilizie, e prevede misure specifiche come la rotazione degli incarichi e la formazione obbligatoria per i funzionari.

**2. Intervento del RPCT** Il RPCT di un comune avvia un'indagine interna a seguito di una segnalazione anonima di possibile corruzione nell'assegnazione di un appalto pubblico. L'indagine porta alla sospensione del procedimento di gara e all'adozione di nuove procedure per garantire la trasparenza.

**3. Applicazione dei Codici di Comportamento** Un ente pubblico organizza sessioni di formazione periodiche per i dipendenti sui principi etici del Codice di Comportamento, con simulazioni di casi pratici di conflitto di interesse e lezioni su come segnalare comportamenti illeciti.

# 14.2. TRASPARENZA E OBBLIGHI DI PUBBLICAZIONE

La trasparenza è uno dei principi cardine del diritto amministrativo moderno. Essa si fonda sulla necessità di rendere l'attività della pubblica amministrazione accessibile e controllabile dai cittadini, promuovendo così la fiducia nelle istituzioni e prevenendo fenomeni di corruzione e cattiva gestione delle risorse pubbliche. Gli obblighi di pubblicazione, regolati da una serie di normative specifiche, rappresentano strumenti essenziali per garantire la trasparenza amministrativa. Questo capitolo analizza in dettaglio i fondamenti giuridici della trasparenza e gli obblighi di pubblicazione a cui le amministrazioni pubbliche devono attenersi.

### 1. La Normativa sulla Trasparenza

### 1.1. Decreto Legislativo n. 33 del 14 marzo 2013

Il D.lgs. 33/2013, noto come Decreto Trasparenza, è il principale riferimento normativo in materia di obblighi di pubblicazione. Esso stabilisce le informazioni che le amministrazioni pubbliche devono rendere accessibili al pubblico, come ad esempio i dati sull'organizzazione interna, le attività svolte, i bilanci, e i procedimenti amministrativi. Il decreto promuove una cultura della trasparenza attraverso l'accessibilità totale dei dati, salvi i limiti previsti per la tutela della privacy e della sicurezza nazionale.

### 1.2. Legge n. 190 del 6 novembre 2012 (Legge Anticorruzione)

La Legge n. 190/2012 integra le disposizioni del Decreto Trasparenza, imponendo ulteriori obblighi di pubblicazione e introducendo il Piano Triennale di Prevenzione della Corruzione (PTPC), che include misure specifiche per garantire la trasparenza delle attività amministrative e prevenire fenomeni corruttivi.

### 1.3. Decreto Legislativo n. 97 del 25 maggio 2016 (FOIA italiano)

Il D.lgs. 97/2016 ha introdotto il Freedom of Information Act (FOIA) italiano, che conferisce a tutti il diritto di accedere ai dati e ai documenti posseduti dalle pubbliche amministrazioni. Questo decreto ha ulteriormente rafforzato il principio della trasparenza, prevedendo l'obbligo di pubblicazione proattiva delle informazioni e il diritto di accesso civico generalizzato.

## 2. Obblighi di Pubblicazione

### 2.1. Organizzazione e Attività delle Amministrazioni

Le amministrazioni pubbliche devono pubblicare i dati relativi alla loro struttura organizzativa, comprese le informazioni sui dirigenti e sui dipendenti, nonché gli incarichi conferiti. Devono inoltre rendere accessibili i dati sulle attività svolte, i servizi erogati e i procedimenti amministrativi in corso.

### 2.2. Bilanci e Spese Pubbliche

Uno degli obblighi più rilevanti riguarda la pubblicazione dei bilanci, delle relazioni finanziarie, e delle spese sostenute. Questi dati devono essere aggiornati periodicamente e resi disponibili in formati aperti, che ne facilitino l'analisi e il riutilizzo.

### 2.3. Appalti e Contratti Pubblici

Le amministrazioni sono tenute a pubblicare tutte le informazioni relative agli appalti pubblici e ai contratti stipulati, inclusi i bandi di gara, le aggiudicazioni e i contratti conclusi. Questo obbligo mira a garantire la trasparenza e l'integrità nelle procedure di assegnazione dei lavori pubblici.

### 2.4. Piano Triennale per la Prevenzione della Corruzione e la Trasparenza (PTPCT)

Ogni amministrazione deve adottare e pubblicare il PTPCT, che descrive le misure adottate per prevenire la corruzione e garantire la trasparenza. Il piano deve essere aggiornato annualmente e deve includere una mappatura dei rischi e le relative azioni correttive.

### 2.5. Dati sulla Performance e Valutazione del Personale

Devono essere pubblicati i dati relativi alla performance delle amministrazioni pubbliche e alla valutazione del personale. Questo include i risultati raggiunti, gli obiettivi fissati e le misure adottate per migliorare l'efficienza e l'efficacia dei servizi offerti.

### 2.6. Sanzioni per la Mancata Pubblicazione

Il mancato rispetto degli obblighi di pubblicazione previsti dalle normative sulla trasparenza comporta sanzioni amministrative. Le amministrazioni inadempienti possono essere soggette a richiami e sanzioni economiche, e i dirigenti responsabili possono incorrere in responsabilità disciplinari.

**Esempi Pratici**

**1. Pubblicazione dei Bilanci** Un comune italiano pubblica sul proprio sito web i bilanci annuali e le relazioni finanziarie in formato PDF e CSV. Questo consente ai cittadini e ai giornalisti di analizzare i dati e verificare l'uso delle risorse pubbliche.
**2. Accesso Civico Generalizzato** Un cittadino richiede l'accesso ai documenti relativi a un appalto pubblico per la costruzione di una scuola. Grazie al FOIA, l'amministrazione è tenuta a fornire i documenti richiesti, promuovendo così la trasparenza e il controllo sociale.
**3. Piano Triennale per la Prevenzione della Corruzione** Un'azienda sanitaria locale adotta il PTPCT, identificando le aree a rischio e le misure per prevenire la corruzione. Il piano viene pubblicato online e aggiornato annualmente, includendo i risultati delle verifiche interne.

# 14.3. ATTORI DEL SISTEMA ANTICORRUZIONE

Il sistema anticorruzione rappresenta una componente fondamentale nella struttura di governance delle istituzioni pubbliche. L'obiettivo principale è prevenire e contrastare la corruzione attraverso un insieme di misure legislative, regolamentari e organizzative. Tale sistema si fonda su una rete di attori che svolgono ruoli cruciali nella promozione della trasparenza, dell'integrità e dell'efficienza amministrativa. Questo capitolo analizza dettagliatamente i principali attori del sistema anticorruzione, illustrando le loro funzioni, responsabilità e interazioni nel contesto giuridico italiano.

### 1. La Normativa di Riferimento

La normativa di riferimento per il sistema anticorruzione in Italia include principalmente:

- La Legge n. 190 del 6 novembre 2012 (Legge Anticorruzione)
- Il Decreto Legislativo n. 33 del 14 marzo 2013 (Decreto Trasparenza)
- Il Decreto Legislativo n. 97 del 25 maggio 2016 (FOIA italiano)
- Le linee guida e regolamenti emanati dall'Autorità Nazionale Anticorruzione (ANAC)

### 2. Principali Attori del Sistema Anticorruzione

### 2.1. Autorità Nazionale Anticorruzione (ANAC)

**Ruolo e Funzioni:** L'ANAC è l'ente principale nel sistema anticorruzione italiano. Ha il compito di:

- Elaborare linee guida e regolamenti per la prevenzione della corruzione.

• Supervisione e monitoraggio dei piani triennali di prevenzione della corruzione (PTPCT) adottati dalle amministrazioni pubbliche.
• Gestire la vigilanza sui contratti pubblici e promuovere la trasparenza nelle procedure di appalto.
• Coordinare con altre istituzioni nazionali e internazionali per armonizzare le strategie anticorruzione.

**Strumenti di Intervento:**

• Potere di emanare delibere, linee guida e pareri vincolanti.
• Sanzioni amministrative per inadempienze agli obblighi di trasparenza.
• Attività ispettive e di controllo.

## 2.2. Responsabile della Prevenzione della Corruzione e della Trasparenza (RPCT)

**Ruolo e Funzioni:** Il RPCT è una figura obbligatoria per ogni amministrazione pubblica. Le sue principali responsabilità includono:

• Elaborazione e aggiornamento del Piano Triennale di Prevenzione della Corruzione e della Trasparenza (PTPCT).
• Monitoraggio dell'implementazione delle misure anticorruzione e di trasparenza.
• Formazione del personale sull'etica e la legalità.
• Collaborazione con l'ANAC per segnalare anomalie e violazioni.

## 2.3. Organismi Indipendenti di Valutazione (OIV)

**Ruolo e Funzioni:** Gli OIV sono incaricati di valutare la performance delle amministrazioni pubbliche e la corretta attuazione delle politiche anticorruzione. Le loro funzioni principali sono:

• Valutazione della trasparenza e integrità nelle procedure amministrative.
• Relazioni periodiche sulle misure adottate e sui risultati ottenuti in termini di prevenzione della corruzione.
• Proposte di miglioramento e correttivi ai piani anticorruzione.

## 2.4. Corte dei Conti

**Ruolo e Funzioni:** La Corte dei Conti svolge una funzione di controllo esterno sulle amministrazioni pubbliche, focalizzandosi su:

• Verifica della corretta gestione delle risorse pubbliche.
• Accertamento delle responsabilità amministrative e contabili per danni erariali.
• Controllo delle spese pubbliche e della regolarità delle procedure di appalto.

## 2.5. Magistratura Ordinaria e Penale

**Ruolo e Funzioni:** La magistratura ordinaria e penale interviene nei casi di corruzione rilevando e perseguendo penalmente i reati. Le sue attività comprendono:

• Indagini e processi penali per corruzione e reati connessi.
• Collaborazione con altre autorità per la raccolta di prove e l'applicazione delle sanzioni penali.
• Protezione dei whistleblower e dei testimoni.

**Esempi Pratici**

**1. Piano Triennale di Prevenzione della Corruzione** Un comune ha adottato il PTPCT includendo misure specifiche per la trasparenza degli atti amministrativi e la formazione del personale. Il RPCT monitora l'attuazione del piano e segnala all'ANAC eventuali criticità.

**2. Vigilanza dell'ANAC su un Appalto Pubblico** L'ANAC interviene in un procedimento di gara sospettato di irregolarità, effettuando un'ispezione e imponendo sanzioni amministrative per violazioni dei criteri di trasparenza.

**3. Intervento della Corte dei Conti** La Corte dei Conti accerta un danno erariale derivante da una gestione negligente delle risorse pubbliche e avvia un'azione di responsabilità nei confronti dei funzionari responsabili.

# 14.4. PIANO NAZIONALE ANTICORRUZIONE E PIANI TRIENNALI

Il Piano Nazionale Anticorruzione (PNA) e i Piani Triennali di Prevenzione della Corruzione e della Trasparenza (PTPCT) rappresentano strumenti fondamentali nella strategia di prevenzione della corruzione in Italia. Questi piani sono sviluppati in conformità con le direttive dell'Autorità Nazionale Anticorruzione (ANAC) e hanno lo scopo di promuovere l'integrità, la trasparenza e l'efficienza delle amministrazioni pubbliche. Attraverso un approccio sistemico e coordinato, il PNA e i PTPCT mirano a ridurre le opportunità di corruzione e a rafforzare la cultura della legalità.

## 1. Il Piano Nazionale Anticorruzione (PNA)

### 1.1. Finalità e Obiettivi

Il Piano Nazionale Anticorruzione è un documento programmatico elaborato dall'ANAC che definisce le strategie e le azioni da intraprendere per prevenire e contrastare la corruzione nelle amministrazioni pubbliche. Gli obiettivi principali del PNA includono:

- **Promozione della trasparenza:** Garantire l'accesso alle informazioni e la partecipazione dei cittadini nei processi decisionali.
- **Prevenzione della corruzione:** Identificare e mitigare i fattori di rischio attraverso misure preventive specifiche.
- **Miglioramento dell'efficienza amministrativa:** Ottimizzare i processi e ridurre le inefficienze burocratiche.

### 1.2. Contenuti del PNA

Il PNA include:

• **Analisi dei contesti di rischio:** Identificazione delle aree e delle attività maggiormente esposte alla corruzione.

• **Misure di prevenzione:** Indicazioni su azioni e strumenti da adottare per prevenire la corruzione.

• **Monitoraggio e valutazione:** Metodologie per la verifica dell'attuazione delle misure previste e la valutazione dei risultati ottenuti.

## I2. Piani Triennali di Prevenzione della Corruzione e della Trasparenza (PTPCT)

### 2.1. Obiettivi e Struttura

I PTPCT sono strumenti operativi adottati dalle singole amministrazioni pubbliche, in linea con le direttive del PNA. Questi piani triennali definiscono le misure specifiche di prevenzione della corruzione e trasparenza da attuare nell'ambito delle singole amministrazioni.

### 2.2. Contenuti dei PTPCT

I PTPCT comprendono:

• **Mappatura dei rischi:** Analisi dettagliata delle aree a rischio all'interno dell'amministrazione.

• **Azioni preventive:** Misure concrete per ridurre il rischio di corruzione, quali formazione del personale, rotazione degli incarichi e controlli interni.

• **Indicatori di trasparenza:** Definizione di indicatori per monitorare l'efficacia delle misure di trasparenza adottate.

• **Monitoraggio e revisione:** Procedure per la verifica continua dell'attuazione del piano e la sua revisione periodica.

## 3. Implementazione e Monitoraggio

### 3.1. Ruolo dell'ANAC

L'ANAC svolge un ruolo centrale nella supervisione e nel supporto alle amministrazioni pubbliche per l'implementazione del PNA e dei PTPCT. Le sue attività includono:

• **Fornitura di linee guida:** Emanazione di direttive e linee guida per l'elaborazione e l'implementazione dei PTPCT.

• **Attività di formazione:** Organizzazione di corsi e seminari per formare i Responsabili della Prevenzione della Corruzione e della Trasparenza (RPCT) e il personale delle amministrazioni.

• **Monitoraggio e controllo:** Verifica periodica dell'attuazione dei PTPCT e valutazione dei risultati ottenuti.

### 3.2. Ruolo delle Amministrazioni Pubbliche

Le singole amministrazioni pubbliche sono responsabili dell'elaborazione e dell'implementazione dei propri PTPCT. Esse devono:

• **Identificare i rischi:** Effettuare una mappatura accurata delle aree a rischio corruzione.

• **Pianificare le azioni:** Definire e implementare misure preventive adeguate.

• **Monitorare i risultati:** Verificare l'efficacia delle misure adottate e apportare eventuali correttivi.

**Esempi Pratici**

**1. Piano Triennale in un Comune** Un comune di medie dimensioni ha sviluppato un PTPCT che include misure come la rotazione del personale negli uffici più a rischio, la formazione obbligatoria annuale sulla trasparenza e la corruzione, e l'implementazione di un sistema di whistleblowing anonimo per segnalare comportamenti illeciti.

**2. ANAC e Appalti Pubblici** L'ANAC ha supervisionato l'attuazione del PNA in un grande appalto pubblico, fornendo linee guida per garantire trasparenza e competizione leale, oltre a monitorare l'intero processo per prevenire irregolarità e corruzione.

**3. Revisione di un PTPCT** Una regione ha effettuato una revisione del proprio PTPCT a seguito di un monitoraggio che ha rilevato inefficacia in alcune misure preventive. La revisione ha comportato l'introduzione di nuove tecnologie per il controllo interno e una maggiore formazione per i dipendenti pubblici.

# 15. RIFORME DELLA PUBBLICA AMMINISTRAZIONE

Le riforme della Pubblica Amministrazione (PA) rappresentano un elemento centrale per il miglioramento dell'efficienza, della trasparenza e della qualità dei servizi offerti ai cittadini. Negli ultimi decenni, numerose iniziative legislative e regolamentari sono state adottate in Italia con l'obiettivo di modernizzare la PA, adeguandola alle esigenze di una società in continua evoluzione. Questi interventi si sono concentrati su vari aspetti, tra cui la digitalizzazione, la semplificazione amministrativa, la trasparenza, la meritocrazia e la lotta alla corruzione. La complessità delle riforme richiede una comprensione approfondita delle dinamiche legislative e amministrative, nonché degli strumenti operativi impiegati.

## 1. Evoluzione delle Riforme

### 1.1. Anni '90 e Prima Fase di Riforme

Le prime significative riforme della PA risalgono agli anni '90 con l'introduzione della cosiddetta "Legge Bassanini" (Legge n. 59/1997), che ha dato avvio a una serie di provvedimenti volti a decentralizzare le competenze amministrative e a snellire i procedimenti burocratici. Questo periodo ha visto anche la nascita del Testo Unico delle Leggi sull'Ordinamento degli Enti Locali (D.Lgs. n. 267/2000), mirato a rafforzare l'autonomia degli enti locali.

### 1.2. Seconda Fase: Anni 2000 e la Digitalizzazione

Con l'avvento del nuovo millennio, l'attenzione si è spostata sulla digitalizzazione della PA. La "Riforma Brunetta" (D.Lgs. n. 150/2009) ha introdotto misure per migliorare l'efficienza e la trasparenza attraverso l'utilizzo delle tecnologie dell'informazione e della comunicazione (ICT). Il Codice dell'Amministrazione Digitale (CAD) è stato un passo fondamentale in questa direzione, fornendo il quadro normativo per l'implementazione di servizi digitali.

### 1.3. Terza Fase: Recenti Iniziative e PNRR

Negli ultimi anni, le riforme della PA hanno ricevuto ulteriore impulso dal Piano Nazionale di Ripresa e Resilienza (PNRR), che ha stanziato risorse significative per modernizzare la macchina amministrativa. Le iniziative recenti si concentrano su tre pilastri principali: digitalizzazione, semplificazione e sostenibilità.

## 2. Digitalizzazione della PA

### 2.1 Obiettivi e Strumenti

La digitalizzazione mira a rendere i servizi pubblici più accessibili, efficienti e trasparenti. Gli strumenti principali comprendono:

- **SPID (Sistema Pubblico di Identità Digitale):** Permette ai cittadini di accedere ai servizi online della PA con un'unica identità digitale.
- **PagoPA:** Sistema di pagamenti elettronici per le pubbliche amministrazioni.
- **ANPR (Anagrafe Nazionale della Popolazione Residente):** Registro unico della popolazione residente, per migliorare la gestione dei dati anagrafici.

### 2.2. Sfide e Prospettive

Nonostante i progressi, la digitalizzazione della PA incontra ancora diverse sfide, tra cui la resistenza al cambiamento, la necessità di formazione continua per il personale e la sicurezza informatica. Il PNRR prevede investimenti significativi per superare queste difficoltà e garantire una transizione digitale efficace.

## 3. Semplificazione Amministrativa

### 3.1. Principi e Misure

La semplificazione amministrativa è volta a ridurre gli oneri burocratici per cittadini e imprese. Le misure adottate includono:

- **Semplificazione dei procedimenti:** Riduzione dei tempi e dei passaggi burocratici necessari per l'ottenimento di autorizzazioni e licenze.
- **Sportello Unico per le Attività Produttive (SUAP):** Punto di accesso unico per tutte le pratiche amministrative relative alle attività produttive.

### 3.2. Impatti e Risultati

La semplificazione ha portato a una significativa riduzione dei tempi di attesa per molte procedure amministrative, migliorando l'efficienza operativa della PA. Tuttavia, è essenziale monitorare continuamente l'efficacia delle misure adottate e apportare le necessarie modifiche in base ai feedback degli utenti.

## 4. Trasparenza e Anticorruzione

### 4.1. Iniziative Legislative

La trasparenza e la lotta alla corruzione sono stati al centro delle riforme recenti. Strumenti come il Freedom of Information Act (FOIA) italiano e il Piano Nazionale Anticorruzione (PNA) mirano a garantire l'accesso alle informazioni pubbliche e a prevenire fenomeni corruttivi.

## 4.2. Implementazione e Monitoraggio

Le amministrazioni pubbliche devono adottare Piani Triennali di Prevenzione della Corruzione e della Trasparenza (PTPCT), con l'ANAC che svolge un ruolo chiave nel monitoraggio e nella supervisione dell'implementazione di queste misure.

## 5. Meritocrazia e Valutazione delle Performance

### 5.1. Sistemi di Valutazione

La valutazione delle performance individuali e organizzative è fondamentale per promuovere la meritocrazia all'interno della PA. I sistemi di valutazione includono:

• **Performance individuale:** Valutazione dei risultati ottenuti dai singoli dipendenti rispetto agli obiettivi prefissati.
• **Performance organizzativa:** Misurazione dell'efficacia e dell'efficienza delle strutture amministrative nel raggiungere gli obiettivi istituzionali.

### 5.2. Incentivi e Sanzioni

I sistemi di valutazione sono accompagnati da incentivi per i dipendenti più meritevoli e da sanzioni per quelli che non raggiungono gli obiettivi prefissati. Questo approccio mira a migliorare la qualità del servizio pubblico e a promuovere una cultura del risultato.

## Esempi Pratici

**1. Digitalizzazione del Comune di Milano** Il Comune di Milano ha implementato il portale "Servizi Online", che consente ai cittadini di accedere a numerosi servizi digitali, riducendo i tempi di attesa e migliorando l'efficienza amministrativa.
**2. Sportello Unico per le Attività Produttive (SUAP)** In diverse regioni italiane, il SUAP ha semplificato notevolmente le procedure per l'avvio di nuove attività imprenditoriali, centralizzando le pratiche amministrative e riducendo i tempi di attesa.
**3. Piano Nazionale Anticorruzione (PNA)** L'ANAC ha monitorato l'implementazione del PNA in vari settori della PA, portando alla scoperta e alla prevenzione di numerosi casi di corruzione, migliorando così la trasparenza e l'integrità delle amministrazioni.

# 15.1. RECENTI RIFORME NORMATIVE

Negli ultimi anni, il quadro normativo italiano ha subito significative trasformazioni con l'adozione di numerose riforme normative. Questi cambiamenti sono stati motivati dalla necessità di adeguare il sistema giuridico e amministrativo alle nuove esigenze socio-economiche, alla digitalizzazione e alla globalizzazione. Le riforme normative recenti mirano a migliorare l'efficienza, la trasparenza e la responsabilità delle amministrazioni pubbliche, nonché a promuovere la competitività e la sostenibilità del paese. Analizzare e comprendere queste riforme è fondamentale per chiunque operi nel settore pubblico o studi diritto amministrativo.

## 1. Principali Riforme Normative

### 1.1. Riforma della Pubblica Amministrazione

La recente Riforma della Pubblica Amministrazione, introdotta con la legge 124/2015, ha segnato un passo significativo verso la modernizzazione della PA. Questa legge ha introdotto diverse misure per semplificare e migliorare l'efficienza dei processi amministrativi, tra cui:

- **Digitalizzazione dei processi:** Implementazione del Sistema Pubblico di Identità Digitale (SPID) e del portale unico dei pagamenti elettronici (PagoPA).
- **Semplificazione normativa:** Abrogazione di leggi obsolete e riduzione della complessità normativa.
- **Valutazione delle performance:** Introduzione di sistemi di valutazione delle performance dei dipendenti pubblici per promuovere la meritocrazia.

### 1.2. Riforma del Codice degli Appalti

Il nuovo Codice degli Appalti, introdotto con il D.Lgs. 50/2016 e recentemente modificato nel 2020 e 2022, ha apportato rilevanti modifiche per garantire maggiore trasparenza, concorrenza e sostenibilità nei contratti pubblici. Le principali novità includono:

• **Trasparenza e prevenzione della corruzione:** Obblighi di pubblicazione e misure per prevenire conflitti di interesse.
• **Promozione della sostenibilità:** Incentivi per l'adozione di criteri ambientali e sociali nei bandi di gara.
• **Semplificazione delle procedure:** Riduzione dei tempi e dei costi amministrativi per le imprese partecipanti.

### 1.3. Riforma della Giustizia Amministrativa

La riforma della giustizia amministrativa, realizzata con il D.Lgs. 104/2010 (Codice del Processo Amministrativo) e le successive modifiche, ha l'obiettivo di rendere più efficiente e accessibile il sistema di giustizia amministrativa. Le innovazioni principali riguardano:

• **Introduzione del processo telematico:** Digitalizzazione delle procedure per ridurre i tempi di giustizia e aumentare l'efficienza.
• **Misure cautelari più snelle:** Facilitazione dell'accesso a misure cautelari per la tutela immediata dei diritti dei cittadini.
• **Rafforzamento della funzione di controllo:** Maggiore incisività dei controlli sui provvedimenti amministrativi impugnati.

### 1.4. Normative Anticorruzione

Le normative anticorruzione hanno subito una serie di interventi mirati a rafforzare la prevenzione e il contrasto alla corruzione nella PA. La legge 190/2012 ha introdotto il Piano Nazionale Anticorruzione (PNA), che prevede:

• **Obbligo di trasparenza:** Pubblicazione obbligatoria di atti e documenti amministrativi.
• **Piani triennali di prevenzione della corruzione:** Ogni amministrazione deve adottare e aggiornare periodicamente un piano triennale.
• **Ruolo dell'ANAC:** L'Autorità Nazionale Anticorruzione (ANAC) ha un ruolo centrale nel monitoraggio e nella supervisione delle misure anticorruzione.

## 2. Impatti delle Riforme Normative

### 2.1. Miglioramento dell'Efficienza Amministrativa

Le recenti riforme hanno contribuito a migliorare l'efficienza delle amministrazioni pubbliche attraverso la digitalizzazione e la semplificazione delle procedure. L'introduzione di strumenti digitali ha ridotto significativamente i tempi di risposta e i costi amministrativi, migliorando l'accessibilità ai servizi pubblici.

### 2.2. Maggiore Trasparenza e Lotta alla Corruzione

Le misure di trasparenza e anticorruzione hanno incrementato la fiducia dei

cittadini nelle istituzioni pubbliche. L'obbligo di pubblicazione e il rafforzamento
dei controlli hanno reso più difficile la pratica della corruzione e hanno permesso
una maggiore accountability delle amministrazioni pubbliche.

## 2.3. Promozione della Sostenibilità

Le riforme normative hanno anche incentivato l'adozione di pratiche sostenibili
nelle procedure amministrative e nei contratti pubblici. L'integrazione di criteri
ambientali e sociali nei bandi di gara contribuisce a promuovere uno sviluppo
sostenibile e responsabile.

Esempi Pratici

**1. Digitalizzazione dei Comuni** Molti comuni italiani hanno adottato il Sistema
Pubblico di Identità Digitale (SPID) per l'accesso ai servizi online, migliorando l'interazione con i cittadini e riducendo i tempi di attesa per le pratiche
amministrative.
**2. Appalti Verdi** L'integrazione di criteri ambientali nei bandi di gara, come
previsto dal nuovo Codice degli Appalti, ha portato a un aumento degli appalti
verdi, contribuendo alla sostenibilità ambientale e alla promozione di tecnologie
ecocompatibili.
**3. Piano Nazionale Anticorruzione** L'adozione del Piano Nazionale Anticorruzione
da parte di numerose amministrazioni ha migliorato la trasparenza e ridotto i casi
di corruzione, grazie a misure preventive e a un monitoraggio più stringente da
parte dell'ANAC.

# 15.2. INTERNAZIONALIZZAZIONE DEL DIRITTO AMMINISTRATIVO

L'internazionalizzazione del diritto amministrativo è un fenomeno di crescente importanza che riflette l'interconnessione globale e l'influenza reciproca tra i sistemi giuridici nazionali e internazionali. Questo processo riguarda l'adozione e l'integrazione di norme, principi e prassi amministrative provenienti da fonti sovranazionali e internazionali all'interno degli ordinamenti nazionali. L'internazionalizzazione è alimentata da vari fattori, tra cui la globalizzazione economica, la cooperazione internazionale, l'influenza delle organizzazioni sovranazionali come l'Unione Europea, e la necessità di affrontare sfide globali come il cambiamento climatico, la sicurezza, e i diritti umani. Questo capitolo esplora le dinamiche e le implicazioni dell'internazionalizzazione del diritto amministrativo, analizzando le principali fonti internazionali, i meccanismi di integrazione e le sfide connesse.

## 1. Fonti Internazionali del Diritto Amministrativo

### 1.1. Trattati e Convenzioni Internazionali

I trattati e le convenzioni internazionali rappresentano le principali fonti del diritto internazionale che influenzano il diritto amministrativo nazionale. Questi accordi, ratificati dagli Stati, stabiliscono obblighi e standard che devono essere integrati nelle legislazioni nazionali. Esempi rilevanti includono la Convenzione europea dei diritti dell'uomo (CEDU) e le convenzioni dell'Organizzazione Internazionale del Lavoro (OIL).

### 1.2. Normative dell'Unione Europea

L'Unione Europea (UE) svolge un ruolo cruciale nell'internazionalizzazione del diritto amministrativo, attraverso regolamenti, direttive e decisioni che devono essere recepiti dagli Stati membri. Le normative dell'UE coprono una vasta gamma di settori, tra cui la concorrenza, l'ambiente, la protezione dei consumatori e la governance digitale. L'armonizzazione delle normative a livello europeo garantisce l'uniformità e la coerenza delle prassi amministrative tra gli Stati membri.

### 1.3. Soft Law e Prassi Amministrative Internazionali

Oltre alle fonti formali, le prassi amministrative internazionali e gli strumenti di soft law, come le linee guida, le raccomandazioni e i codici di condotta, giocano un ruolo significativo. Questi strumenti, pur non vincolanti, influenzano fortemente le amministrazioni nazionali, promuovendo l'adozione di standard comuni e migliori pratiche.

## 2. Meccanismi di Integrazione del Diritto Internazionale

### 2.1. Recepimento delle Normative Internazionali

Il recepimento delle normative internazionali nei sistemi giuridici nazionali può avvenire attraverso diversi meccanismi, tra cui la trasposizione legislativa, l'adattamento amministrativo e l'interpretazione conforme. La trasposizione legislativa comporta l'adozione di leggi nazionali che incorporano le disposizioni internazionali, mentre l'adattamento amministrativo implica l'adeguamento delle prassi amministrative agli standard internazionali.

### 2.2. Giurisprudenza e Interpretazione delle Corti

Le corti nazionali e internazionali svolgono un ruolo fondamentale nell'integrazione del diritto internazionale nel diritto amministrativo nazionale. Attraverso le loro decisioni, queste corti interpretano e applicano le norme internazionali, contribuendo alla loro armonizzazione e alla risoluzione di conflitti tra normative nazionali e internazionali.

### 2.3. Cooperazione e Reti Internazionali

La cooperazione tra le amministrazioni nazionali e le reti internazionali di autorità amministrative favoriscono lo scambio di informazioni, esperienze e migliori pratiche. Le reti come l'OCSE, l'Organizzazione Mondiale del Commercio (OMC) e l'Agenzia Europea per la Cooperazione dei Regolatori dell'Energia (ACER) promuovono la collaborazione e l'armonizzazione delle prassi amministrative a livello globale.

## 3. Sfide e Prospettive dell'Internazionalizzazione

### 3.1. Conflitti Normativi e Sovranità Nazionale

Uno dei principali problemi connessi all'internazionalizzazione è il potenziale conflitto tra le normative internazionali e quelle nazionali. La sovranità nazionale può essere messa in discussione quando le norme internazionali richiedono cambiamenti significativi nelle leggi e nelle prassi amministrative nazionali.

### 3.2. Adattamento e Capacità Amministrativa

L'integrazione delle norme internazionali richiede un significativo sforzo di adattamento da parte delle amministrazioni nazionali. Questo processo può essere complesso e richiedere risorse considerevoli, soprattutto in termini di formazione del personale e sviluppo di nuove capacità amministrative.

### 3.3. Protezione dei Diritti e Tutela degli Interessi Nazionali

L'adozione di normative internazionali deve bilanciare la protezione dei diritti e degli interessi nazionali con il rispetto degli obblighi internazionali. Le amministrazioni devono garantire che l'implementazione delle norme internazionali non comprometta la tutela dei diritti dei cittadini e la promozione degli interessi nazionali.

### Esempi Pratici

**1. Recepimento della Direttiva Europea sui Rifiuti** L'Italia ha recepito la Direttiva 2008/98/CE del Parlamento Europeo e del Consiglio relativa ai rifiuti attraverso il Decreto Legislativo n. 205 del 2010. Questo recepimento ha comportato l'adozione di nuove misure per la gestione dei rifiuti, l'introduzione di obiettivi di riciclaggio e la promozione dell'economia circolare.

**2. Applicazione della CEDU nei Procedimenti Amministrativi** La giurisprudenza della Corte Europea dei Diritti dell'Uomo (CEDU) ha avuto un impatto significativo sui procedimenti amministrativi italiani, in particolare per quanto riguarda il diritto a un equo processo e la tutela dei diritti fondamentali. Le decisioni della Corte di Strasburgo hanno portato a modifiche normative e pratiche per garantire il rispetto dei diritti umani.

**3. Cooperazione Internazionale nella Lotta alla Corruzione** L'Italia partecipa attivamente a reti internazionali come il Gruppo di Stati contro la Corruzione (GRECO) del Consiglio d'Europa. Questa cooperazione ha portato all'adozione di misure e normative volte a prevenire e combattere la corruzione, in linea con gli standard internazionali.

# 15.3. PNRR E RIFORME STRUTTURALI

Il Piano Nazionale di Ripresa e Resilienza (PNRR) rappresenta un'opportunità unica per l'Italia di attuare riforme strutturali e rilanciare la crescita economica e sociale del Paese. Questo piano, finanziato dall'Unione Europea attraverso il programma Next Generation EU, mira a superare le criticità storiche del sistema economico e amministrativo italiano, promuovendo l'innovazione, la sostenibilità e la coesione sociale. Il PNRR non si limita alla mera ripresa post-pandemica, ma si propone di trasformare profondamente il Paese attraverso un insieme di investimenti e riforme che spaziano dalla digitalizzazione della pubblica amministrazione alla transizione ecologica, dalla riforma della giustizia all'innovazione tecnologica.

### 1. Struttura e Obiettivi del PNRR

**• Pillar 1: Digitalizzazione, Innovazione, Competitività e Cultura**

Il primo pilastro del PNRR si concentra sulla digitalizzazione e l'innovazione, elementi chiave per migliorare la competitività del Paese. Gli interventi previsti includono la digitalizzazione della pubblica amministrazione, il potenziamento delle infrastrutture digitali, il supporto all'innovazione nelle imprese e la valorizzazione del patrimonio culturale.

**• Pillar 2: Rivoluzione Verde e Transizione Ecologica**

Questo pilastro è dedicato alla promozione di un'economia sostenibile e alla transizione ecologica. Le azioni includono investimenti in energie rinnovabili, efficienza energetica, mobilità sostenibile, tutela dell'ambiente e promozione dell'economia circolare.

**• Pillar 3: Infrastrutture per una Mobilità Sostenibile**

L'obiettivo di questo pilastro è migliorare le infrastrutture di trasporto, con un focus particolare sulla sostenibilità. Gli investimenti mirano a modernizzare la rete ferroviaria, sviluppare il trasporto pubblico locale e promuovere la mobilità urbana sostenibile.

### • Pillar 4: Istruzione e Ricerca

Questo pilastro si concentra sul potenziamento del sistema educativo e della ricerca scientifica. Le riforme previste includono l'adeguamento delle competenze alle esigenze del mercato del lavoro, il miglioramento dell'inclusività e della qualità dell'istruzione, nonché il supporto alla ricerca e all'innovazione.

### • Pillar 5: Inclusione e Coesione

Il quinto pilastro mira a rafforzare la coesione sociale e territoriale, promuovendo l'inclusione e l'equità. Gli interventi includono il supporto alle politiche attive del lavoro, il potenziamento dei servizi sociali e sanitari e il sostegno alle aree interne e marginali del Paese.

### • Pillar 6: Salute

L'ultimo pilastro è dedicato al rafforzamento del sistema sanitario nazionale. Gli investimenti mirano a migliorare la capacità di risposta alle emergenze sanitarie, potenziare l'assistenza territoriale e promuovere la ricerca e l'innovazione nel settore sanitario.

## 2. Riforme Strutturali Chiave

### 2.1. Riforma della Pubblica Amministrazione

La riforma della pubblica amministrazione è essenziale per migliorare l'efficienza e l'efficacia dei servizi pubblici. Le azioni previste includono la digitalizzazione dei processi amministrativi, la semplificazione normativa, la formazione e il reclutamento di nuove competenze e l'introduzione di sistemi di valutazione delle performance.

### 2.2. Riforma della Giustizia

La riforma della giustizia è fondamentale per garantire tempi certi e ridotti per la risoluzione delle controversie, aumentando così la fiducia dei cittadini e delle imprese nel sistema giudiziario. Le principali aree di intervento comprendono la semplificazione delle procedure, il potenziamento dell'organico giudiziario e l'implementazione di strumenti digitali per la gestione dei processi.

### 2.3. Riforma del Fisco

La riforma fiscale mira a rendere il sistema tributario più equo, semplice e trasparente. Le azioni includono la revisione delle aliquote fiscali, la lotta all'evasione fiscale, la semplificazione degli adempimenti e l'adozione di strumenti digitali per la gestione delle dichiarazioni e dei pagamenti.

## 2.4. Riforma del Lavoro

La riforma del mercato del lavoro si propone di favorire l'occupazione e la crescita inclusiva. Le misure includono il rafforzamento delle politiche attive del lavoro, la promozione della formazione continua, la riduzione del cuneo fiscale e la protezione dei lavoratori vulnerabili.

## 3. Sfide e Opportunità

### 3.1. Sfide

Le principali sfide legate all'implementazione del PNRR e delle riforme strutturali includono la capacità di assorbimento dei fondi, la coordinazione tra i vari livelli di governo, la resistenza al cambiamento e la necessità di garantire trasparenza e accountability nell'utilizzo delle risorse.

### 3.2. Opportunità

Il PNRR offre un'opportunità senza precedenti per modernizzare il Paese, migliorare la competitività, promuovere la sostenibilità e rafforzare la coesione sociale. La piena realizzazione del piano potrebbe trasformare radicalmente l'economia e la società italiane, portando benefici duraturi per le future generazioni.

## Esempi Pratici

**1. Digitalizzazione della Pubblica Amministrazione** L'introduzione di piattaforme digitali per la gestione dei servizi pubblici ha semplificato l'accesso dei cittadini alle prestazioni amministrative, riducendo i tempi di attesa e migliorando l'efficienza operativa.

**2. Investimenti in Energie Rinnovabili** Progetti di investimento in parchi eolici e solari stanno contribuendo alla riduzione delle emissioni di gas serra e alla promozione di un'economia verde.

**3. Rafforzamento del Sistema Sanitario** Gli investimenti nel settore sanitario, inclusi nuovi ospedali e tecnologie mediche avanzate, hanno migliorato la capacità del sistema di rispondere alle emergenze sanitarie e di fornire cure di alta qualità.

# 16. SINTESI DEI CONCETTI FONDAMENTALI

Il diritto amministrativo rappresenta uno dei pilastri fondamentali del sistema giuridico italiano, regolando l'organizzazione e il funzionamento della pubblica amministrazione. La sua importanza risiede nella funzione di garantire che l'azione amministrativa si svolga nel rispetto dei principi di legalità, imparzialità, efficienza e trasparenza. Questa sintesi offre una panoramica chiara ed esaustiva dei concetti fondamentali del diritto amministrativo, fornendo un quadro strutturato che faciliti la comprensione delle sue principali componenti.

## 1. Principi Generali del Diritto Amministrativo
**Legalità**

Il principio di legalità è il cardine del diritto amministrativo. Esso stabilisce che ogni azione amministrativa deve essere conforme alle leggi e ai regolamenti, garantendo la prevedibilità e la controllabilità dell'operato della pubblica amministrazione e assicurando la protezione dei diritti dei cittadini.

## 2. Imparzialità e Buon Andamento

La Costituzione italiana, all'articolo 97, sancisce i principi di imparzialità e buon andamento della pubblica amministrazione. L'imparzialità implica che l'azione amministrativa non deve essere influenzata da interessi particolari, mentre il buon andamento richiede che essa sia efficiente ed efficace, orientata al raggiungimento degli obiettivi pubblici con il minor dispendio di risorse possibile.

## 3. Trasparenza

La trasparenza è un principio fondamentale che mira a garantire la visibilità e l'accessibilità delle informazioni relative all'attività amministrativa. La trasparenza permette ai cittadini di controllare l'operato della pubblica amministrazione, promuovendo la fiducia nelle istituzioni e contrastando la corruzione.

## 4. Proporzionalità

Il principio di proporzionalità impone che l'azione amministrativa non ecceda quanto è necessario per raggiungere l'obiettivo prefissato. Questo principio è essenziale per evitare che l'amministrazione imponga restrizioni o obblighi non giustificati ai cittadini.

## 5. Gli Atti Amministrativi

### 5.1. Definizione e Classificazione

Gli atti amministrativi sono manifestazioni di volontà dell'amministrazione pubblica che producono effetti giuridici. Essi possono essere classificati in base a vari criteri, come la loro struttura (atti semplici e complessi), il loro contenuto (atti discrezionali e vincolati), e il loro effetto (atti costitutivi e dichiarativi).

### 5.2. Elementi Essenziali

Gli elementi essenziali degli atti amministrativi sono: la competenza dell'organo che li emette, la volontà manifestata, l'oggetto, la motivazione e la forma. L'assenza o l'irregolarità di uno di questi elementi può comportare l'invalidità dell'atto.

### 5.3. Procedimento Amministrativo

Il procedimento amministrativo è il complesso di atti e operazioni che l'amministrazione deve compiere per adottare un provvedimento. È regolato dalla legge 241/1990, che stabilisce principi come la partecipazione degli interessati, l'obbligo di motivazione, la trasparenza e la conclusione entro termini prestabiliti.

## 6. Responsabilità della Pubblica Amministrazione

### 6.1. Responsabilità Civile

La pubblica amministrazione può essere ritenuta responsabile per i danni causati ai cittadini a seguito della sua attività illecita. La responsabilità civile si fonda sul principio del risarcimento del danno ingiusto, derivante da un comportamento colposo o doloso dell'amministrazione o dei suoi agenti.

### 6.2. Responsabilità Penale

I funzionari pubblici possono essere soggetti a responsabilità penale per reati commessi nell'esercizio delle loro funzioni, come la corruzione, l'abuso d'ufficio e la concussione. La responsabilità penale è personale e comporta sanzioni che possono includere la reclusione e la multa.

### 6.3. Responsabilità Amministrativa e Contabile

La responsabilità amministrativa e contabile riguarda il danno erariale, ossia il danno patrimoniale subito dall'amministrazione a causa di condotte illegittime o negligenti dei funzionari pubblici. Questo tipo di responsabilità è valutata dalla Corte dei Conti, che può disporre la restituzione delle somme indebitamente spese o sottratte.

## 7. Controlli Amministrativi

### 7.1. Controlli Interni

I controlli interni sono svolti all'interno della stessa amministrazione e mirano a garantire la regolarità, la trasparenza e l'efficienza dell'azione amministrativa. Essi includono il controllo di gestione, il controllo strategico e la valutazione delle performance dei dirigenti pubblici.

### 7.2. Controlli Esterni

I controlli esterni sono effettuati da organi indipendenti dall'amministrazione, come la Corte dei Conti e l'Autorità Nazionale Anticorruzione (ANAC). Questi controlli mirano a garantire la legalità, l'imparzialità e la correttezza dell'azione amministrativa, prevenendo e reprimendo eventuali irregolarità.

## 8. Giustizia Amministrativa

### 8.1. Ricorsi Amministrativi

I ricorsi amministrativi sono strumenti attraverso i quali i cittadini possono contestare atti amministrativi che ritengono lesivi dei loro diritti o interessi legittimi. Essi comprendono il ricorso gerarchico, il ricorso in opposizione e il ricorso straordinario al Presidente della Repubblica.

### 8.2. Giurisdizione Amministrativa

La giurisdizione amministrativa è esercitata dai Tribunali Amministrativi Regionali (TAR) e dal Consiglio di Stato. Questi organi giudicanti sono competenti a decidere sulle controversie tra cittadini e pubblica amministrazione, garantendo la tutela dei diritti e degli interessi legittimi lesi dall'azione amministrativa.

## 9. E-Government e Innovazione Digitale

### 9.1. Digitalizzazione della PA

La digitalizzazione della pubblica amministrazione mira a rendere i servizi pubblici più accessibili ed efficienti attraverso l'uso delle tecnologie dell'informazione e della comunicazione (ICT). Questo processo include la dematerializzazione dei documenti, la gestione elettronica dei procedimenti amministrativi e l'offerta di servizi online ai cittadini.

### 9.2. Codice dell'Amministrazione Digitale

Il Codice dell'Amministrazione Digitale (CAD) è il quadro normativo che disciplina l'uso delle tecnologie digitali nella pubblica amministrazione italiana. Il CAD stabilisce i principi per la gestione elettronica dei documenti, l'interoperabilità dei sistemi informativi e l'accesso ai servizi digitali da parte dei cittadini e delle imprese.

## 9.3. Trasparenza e Privacy

La trasparenza nell'era digitale implica l'obbligo per le amministrazioni di pubblicare online informazioni e documenti relativi alla propria attività, nel rispetto della normativa sulla privacy. Il bilanciamento tra trasparenza e tutela dei dati personali è un aspetto cruciale per garantire il diritto all'informazione senza compromettere la riservatezza dei cittadini.

## 9.4. Procedimenti Digitali

I procedimenti digitali permettono una gestione più efficiente e trasparente delle pratiche amministrative, riducendo tempi e costi. La digitalizzazione dei procedimenti include l'uso della firma elettronica, la posta elettronica certificata (PEC) e i sistemi di pagamento elettronico per i servizi pubblici.

## 9.5. PNRR e Digitalizzazione

Il Piano Nazionale di Ripresa e Resilienza (PNRR) prevede investimenti significativi per la digitalizzazione della pubblica amministrazione. Le riforme strutturali promosse dal PNRR mirano a modernizzare le infrastrutture digitali, migliorare la connettività e potenziare le competenze digitali dei dipendenti pubblici, con l'obiettivo di rendere la PA più efficiente e competitiva.

## 10. Il Diritto Urbanistico e dell'Ambiente

### 10.1. Pianificazione Urbanistica

La pianificazione urbanistica regola l'uso del territorio e l'organizzazione degli spazi urbani per garantire uno sviluppo sostenibile e armonioso delle città. Gli strumenti di pianificazione includono i piani regolatori generali, i piani di settore e i piani particolareggiati, che definiscono le destinazioni d'uso dei suoli e le modalità di intervento sul territorio.

### 10.2. Edilizia e Tutela del Paesaggio

La normativa edilizia disciplina la costruzione, la modifica e la demolizione degli edifici, garantendo il rispetto delle norme tecniche e di sicurezza. La tutela del paesaggio è volta a preservare e valorizzare i beni paesaggistici e ambientali, attraverso strumenti come il vincolo paesaggistico e le autorizzazioni paesaggistiche.

### 10.3. Legislazione Ambientale

La legislazione ambientale comprende l'insieme delle norme volte a proteggere l'ambiente e a promuovere uno sviluppo sostenibile. Essa include regolamenti sulla gestione dei rifiuti, la protezione delle risorse idriche, la qualità dell'aria e la biodiversità, nonché norme per la prevenzione e il controllo dell'inquinamento.

## 10.4. Valutazione di Impatto Ambientale

La Valutazione di Impatto Ambientale (VIA) è una procedura che mira a prevedere e mitigare gli effetti ambientali di progetti pubblici e privati. La VIA garantisce che le decisioni relative alla realizzazione di opere e interventi siano prese considerando gli impatti sull'ambiente, coinvolgendo il pubblico e le autorità competenti nel processo decisionale.

## 10.5. Transizione Ecologica

La transizione ecologica rappresenta un cambiamento verso un modello di sviluppo sostenibile, che integra la tutela dell'ambiente con la crescita economica e il benessere sociale. Le politiche di transizione ecologica includono misure per la riduzione delle emissioni di gas serra, la promozione delle energie rinnovabili, l'efficienza energetica e l'economia circolare.

## 11. Il Diritto dei Contratti Pubblici

### 11.1. Codice dei Contratti Pubblici

Il Codice dei Contratti Pubblici disciplina le procedure per l'affidamento e l'esecuzione di lavori, servizi e forniture da parte delle amministrazioni pubbliche. Il codice mira a garantire trasparenza, concorrenza e parità di trattamento nelle gare pubbliche, promuovendo l'efficienza e l'economicità degli appalti.

### 11.2. Procedure di Gara

Le procedure di gara per l'affidamento dei contratti pubblici comprendono il bando di gara, l'offerta, l'aggiudicazione e la stipula del contratto. Le principali tipologie di gara sono l'asta pubblica, la procedura negoziata, il dialogo competitivo e la procedura aperta, ciascuna con specifiche regole e modalità di svolgimento.

### 11.3. Appalti Pubblici

Gli appalti pubblici sono contratti stipulati tra una pubblica amministrazione e un operatore economico per la fornitura di beni, servizi o lavori. Gli appalti devono rispettare principi di trasparenza, concorrenza e non discriminazione, e sono soggetti a controlli e verifiche per garantire la corretta esecuzione del contratto.

### 11.4. Concessioni e Partenariati Pubblico-Privati

Le concessioni sono contratti attraverso i quali un'amministrazione pubblica affida a un privato la gestione di un servizio pubblico o la realizzazione di un'opera, a fronte di un corrispettivo. I partenariati pubblico-privati (PPP) sono forme di collaborazione tra pubblico e privato per la realizzazione e la gestione di infrastrutture e servizi di interesse generale, condivisione di rischi e benefici.

## 11.5. Revisione del Codice degli Appalti 2024

La revisione del Codice degli Appalti 2024 mira a semplificare e modernizzare le procedure di gara, aumentando la trasparenza e l'efficienza degli appalti pubblici. Le riforme includono misure per favorire la partecipazione delle piccole e medie imprese, la digitalizzazione delle procedure e il rafforzamento dei controlli sulla qualità e la legalità degli appalti.

## 12. Anticorruzione e Trasparenza

### 12.1. Normative Contro la Corruzione

Le normative contro la corruzione mirano a prevenire e contrastare comportamenti illeciti nella pubblica amministrazione, garantendo l'integrità e la trasparenza dell'azione amministrativa. Tra le principali misure vi sono il rafforzamento dei controlli interni, la tutela dei whistleblower e l'introduzione di sanzioni severe per i reati di corruzione.

### 12.2. Trasparenza e Obblighi di Pubblicazione

Le amministrazioni pubbliche sono tenute a pubblicare online una serie di informazioni relative alla propria attività, ai contratti stipulati e ai provvedimenti adottati, per garantire la massima trasparenza e accessibilità. Gli obblighi di pubblicazione includono dati su appalti, incarichi, bilanci e performance, nel rispetto delle norme sulla privacy.

### 12.3. Attori del Sistema Anticorruzione

Gli attori del sistema anticorruzione comprendono l'Autorità Nazionale Anticorruzione (ANAC), le autorità giudiziarie, le forze di polizia e gli uffici interni di prevenzione della corruzione. Ciascuno di questi soggetti svolge un ruolo specifico nella prevenzione, rilevazione e repressione della corruzione nella pubblica amministrazione.

### 12.4. Piano Nazionale Anticorruzione e Piani Triennali

Il Piano Nazionale Anticorruzione (PNA) definisce le strategie e le misure per prevenire e contrastare la corruzione nella pubblica amministrazione. I Piani Triennali per la Prevenzione della Corruzione e della Trasparenza (PTPCT) sono strumenti operativi adottati da ciascuna amministrazione per attuare le direttive del PNA, individuando le aree a rischio e le azioni correttive.

### 12.5. Riforme della Pubblica Amministrazione

Le riforme della pubblica amministrazione mirano a modernizzare e rendere più efficiente l'azione amministrativa, promuovendo la trasparenza, la digitalizzazione e la semplificazione delle procedure. Le riforme recenti si concentrano su aspetti quali la gestione delle risorse umane, la digitalizzazione dei servizi, la riduzione della burocrazia e il rafforzamento dei controlli interni.

## 12.6. Recenti Riforme Normative

Le recenti riforme normative hanno introdotto importanti cambiamenti nel quadro legislativo del diritto amministrativo, con l'obiettivo di migliorare l'efficienza e la trasparenza della pubblica amministrazione. Tra queste riforme si annoverano la revisione del Codice dei Contratti Pubblici, le misure per la digitalizzazione della PA e le nuove norme anticorruzione.

# 17. APPENDICE LEGISLATIVA

L'appendice legislativa offre un elenco dettagliato delle principali normative che regolano l'attività amministrativa in Italia, organizzate in modo sistematico e con riferimenti incrociati.

### 1. Leggi Fondamentali del Diritto Amministrativo

**1.1. Costituzione della Repubblica Italiana**

• **Art. 97:** Principi di buon andamento e imparzialità della Pubblica Amministrazione.
• **Art. 98:** Funzione pubblica e obblighi dei funzionari pubblici.
• **Art. 28:** Responsabilità dei funzionari e dei dipendenti pubblici.

**1.2. Legge n. 241/1990**

• Disciplina del procedimento amministrativo e diritto di accesso ai documenti amministrativi.
• Principi generali: trasparenza, partecipazione, economicità, efficacia ed efficienza.
• Aggiornamenti e modifiche recenti: Legge n. 15/2005, Legge n. 80/2005, aggiornamenti al 2023.

**1.3. Decreto Legislativo n. 82/2005 (Codice dell'Amministrazione Digitale - CAD)**

• Norme per l'uso delle tecnologie dell'informazione e della comunicazione nella PA.
• Identità digitale, firma digitale, e servizi di pagamento elettronico.
• Aggiornamenti e modifiche recenti: Decreto Legislativo n. 217/2017, Decreto Legislativo n. 76/2020, Decreto Legislativo n. 77/2021.

### 1.4. Legge n. 150/2000

- Disciplina delle attività di informazione e di comunicazione delle Pubbliche Amministrazioni.
- Regolamentazione delle modalità di comunicazione interna ed esterna.

## 2. Regolamenti e Decreti

### 2.1. Decreto Legislativo n. 50/2016 (Codice dei Contratti Pubblici)

- Regolamentazione delle procedure di affidamento ed esecuzione di lavori, servizi e forniture da parte delle amministrazioni pubbliche.
- Trasparenza e concorrenza nelle gare pubbliche.
- Aggiornamenti e modifiche recenti: Decreto Legislativo n. 56/2017, Decreto Legislativo n. 36/2023, revisione 2024.

### 2.2. Decreto Legislativo n. 33/2013

- Riordino della disciplina riguardante gli obblighi di pubblicità, trasparenza e diffusione di informazioni da parte delle Pubbliche Amministrazioni.
- Modifiche recenti: Decreto Legislativo n. 97/2016, aggiornamenti al 2023.

### 2.3. Decreto Legislativo n. 39/2013

- Disposizioni in materia di inconferibilità e incompatibilità di incarichi presso le Pubbliche Amministrazioni e gli enti privati in controllo pubblico.

### 2.4. Decreto Legislativo n. 165/2001

- Norme generali sull'ordinamento del lavoro alle dipendenze delle amministrazioni pubbliche.
- Aggiornamenti e modifiche recenti: Decreto Legislativo n. 75/2017, aggiornamenti al 2023.

### 2.5. Decreto Legge n. 2/2024

- Introduzione dell'app IO e del Sistema IT-Wallet.
- Misure per la digitalizzazione e innovazione della PA.

## 3. Normative Europee

### 3.1. Regolamento (UE) n. 910/2014 (Regolamento eIDAS)

- Identificazione elettronica e servizi fiduciari per le transazioni elettroniche nel mercato interno.
- Firma elettronica, sigilli elettronici e autenticazione dei siti web.

### 3.2. Direttiva 2014/24/UE

- Appalti pubblici e procedura per l'aggiudicazione degli appalti nei settori ordinari.

### 3.3. Direttiva 2014/25/UE

- Procedure di appalto per enti operanti nei settori dell'acqua, dell'energia, dei trasporti e dei servizi postali.

## 4. Riforme Recenti

### 4.1. Decreto Legge n. 77/2021 (Decreto Semplificazioni bis)

- Misure urgenti in materia di semplificazione e innovazione digitale.
- Semplificazioni in materia di conferenza di servizi e procedure autorizzative.

### 4.2. Decreto Legge n. 76/2020 (Decreto Semplificazioni)

- Misure urgenti per la semplificazione dei procedimenti amministrativi e per l'innovazione digitale.

### 4.3. Decreto Legislativo n. 36/2023

- Revisione e semplificazione del codice dei contratti pubblici.

### 4.4. Decreto Legge n. 2/2024

- Introduzione dell'app IO e del Sistema IT-Wallet.

## 5. Fonti Internazionali

### 5.1. Convenzione delle Nazioni Unite contro la Corruzione (UNCAC)

- Standard globali per la prevenzione e il contrasto della corruzione nella pubblica amministrazione.

### 5.2. Accordi e Trattati dell'Unione Europea

- Rilevanza e applicazione diretta delle normative comunitarie nel diritto amministrativo italiano.

## 6. Riferimenti Incrociati

- **Art. 97 Costituzione** → Vedi anche **Legge n. 241/1990** per i principi del procedimento amministrativo.
- **Decreto Legislativo n. 50/2016** → Confronta con **Direttiva 2014/24/UE** per le norme sugli appalti pubblici.
- **Regolamento eIDAS** → Vedi **CAD (Decreto Legislativo n. 82/2005)** per l'implementazione della firma digitale in Italia.
- **Decreto Legge n. 2/2024** → Riferimento per app IO e IT-Wallet.

# 18. BIBLIOGRAFIA ESSENZIALE

La bibliografia rappresenta un'importante risorsa per approfondire lo studio del diritto amministrativo. Essa raccoglie le opere fondamentali, i testi di riferimento e gli articoli più significativi che hanno contribuito a definire e sviluppare questa disciplina.

## 1. Testi di Base

### 1.1. Manuali Generali

**1. G. B. Mattarella, "Diritto Amministrativo"** – Un manuale completo e aggiornato che copre tutti gli aspetti fondamentali del diritto amministrativo, con un'attenzione particolare alle recenti riforme normative.
**2. F. G. Scoca, "Manuale di Diritto Amministrativo"** – Questo testo è ampiamente riconosciuto per la sua chiarezza espositiva e la sua completezza, ideale per chi inizia lo studio della materia.
**3. M. Nigro, "Il Diritto Amministrativo: Principi e Organizzazione"** – Un manuale che fornisce una solida base teorica e pratica, con numerosi esempi applicativi.

### 1.2. Approfondimenti Tematici

**1. M. Clarich, "Manuale di Diritto Amministrativo – Temi e Problemi"** – Un testo che approfondisce tematiche specifiche del diritto amministrativo, con particolare attenzione ai problemi interpretativi e applicativi.
**2. G. Della Cananea, "L'organizzazione Amministrativa"** – Un'opera che esplora in dettaglio le strutture organizzative della pubblica amministrazione, con un'analisi critica delle recenti riforme.

### 1.3. Monografie e Studi Specialistici

1. **C. Franchini, "Il procedimento amministrativo"** – Un'analisi dettagliata dei procedimenti amministrativi, con un focus sulla legge n. 241/1990.
2. **A. Romano, "Le autorità amministrative indipendenti"** – Esplora il ruolo, le funzioni e le caratteristiche delle autorità amministrative indipendenti in Italia.

### 1.4. Collane e Serie Editoriali

1. **"Manuali di diritto amministrativo"** (Giuffrè Editore) – Serie di volumi che trattano vari aspetti del diritto amministrativo, spesso utilizzati nei corsi universitari.
2. **"Quaderni del Consiglio di Stato"** (Il Mulino) – Pubblicazioni che raccolgono studi e ricerche su temi specifici del diritto amministrativo.

## 2. Riviste e Articoli Scientifici

### 2.1. Riviste Specializzate

1. **"Rivista Italiana di Diritto Pubblico Comunitario"** – Pubblica articoli di alto livello su tematiche di diritto amministrativo, con un focus particolare sul rapporto tra diritto nazionale e diritto europeo.
2. **"Diritto Amministrativo"** – Una delle riviste più prestigiose nel campo, con contributi di accademici e professionisti che analizzano le evoluzioni normative e giurisprudenziali.
3. **"Giornale di Diritto Amministrativo"** – Offre articoli, commenti e note a sentenza, utili per comprendere le interpretazioni giurisprudenziali più rilevanti.

### 2.2. Articoli Rilevanti

1. **"L'impatto della Digitalizzazione sulla Pubblica Amministrazione"** di M. Rossi, pubblicato su "Diritto e Società" – Analizza le trasformazioni digitali nella PA e le relative implicazioni normative.
2. **"La Responsabilità Civile della Pubblica Amministrazione"** di L. Bianchi, pubblicato su "Rivista di Diritto Amministrativo" – Esamina i casi di responsabilità civile e le evoluzioni giurisprudenziali recenti.

## 3. Fonti Normative

### 3.1. Normativa Nazionale

1. **Costituzione Italiana** – In particolare gli articoli 97 (buon andamento e imparzialità) e 113 (tutela giurisdizionale dei diritti contro la pubblica amministrazione).
2. **Legge n. 241/1990** – Disciplina il procedimento amministrativo e il diritto di accesso ai documenti amministrativi.
3. **Decreto Legislativo n. 165/2001** – Disposizioni generali sull'organizzazione del lavoro nelle amministrazioni pubbliche.
4. **Codice dell'Amministrazione Digitale (Decreto Legislativo n. 82/2005)** – Regola l'uso delle tecnologie dell'informazione nella pubblica amministrazione.

### 3.2. Normativa Europea

**1. Trattato sul Funzionamento dell'Unione Europea (TFUE)** – Contiene disposizioni rilevanti per il diritto amministrativo, in particolare sulla concorrenza e sugli aiuti di Stato.
**2. Direttive Europee sugli Appalti Pubblici (Direttiva 2014/24/UE)** – Norme che disciplinano le procedure di aggiudicazione degli appalti pubblici.

### 3.3. Giurisprudenza

**1. Consiglio di Stato** – Sentenze fondamentali che hanno segnato importanti sviluppi nel diritto amministrativo.
**2. Corte di Cassazione** – Pronunce rilevanti, soprattutto in materia di responsabilità civile e penale della pubblica amministrazione.
**3. Corte Costituzionale** – Decisioni che hanno inciso significativamente sull'applicazione dei principi costituzionali all'azione amministrativa.

### 3.4. Siti Web e Banche Dati

**1. Normattiva** – Portale per la consultazione gratuita della normativa vigente in Italia.
**2. Eur-Lex** – Accesso al diritto dell'Unione Europea, utile per reperire testi normativi e giurisprudenza europea.
**3. Corte di Giustizia dell'Unione Europea (curia.europa.eu)** – Per la consultazione delle sentenze e delle opinioni degli avvocati generali.

### 3.5. Contributi di Autori Influenti

**1. S. Cassese, "Il diritto amministrativo: storia e prospettive"** – Un testo che offre una visione storica e prospettica del diritto amministrativo.
**2. M. D'Alberti, "Diritto amministrativo comparato"** – Confronta il diritto amministrativo italiano con quello di altri paesi europei, evidenziando somiglianze e differenze.

# 19. NORMATIVA DI RIFERIMENTO

La normativa di riferimento nel diritto amministrativo rappresenta il corpus legislativo, regolamentare e giurisprudenziale che costituisce la base per l'azione della pubblica amministrazione e per la tutela dei diritti dei cittadini. Comprendere le principali fonti normative è fondamentale per orientarsi nel complesso quadro giuridico che regola l'attività amministrativa, per prepararsi adeguatamente a concorsi pubblici, esami di abilitazione e studi universitari. Questa sezione offre una panoramica dettagliata delle principali normative che costituiscono il fondamento del diritto amministrativo italiano, con riferimenti anche alle fonti internazionali ed europee.

## 1. Fonti del Diritto Amministrativo

### 1.1. Costituzione Italiana

La Costituzione Italiana rappresenta la fonte primaria del diritto amministrativo. Tra gli articoli più rilevanti:

- **Articolo 97**: Stabilisce i principi di buon andamento e imparzialità dell'amministrazione pubblica.
- **Articolo 113**: Garantisce la tutela giurisdizionale dei diritti e degli interessi legittimi contro gli atti della pubblica amministrazione.

### 1.2. Leggi Ordinarie e Atti con Forza di Legge

- **Legge n. 241/1990**: Disciplina il procedimento amministrativo e il diritto di accesso ai documenti amministrativi, stabilendo principi fondamentali come la trasparenza, l'imparzialità e l'obbligo di motivazione.
- **Decreto Legislativo n. 165/2001**: Norme generali sull'ordinamento del lavoro alle

dipendenze delle amministrazioni pubbliche, regolando i rapporti di lavoro nel settore pubblico.

• **Decreto Legislativo n. 82/2005 (Codice dell'Amministrazione Digitale)**: Disciplina l'uso delle tecnologie dell'informazione e della comunicazione (ICT) nella pubblica amministrazione.

### 1.3. Regolamenti e Fonti Secondarie

• **Regolamenti governativi e ministeriali**: Strumenti normativi secondari che specificano e dettagliano le disposizioni delle leggi ordinarie.
• **Circolari amministrative**: Atti amministrativi interni che forniscono direttive e chiarimenti applicativi alle amministrazioni pubbliche.

### 1.4. Giurisprudenza e Dottrina

• **Giurisprudenza del Consiglio di Stato**: Le decisioni del Consiglio di Stato svolgono un ruolo cruciale nell'interpretazione e nell'applicazione delle norme amministrative.
• **Giurisprudenza della Corte Costituzionale**: Sentenze che incidono profondamente sul diritto amministrativo, soprattutto in relazione alla tutela dei diritti costituzionali.
• **Dottrina**: Contributi accademici e studi specialistici che analizzano e commentano l'evoluzione del diritto amministrativo.

## 2. Normativa Internazionale ed Europea

### 2.1. Diritto dell'Unione Europea

• **Trattato sul Funzionamento dell'Unione Europea (TFUE)**: Include disposizioni rilevanti per il diritto amministrativo, in particolare sugli aiuti di Stato e la concorrenza.
• **Direttive Europee**: Le direttive sugli appalti pubblici (es. Direttiva 2014/24/UE) e la trasparenza amministrativa hanno un impatto significativo sul diritto amministrativo italiano.

### 2.2. Convenzioni Internazionali

• **Convenzione Europea dei Diritti dell'Uomo (CEDU)**: Influenza il diritto amministrativo attraverso il principio del giusto processo e la tutela dei diritti fondamentali.
• **Accordi internazionali in materia ambientale**: Strumenti che influenzano la normativa ambientale e urbanistica.

## 3. Normativa Settoriale

### 3.1. Diritto Urbanistico e Ambientale

• **Testo Unico dell'Edilizia (DPR n. 380/2001)**: Regola le attività edilizie, incluse le norme tecniche e di sicurezza.

• **Codice dell'Ambiente (Decreto Legislativo n. 152/2006)**: Racchiude la normativa in materia ambientale, inclusa la gestione dei rifiuti, la tutela delle acque e dell'aria, e la valutazione di impatto ambientale.

### 3.2. Diritto dei Contratti Pubblici

• **Codice dei Contratti Pubblici (Decreto Legislativo n. 50/2016)**: Disciplina le procedure di affidamento e esecuzione di lavori, servizi e forniture da parte delle amministrazioni pubbliche.

## 4. Evoluzioni Recenti e Aggiornamenti Normativi

### 4.1. Riforme Recenti

• **Riforma della Pubblica Amministrazione (Legge n. 124/2015)**: Introduce misure per la semplificazione amministrativa, la digitalizzazione e l'efficienza della PA.
• **Revisione del Codice degli Appalti 2023**: Mira a modernizzare e semplificare le procedure di gara, aumentando la trasparenza e l'efficienza degli appalti pubblici.

### 4.2. PNRR e Digitalizzazione

• **Piano Nazionale di Ripresa e Resilienza (PNRR)**: Include investimenti e riforme per la digitalizzazione della pubblica amministrazione, con l'obiettivo di migliorare l'efficienza e l'accessibilità dei servizi pubblici.

## Principi Generali del Diritto Amministrativo

| Principio | Descrizione |
| --- | --- |
| Legalità | Ogni azione amministrativa deve essere conforme alle leggi e ai regolamenti. |
| Imparzialità | L'azione amministrativa non deve essere influenzata da interessi particolari. |
| Buon Andamento | L'azione amministrativa deve essere efficiente, efficace e orientata al raggiungimento degli obiettivi pubblici. |
| Trasparenza | Visibilità e accessibilità delle informazioni relative all'attività amministrativa. |
| Proporzionalità | L'azione amministrativa non deve eccedere quanto è necessario per raggiungere l'obiettivo prefissato. |

## Le Fonti del Diritto Amministrativo

| Fonte | Descrizione |
| --- | --- |
| Costituzione | Fonte primaria che stabilisce i principi fondamentali dell'ordinamento giuridico. |
| Leggi Ordinarie | Norme giuridiche adottate dal Parlamento che regolano specifici settori dell'amministrazione. |
| Atti aventi forza di legge | Decreti legge e decreti legislativi che hanno la stessa efficacia delle leggi ordinarie. |
| Regolamenti | Norme giuridiche adottate dall'esecutivo per l'attuazione delle leggi. |
| Fonti secondarie | Circolari, direttive e altre disposizioni amministrative. |
| Giurisprudenza | Decisioni dei tribunali che interpretano e applicano le leggi. |
| Dottrina | Studi e interpretazioni di studiosi del diritto amministrativo. |
| Diritto Europeo | Normative e direttive dell'Unione Europea che hanno effetto nell'ordinamento interno. |
| Diritto Internazionale | Trattati e convenzioni internazionali che influenzano il diritto amministrativo nazionale. |

## Gli Atti Amministrativi

| Elemento Essenziale | Descrizione |
| --- | --- |
| Competenza | Autorità dell'organo amministrativo che adotta l'atto. |
| Volontà | Intenzione manifestata dall'organo amministrativo nell'atto. |
| Oggetto | Materia o questione su cui l'atto incide. |
| Motivazione | Ragioni che giustificano l'adozione dell'atto. |
| Forma | Modalità di espressione dell'atto, che può essere scritta o orale, a seconda delle disposizioni normative. |

## Procedimento Amministrativo

| Fase | Descrizione |
| --- | --- |
| Iniziativa | Avvio del procedimento da parte dell'amministrazione o su istanza di parte. |
| Istruttoria | Raccolta e valutazione delle informazioni e documenti necessari per la decisione. |
| Decisione | Adozione del provvedimento finale da parte dell'autorità competente. |
| Comunicazione | Notifica del provvedimento agli interessati. |
| Esecuzione | Attuazione del provvedimento da parte dell'amministrazione. |

## Tipologie di Atti Amministrativi

| Tipologia | Descrizione |
| --- | --- |
| Atti Discrezionali | Atti in cui l'amministrazione ha margini di scelta sulle modalità e i contenuti dell'azione. |
| Atti Vincolati | Atti in cui l'amministrazione deve seguire norme precise senza margini di discrezionalità. |
| Atti Costitutivi | Atti che creano, modificano o estinguono situazioni giuridiche. |
| Atti Dichiarativi | Atti che accertano e dichiarano situazioni giuridiche preesistenti. |
| Contratti | Accordi tra l'amministrazione e altri soggetti per il perseguimento di finalità pubbliche. |

## Responsabilità della Pubblica Amministrazione

| Tipologia | Descrizione |
| --- | --- |
| Responsabilità Civile | Risarcimento dei danni causati ai cittadini da attività illecite dell'amministrazione. |
| Responsabilità Penale | Sanzioni per reati commessi dai funzionari pubblici nell'esercizio delle loro funzioni. |
| Responsabilità Amministrativa | Danno erariale causato da condotte illegittime o negligenti dei funzionari pubblici. |

## Controlli Amministrativi

| Tipo di Controllo | Descrizione |
| --- | --- |
| Controlli Interni | Svolti all'interno dell'amministrazione per garantire regolarità e trasparenza. |
| Controlli Esterni | Effettuati da organi indipendenti per verificare la legalità e correttezza dell'azione amministrativa. |
| Corte dei Conti | Organismo di controllo che verifica la gestione delle risorse pubbliche e il rispetto delle norme contabili. |

## Giustizia Amministrativa

| Organismo | Descrizione |
| --- | --- |
| TAR (Tribunali Amministrativi Regionali) | Organi di primo grado che decidono sulle controversie tra cittadini e amministrazione. |
| Consiglio di Stato | Organo di secondo grado che giudica sugli appelli contro le decisioni dei TAR. |

| Tipo di Ricorso | Descrizione |
| --- | --- |
| Ricorso Gerarchico | Presentato all'autorità superiore gerarchica rispetto a quella che ha emanato l'atto. |
| Ricorso Straordinario | Presentato al Presidente della Repubblica contro atti amministrativi definitivi. |

## Pubblica Amministrazione Digitale

| Iniziativa | Descrizione |
| --- | --- |
| E-Government | Utilizzo delle tecnologie digitali per migliorare l'efficienza e l'accessibilità dei servizi pubblici. |
| Codice dell'Amministrazione Digitale (CAD) | Quadro normativo che disciplina l'uso delle tecnologie digitali nella pubblica amministrazione italiana. |

| Processo Digitale | Descrizione |
| --- | --- |
| Digitalizzazione dei Procedimenti | Gestione elettronica delle pratiche amministrative per ridurre tempi e costi. |
| PNRR e Digitalizzazione | Investimenti e riforme per modernizzare le infrastrutture digitali e migliorare la connettività. |

## Diritto Urbanistico e dell'Ambiente

| Settore | Descrizione |
| --- | --- |
| Pianificazione Urbanistica | Regolamentazione dell'uso del territorio e organizzazione degli spazi urbani. |
| Edilizia e Tutela del Paesaggio | Normative per la costruzione, modifica e demolizione degli edifici e la preservazione dei beni paesaggistici. |
| Legislazione Ambientale | Norme per la protezione dell'ambiente e la promozione dello sviluppo sostenibile. |
| Valutazione di Impatto Ambientale (VIA) | Procedura per prevedere e mitigare gli effetti ambientali di progetti pubblici e privati. |
| Transizione Ecologica | Misure per ridurre le emissioni di gas serra e promuovere energie rinnovabili e l'economia circolare. |

## Diritto dei Contratti Pubblici

| Settore | Descrizione |
| --- | --- |
| Codice dei Contratti Pubblici | Norme che disciplinano le procedure per l'affidamento e l'esecuzione di lavori, servizi e forniture da parte delle amministrazioni pubbliche. |
| Procedure di Gara | Fasi della gara pubblica, inclusi bando, offerta, aggiudicazione e stipula del contratto. |
| Appalti Pubblici | Contratti stipulati tra una pubblica amministrazione e un operatore economico per la fornitura di beni, servizi o lavori. |
| Concessioni e PPP | Contratti e collaborazioni tra pubblico e privato per la gestione di servizi pubblici o la realizzazione di opere. |
| Revisione del Codice degli Appalti 2023 | Semplificazioni e modernizzazioni delle procedure di gara per aumentare trasparenza ed efficienza. |

## Anticorruzione e Trasparenza

| Iniziativa | Descrizione |
| --- | --- |
| Normative Contro la Corruzione | Misure per prevenire e contrastare comportamenti illeciti nella pubblica amministrazione. |
| Trasparenza e Obblighi di Pubblicazione | Obbligo per le amministrazioni di pubblicare online informazioni e documenti relativi alla propria attività. |
| Attori del Sistema Anticorruzione | Organismi e uffici responsabili della prevenzione, rilevazione e repressione della corruzione. |
| Piano Nazionale Anticorruzione (PNA) | Strategie e misure per prevenire e contrastare la corruzione nella pubblica amministrazione. |

# IL TUO BONUS!

Inquadrare con la fotocamera del tuo smartphone il QR Code visibile qui sotto per ottenere la Guida BONUS "Domande d'Esame". Una raccolta di domande frequenti e pertinenti per prepararti con successo nel diritto amministrativo".

o copia e incolla il seguente indirizzo:
https://t.ly/m57FR